近世京都二條城御門番組与力記録

渡邊忠司 編

名著出版

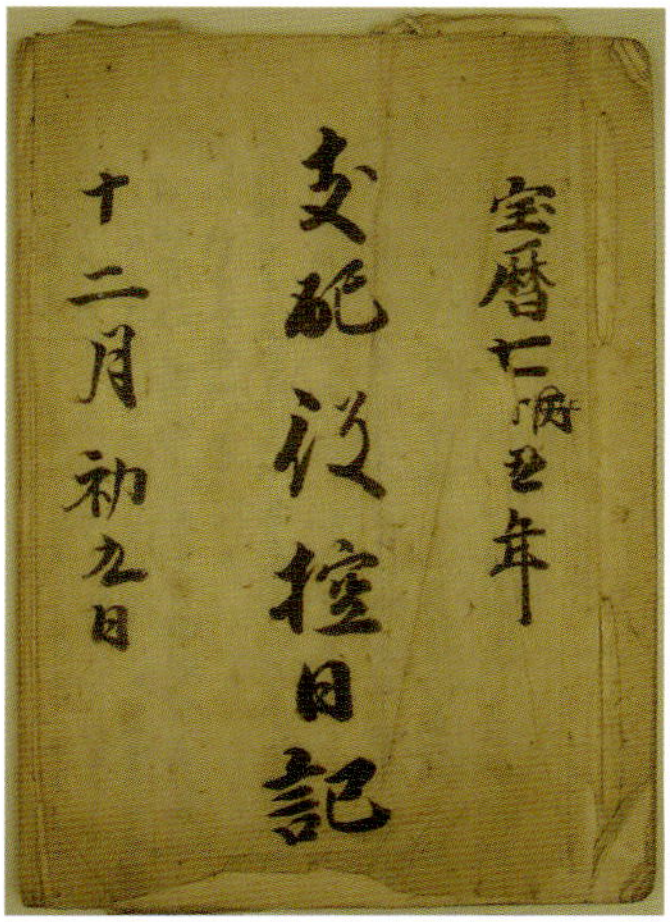

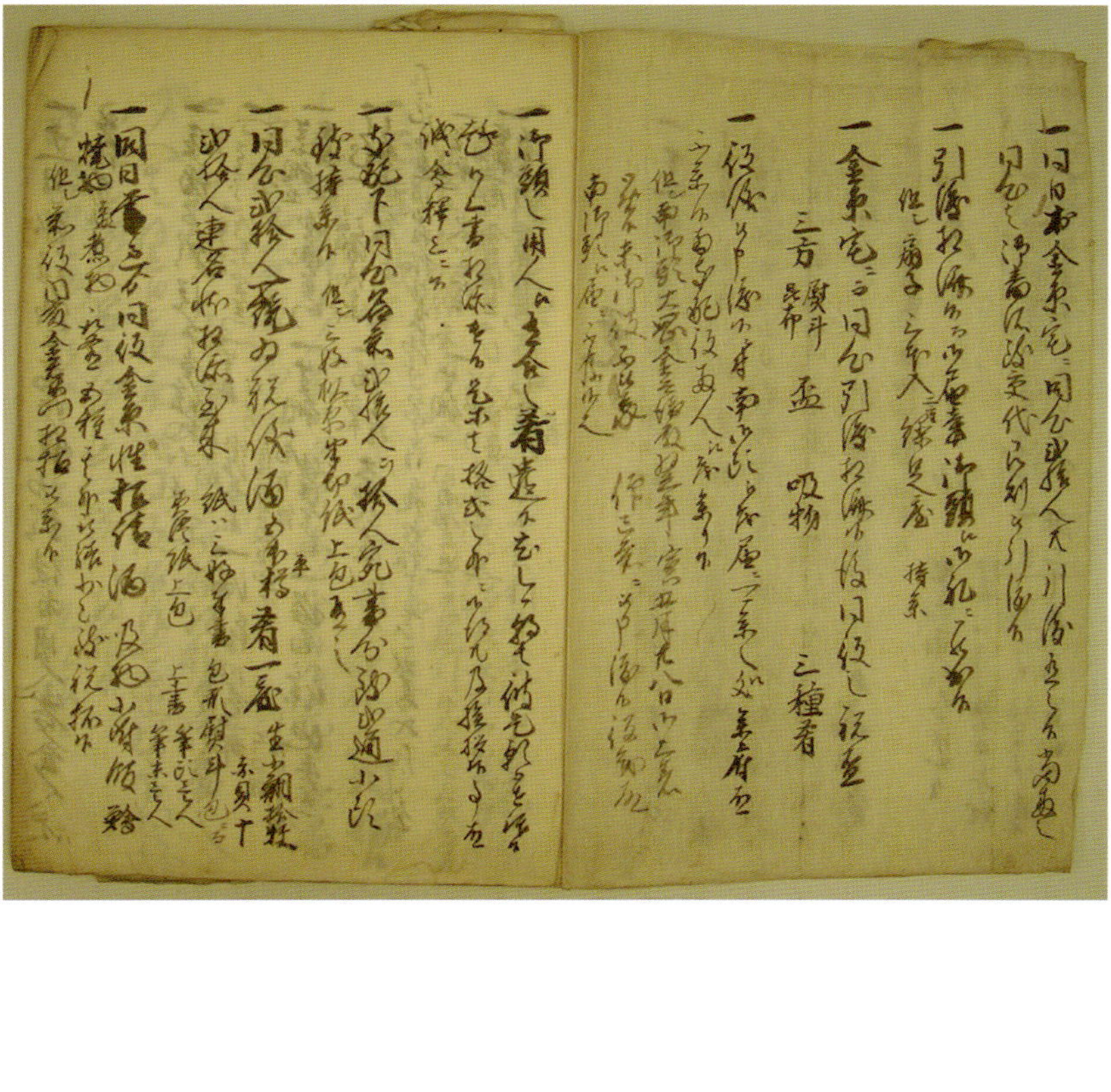

図1　宝暦七年『支配役控日記』

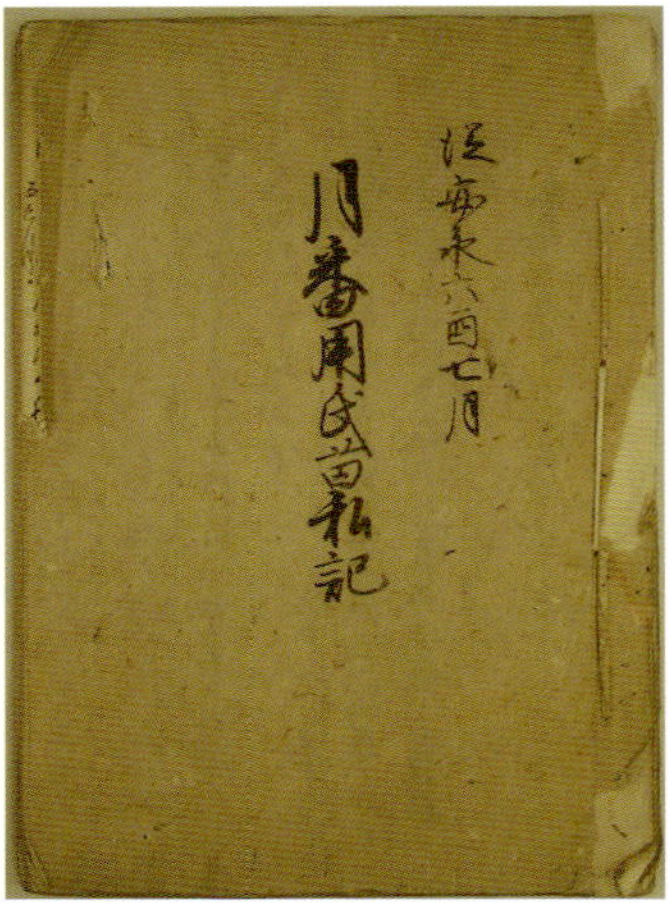

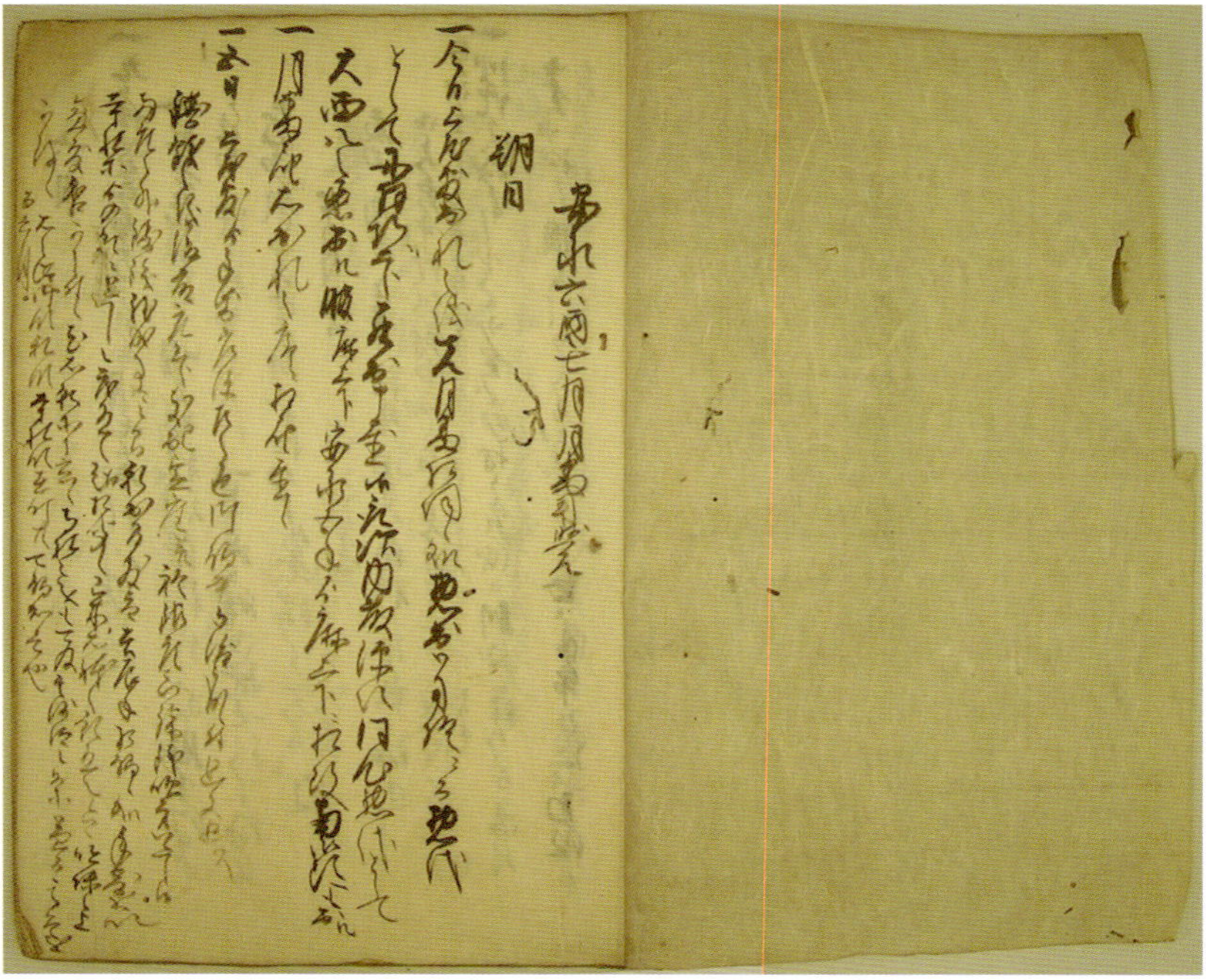

図2　安永六年『月番用私記』

図3　天明八年『月番覚』

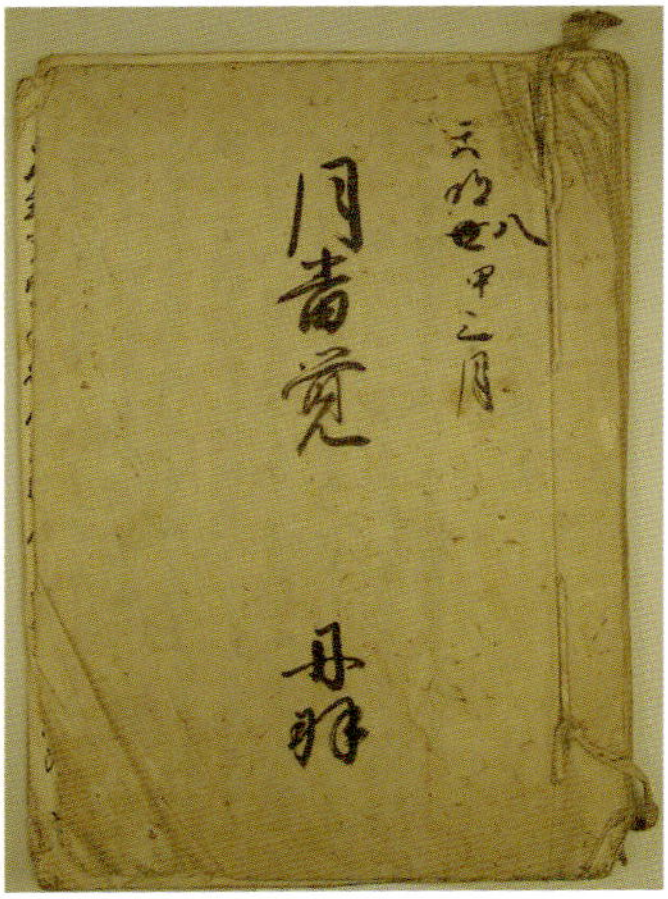

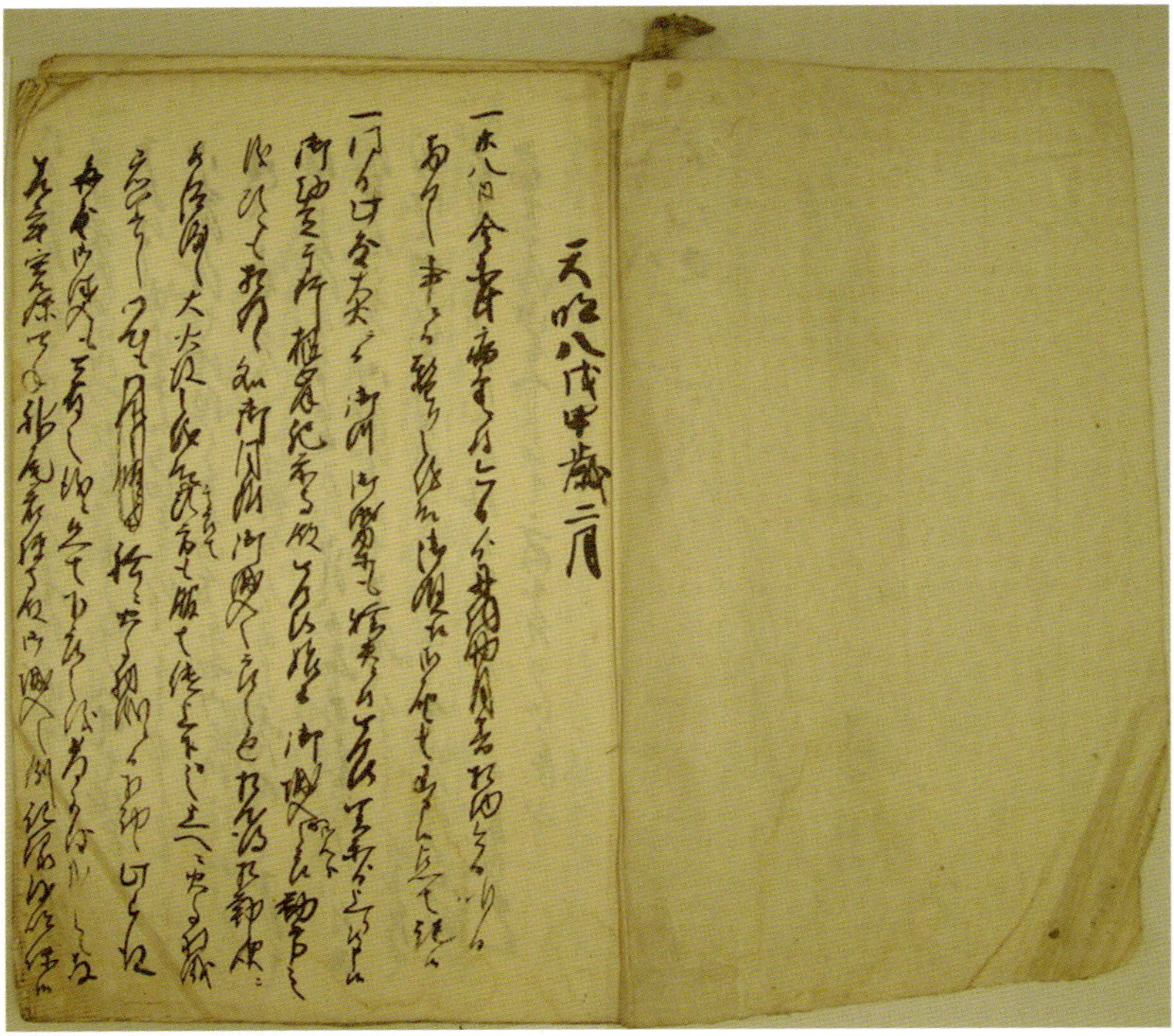

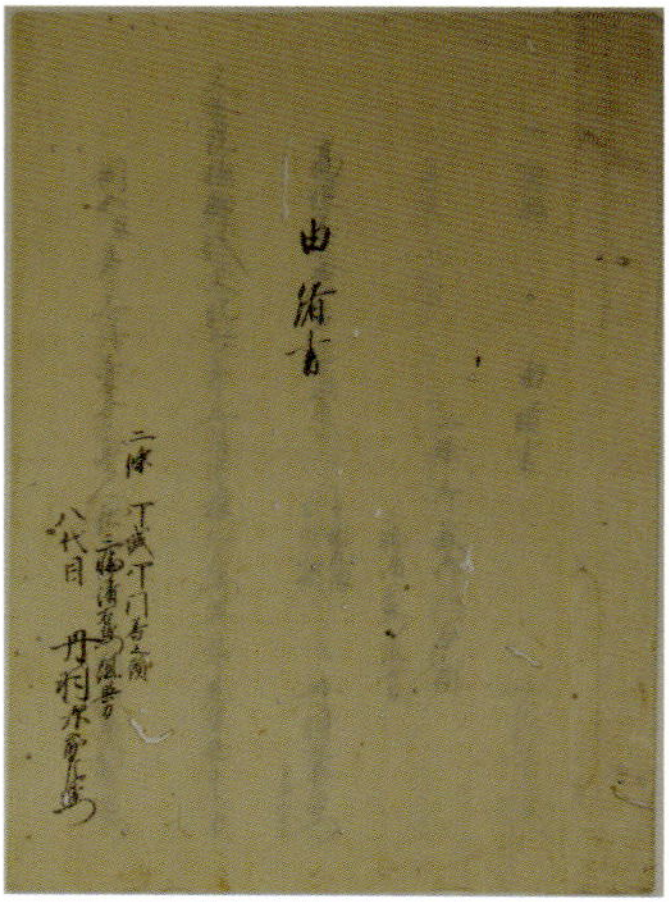

図4　丹羽氏由緒書

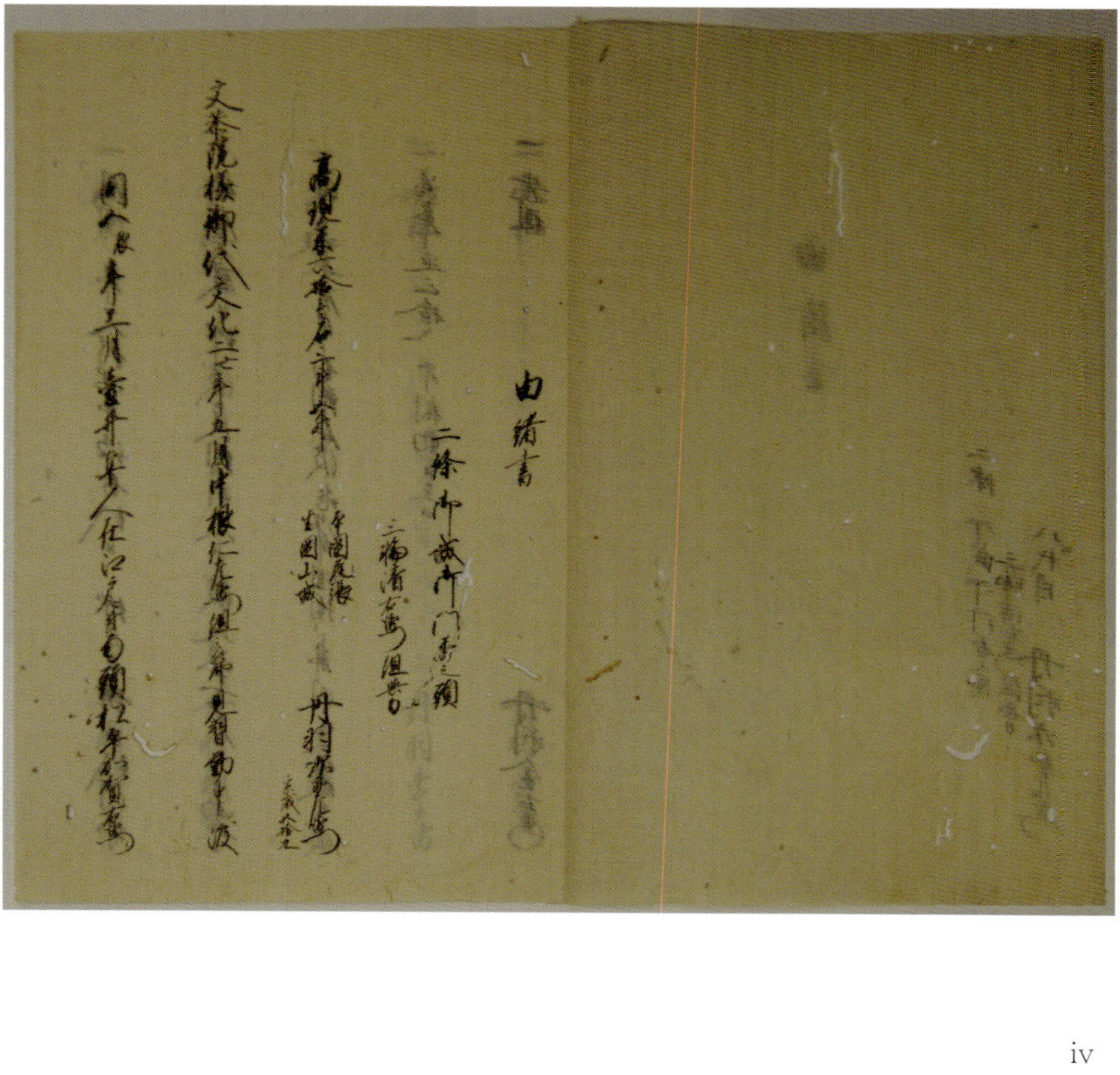

［凡例］

一　本史料は丹羽氏昭氏所蔵二条城守衛御門番組与力から、勤務日記と由緒書に関係する記録を翻刻した。

一　本史料は丹羽家文書と呼ぶことにするが、総点数は約四五〇点(版本を除く)の文書群である。そのうちから四九点を選び、一六項目にまとめ翻刻した。

一　史料は宝暦期(一七五一―六四)以降を中心に明治初期に至るが、記事の内容は天正・慶長期に及ぶ。

一　翻刻に当っては原文の体裁に従ったが、読解の便宜のため読点をいれた。他の表示は次の通りである。

(一)平出・台頭・欠字は原文の表記に従った。

(二)虫損は［ムシ］、破損は字数が推測出来る場合は□□で示して相当する文言を付し、判読・判断出来ない場合は［　　］で示した。また原文の書き直し・訂正・抹消文には「ミセケチ」も付した。

(三)貼紙・付箋・付紙等の箇所は、肩書に(貼紙)また(付箋)(付紙)などと記し、翻刻文を「　」で表示した。

一　翻刻に当っては、原則として常用漢字を用いたが、固有名詞や地名などそれにないものは正字体を用いた。但し、異字・俗字・合字・かなについては原文のままに残した部分もある。それらは、

者(は)　而(て)　与(と)　并(並)　ゟ(より)　江(え)　茂(も)　躰(体)　帋(紙)　㕝(事)

などである。

一　翻刻・校訂者による注記については、次のように示した。

(一)下書と見られる記録には挿入や書き加えなどがあるが、それらは原文の状態で翻刻した。

(二)誤字・脱字・当て字などについては、判明する限りで右端に注記するか、(ママ)と示した。

一　翻刻は著者が行い、また記事中の読点を新たに付けた。

目次

第一部　勤務日記

史料一　宝暦七年『支配役控日記』

（表紙）

宝暦七丙丑年
支配役控日記
十二月初九日

覚

一十二月九日辰之刻御役屋敷江罷出候様ニ申来り、支配役金原政之丞月番内藤勝之進同伴罷出候処、内藤金右衛門跡役相勤候様ニ被申渡候、尤先達而金原ヲ以内意有之候ニ付段々御用捨被下度御断及再応候得共、是非相勤候様ニ御座候故無拠承知申候、
　但シ同心小頭三浦儀兵衛・有馬幸助両人共罷出候、万事先格者勿論支配指図之事違背不仕可相勤様ニ尚又仲ヶ間之共江茂可申談旨被申渡候、
一支配月番常上下、自分者麻上下着用罷出候、
（挿入紙）「書付」
「同心町請状之事
　元文五申年西町御奉行所嶋長門守殿江戸町御奉行江御役替ニ而後御役三井下総守殿被仰付、同年十二月廿八日ニ仰付翌酉年四月十九日上京、先御役長門守殿江願込後御役下総守殿御役上京之節ゟ相止候也」

一同日出、金原宅ニ同人弐拾人共引渡有之候、当番之同心者御番所致交代、即刻被引渡候、
一引渡相済候而御届旁御頭江御礼ニ罷出候、
　但シ扇子三本入ニ重繰足台　持参
一金原宅ニ而同心引渡相済候後同役之祝盃、
　三方熨斗昆布　盃　吸物　三種肴
一役儀被申渡候ニ付、南御頭江茂届ニ可参之処参府故不参候、両支配役両人江茂参り候、
　但シ南御頭大岡金兵衛殿翌年寅五月廿八日御上着御座候、未御役附被　仰已前ニ被申渡候役儀故、両御頭江届不及候也、
一御頭之用人江有合之肴遣候、尤今朝者彼是願御世話候趣口上書相添遣候、是等者格式之外ニ候得共及挨拶候事故、誠ニ会釈迄ニ候、
一支配下同心名前弐拾人ヲ拾人宛書分致弐通、小頭致持参候、但シ三好杉原半切紙、上包有之、
一同心弐拾人一統為祝儀　酒五本平樽　肴一台小鯛拾枚赤貝十
弐拾人連名状相添到来、紙ハ三好奉書　包形熨斗包ニ而

美濃紙上包　上書　筆頭壱人
筆末壱人

一同日暮過ゟ同役金原姓招請　酒　吸物小附　飯　鱠
焼物平皿煮物　取肴五種　其外被繕少々致祝杯候、
但シ前役内藤金右衛門相招被参候、

一十一日蒙役儀候為御悦御頭使者用人山谷舎人ヲ以被仰下候、

一従諸方預悦候音信物等并ニ記

一小さわら一　南支配 鈴木小野右衛門　一生鯛 はまくり　一南支配 佐治長兵衛　一酒弐升 手樽　前役 金右衛門改 内藤蔀

一しゝみ　小林伊豫守殿組勘定役 上ニ同組

一生小鯛五 赤貝五　渡邊磯右衛門　一生鯛 一尾 下ノ組 塩津太郎兵衛　一銘酒 三升 手樽　下ノ組 同心目附 池平右衛門

一はむ一 はまくり　小頭役 三浦儀兵衛 息 服部元之丞　一酒弐升 手樽　大西八之丞

左ニ記候通同心相招候節、仲ヶ間中同夜相招申節到来物左之通、

一生鯛一 はまくり　小倉兵橘　一生鯛一 はまくり　内藤勝之進 内藤圓之丞

一生鯛一尾 はまくり　金原政之丞 野原佐右衛門

一同心仲ヶ間一統ニ相招候様之所、小倉利中去ル八日死去ニ付今四五日見合居候内柘植清五郎実父○十八日致死去、同心相揃不申、同役金原相談、年内相延シ可然義ニ付及延引候処、又々喜多庄蔵病気ニ付十月致出勤候、右差障ニ付見合及延引候也、

一宝暦八戊寅年十月廿九日同心弐拾人相招候、九ツ時ゟ拾五人参り、夕方五人参候、是者昼番四人屋敷番壱人、

一同夜仲ヶ間御番之外不残相招候、御番之人者翌日夜南組同役佐治七兵衛、此方同役南組遠縁者岡山儀左衛門

一所ニ相招候、

鈴木小野右衛門差合候故廿九日夜相招候、

十月廿五日夕飯献立

鱠　平皿 肴物　焼物
和へ物　香の物　汁　飯
引落　盃　吸物
取肴組合　組合 小皿からしぬた
吸物　取肴　大鉢ニ而塩焼鯛

年中役用行事覚

一正朔日、恒例御所司代　御城入之節西当番相勤候得者、同心加番五人相勤、
但シ与力加番壱人罷出、与力同心惣而五ヶ日之間者麻上下着之、

一十一日、御番帳相改メ御役屋鋪江差上候、
但シ此方月番中申合罷出候、熨斗目麻上下着用、并七日頃

迠之間ニ支配役江小頭持参、帳面差出候、
一十二日、明十三日　御城東御門前之松餝揚候趣三輪市十郎ゟ御頭江右之案内有之、御頭ゟ被仰置候而小頭江申渡候、甲ト北組、乙ト南組相互ニ揚ヶ餝り立会、
一廿二日、御扶持方証文認小頭持参、相改無相違之上御頭江直ニ小頭為致持参候也、支配ゟ指図ニ而持参仕候と用人江相渡、明廿三日請取ニ罷出候間、御頭御印形被下候様ニ申入置候也、

請取申御扶持方米之事
小ノ月当り候得者六石九升と認
米合六石三斗者　　但京升也
右是者御預ヶ之同心弐拾人之内御扶持方取拾四人、壱人ニ付三人扶持宛之積、当支大小壱ヶ月分請取申所、仍而如件、
年号月　　御頭印
ーー宛御蔵奉行三人

右者例月之事也、
一廿三日、同心御扶持方請取候而支配江小頭礼ニ参候、御頭江又々支配礼ニ罷出候、来二月御組御切米鬮相知、順番書小頭致持参候、月番江持来之様ニ指図申事ニ候、
一二五十月御切米出候、当日者玄関詰之者用捨也、
一二月七月定日無之、御目附　御殿并御道等為御見分拝見と御城入之節、西御番所江者加番弐人、東御番所江者加番壱人罷出候、
但シ御頭ゟ御案内被申遣候得者、支配ゟ申遣候也、
一三月五日御目附御交代勤方同断、
但シ三月九月御目附交代之節ハ与力加番、近例始ル
一十日頃迠之内来ル四月朔日ゟ稽古鉄炮玉薬請取可申之覚書差出候、左之通、

同心稽古鉄炮玉薬請取候覚
一御玉鉛何貫何百何拾目
但シ四月何、五月何、六月何、七月何　何ハ大小付也、
四ヶ月分三匁五分玉一日ニ弐拾枚宛之積、
一御筒薬何貫何百何拾目
但シ四月何、五月何、六月何、六月何（ママ、七月カ）
四ヶ月分薬目壱匁五分、一日ニ弐拾枚之積、
右之通御座候、以上、
支三月　　支配両名名前

一十八日、快天ニ候得者例年之通玉薬御鉄砲奉行衆被仰渡候、前日御頭江　可被相渡之案内有之候、支配方江　早速被申遣次第小頭江申渡候、小頭壱人平同心壱人罷出

御頭ゟ中間壱人玉箱持被差出候、請取之帳面小頭江被相渡、玉薬請取之場所江持参玉薬請取罷帰、惣門ニ而相待、支配方江小頭致案内次第支配壱人罷出、小頭召仕シ上屋敷江罷出無相違玉薬請取申候間、配当可為致段御届申候、

一晦日、明朔日ゟ同心稽古鉄炮為発候間、御所司代江御届相済次第御案内御座候様ニ御届申候、

　但シ同日鉄炮場并為見繕小頭壱人差遣候、

一四月朔日今五ツ時過二条表御届相済義御頭ゟ御案内有之次第鉄炮稽古為発候、同心五人宛罷出候、毎朝拾枚宛支配壱人宛見分ニ罷出候、

一十日迠ニ御番代勤方之書付差出候、

　但シ御番代勤三日之間者同日鉄炮稽古并玄関番用捨之義十二日ニ御断ニ罷出候事、

一御番代　初三日勤之年ハ立番同心三人宛

　　　　　後三日勤之年ハ立番同心四人宛

　但シ御頭上下送り迎之義者前後相互両組申合ニおよハす非番之方ゟ相勤、蹴上ヶ迠也、

一五月十日頃迠之内御所司代御城入之節、加番五人前日御頭ゟ御案内次第申渡候、

一六月例年　御本丸御鉄炮磨、前日御頭ゟ御案内有之小頭江申渡候、

　但シ東西御門櫓并御番所之御鉄炮磨両組申合勤之、

一七月廿日過同心鉄炮為発、両御頭并支配両人罷出見分有之候、前日同心鉄炮発、組合之名前順書前日ニ差出候、

一九月廿日迠ニ同心仲ヶ間寺証文相改メ申候、月付者十月と相認申候、此方月番中申合、屋敷江差出申候事、

一十二月十八日御扶持方請取、

　但シ来正月分也、毎月准之、

毎月廿三日御扶持方請取、即刻小頭礼ニ参候得者支配壱人御頭江礼ニ罷出候、

一鉄炮稽古并玄関詰御用捨之覚

御所司代　御城入之節　　鉄炮玄関詰共

四月御番代勤之内　　右同断

五月端午　七夕　　鉄炮

　　今宮神事　　鉄炮玄関詰共

二五十月御切米之日　　玄関詰御断申

七月盆三ヶ日　　鉄炮玄関詰共

弐拾人之内三人引迠ハ無構

　四人引ゟハ玄関詰御断申候、

一玄関詰正月　三ヶ日之間者明ヶ六ツゟ七ツ迠　五ヶ日迠者朝五ツ時ゟ七ツ迠　四ツ時之間詰

上包
端午
七夕　是等之日者四時詰
八朔　平日者四ツ時ゟ八ツ時迠弐時ツヽ勤之
重陽

［上端に横書］
「寅年中盆中玄関詰之事御頭江申出候所、十四日ハ先ニ詰之形ニ而罷出候上ニ而用捨之事如何様共差懸り可申申付候間、十四日ハ可差出候、十五日六日ハ用捨たるへへ(きカ)と被申渡候、」

一上使　御所司代送り迎之節、御頭方ゟ書状被相渡、大津迠致持参候、大御番頭并町奉行衆之節ハ蹴揚迠参候事、

一同心病気或者忌内等ニ而御番引候節者右之届書小頭致持参候御頭江　差出可申渡事、御番引四人有之候得者　玄関詰断申候、

一御切米鬮順書小頭持参之節者右順書弐通内上包無之方此方江　取上、包有之候方月番中江　持参可有之旨指図可申事、

(端書)
「宝暦九卯　但鬮順書弐通之処、此方江者届ニ而順書不及、
五月ゟ　差出ニ月番中江壱通計ニ而可相済旨改メ申渡候、認様御所司代御組外者頭之名前殿と認、清書ニ而可差出と申渡候、依之一通ニ而済也」

蝶前鉄炮并玄関詰番用捨之事

覚

一上使　御城入之節　一御所司代　御城入之節
但西御番之砌
一東西御番所共ニ惣詰之節
一四月御番代三ヶ日之間
右之節者無人ニ付御鉄炮并御屋敷詰無御座候、
一御櫓御鉄炮磨之節者御屋敷詰鉄炮蝶前等無御座候、
一御鉄炮磨御座候節者無人故御屋敷詰無御座候、
一二月五月十月御切米頂戴仕候、当日御屋鋪詰梧用捨、
一端午御鉄炮御用捨
一五月十五日今宮神事ニ付御屋鋪詰御鉄炮共御用捨、
一七夕御鉄炮御用捨、
一七月十五日十六日御屋鋪詰御用捨、
一七月十四日十五日十六日御鉄炮御用捨、
一朝五ツ時雨天ニ御座候得者御鉄炮御帳前流ニ相成御用捨、
一病人或ハ差障ニ付四人引ニ相成候節者御断申上、御屋

敷詰御用捨、

右之通ニ御用捨被下候御儀御座候、以上、

［上端に横書］
「是ハ卯七月八日御櫓鉄炮磨俄有之候、先達而差出候書面
ニ無御座候故丹羽次郎兵衛罷出断申、向後ヶ様ニ候間度
々御断申間敷旨石田定右衛門ニ申込候」

宝暦九年卯四月

左之通相認差出申候、菊田・丹羽某御頭江申上置候ニ四月十二日ニ差出候、依之御鉄炮帳前玄関詰等度々ニ御断申ニ不及候旨御用人石田定右衛門江申談、御頭金田仁十郎殿御聞届相済申候、

役中雑用覚

奉願口上書

於気小藤太義柘植是音方内縁取繕罷在候処、四年以前難渋之筋御座候処、表向御届申上候而者双方身上ニ茂相障候儀ニ付、仲ヶ間申合内々ニ而取鎮置申候、実者実方叔父ニ而御座候ニ付、右忌服之積ニ為仕度奉存候、別而此節之儀ニ而御番所差詰仲ヶ間難儀仕候ニ付、右叔父之忌服被仰付被下置候様一統奉願候、尤双方ゟ之口上書相添差上申候、以上、

丑十二月

同心仲ヶ間
十八人

支配両人宛

口上書

私父是音忌服之義仲ヶ間ゟ奉願候通相違無御座候間、右之通被仰付被下置候様奉願候、右之趣宜被仰上可被下候、以上、

丑十二月

両人別紙　柘植清五郎
於気小藤太

小頭宛

右之通書付差出候ニ付、願之通無相違候ハヽ、実事之通可相願旨申渡候、依之又々願書認替差出候、左之通文言、

於気小藤太義柘植是音方内縁取続罷在候、是音義實者小藤太養父於気源次実父ニ而御座候、其上四年以前是音小藤太両人之間不和之義御座候而睦相難罷在候、表立候而者双方身上ニ茂相障候義ニ付、仲ヶ間申合内々ニ而取扱置申候、右之仕合ニ御座候間、忌服御免被被下置候様一統奉願候、尤柘植清五郎・於気小藤太口上書相添差上申候、以上、

丑十二月

同心仲ヶ間
十八人

支配両人宛

清五郎口上書者右之通ニ而相済候、
小藤太口上書ニ私父と有之候而者不相済候、私父と認
候所ヲ柘植是音と認替可申候旨申渡候、次之文言ハ同
断也、

右吟味之上差出、御頭御聞届ニ而願之通ニ相成申渡候、

此節小頭　三塚儀兵衛
　　　　　有馬幸助

清五郎・小藤太親類書相改メ可差出旨申渡候、

一十二月廿一日喜多庄蔵・小嶋政八郎誓紙被申付、金原
性召伴レ被罷出候、但同日内藤圓之丞誓紙相済候也、

一宝暦九己卯年三月八日喜多庄蔵病気、痛所有之ニ付代
御番願書差出候、即日御頭江同役金原姓持参、口上ニ而
痛所有之候得共押而相勤罷在之趣被申込候、

一願書印形有無判弐通、代番喜多嘉内親類書印形有無判弐通、同役
両名之添書判有無判弐通、小頭添書者無之、

一右庄蔵去寅年痹疾相煩、手足痺痛候ニ付、平日御番并
御帳前鉄炮等難相勤ニ付、常式当り前御番ハ押而可相
勤旨申渡候、尤差懸り候病気ニ無之故御番ハ為相勤候、
去年ゟ代番願候得共、彼是故障ニ而及延引候、勿論願
書再更之遂吟味候事、

一十四日御頭ゟ用人石田定右衛門半紙ニ而案内有之、小
頭三浦儀兵衛并喜多嘉内召伴レ罷出候、早速御頭被成
御逢、庄蔵願之通弟嘉内江代番被仰渡候、御頭御口
上之趣承之、某口上ヲ以小頭儀兵衛江申渡候、

一右之御礼御頭江宜頼入之旨使者之間江罷出、用人定右
衛門江申入候、用人江茂世話之段及挨拶候、

一南御頭江者小頭儀兵衛并嘉内両人召伴レ参御礼申入置
帰候、代番当人ゟ御頭江三本入扇子箱、臺有リ、用人
江弐本入扇子箱遣ス、此方両人江茂弐本入扇子持参、

一庄蔵儀勤引ニ為致候ニ付、即刻西御頭江御礼ニ可罷出
旨申渡候、此方両人江御礼ニ罷越候、

一嘉内誓紙者追而可被仰付旨御頭被仰候、

一御番繰之順書弐通即日小頭致持参候、内壱通ハ御頭江
差出候、上包有り、

一卯九月竹内藤兵衛養子願書差出、高槻永井近江守家来
之弟新十郎と申者也、追而引取之届書又々差出候、養
子願之節引取之儀ハ追而届書差出候節承届可申付段、
御頭江断申置引取、届書差出砌聞届候之義直ニ申渡候
也、

一喜多嘉内兄庄蔵病気再発、国本江差遣為致養生度旨書付差出候、少し紛敷訳有之ニ付、隣家三人之者ゟ添書取之候而差出、御聞届之旨申渡候、

口上書　私兄同苗庄蔵儀病気致再発難儀仕候、依之国本江差遣養生為仕度奉存候、右之趣宜被仰上可被下候、已上、

卯九月
東寺新五左衛門
植　林之進
大西八之丞

（添番之扣
口上
喜多嘉内ゟ差出候書付之通相違無御座候、以上、

正月二日
一御頭江為嘉儀同心差下シ候ニ付、名前書差出候様ニ南御頭大岡殿ゟ被申渡候、

一同六日、小頭呼寄法貴三左衛門江申渡候、扣ニ竹内藤兵衛申渡候、

一同七日、南御頭江法貴三左衛門差遣候書付差出候、

一同十日、法貴三左衛門江戸出立ニ付、明十一日ゟ休息如先例十ヶ日之間支度可致旨申渡候、

一同十九日出立、御頭江之書状月番衆ニ而相認、拾人連名、尤御頭宛、用人江茂壱通差遣ス、支配月番之連名ニ而余者除之候、何れ茂書判、

一道中桑名ニ而大風、依之道中一日相滞り、正月晦日江戸着、二月九日江戸之出立、木曽路上り、道中ニ而大雪、依之二日相滞り、廿二日帰京着也、

（挿入紙）
「
一伯母　丹劦馬路村ニ住居仕候　父丹羽次郎兵衛死妹　人見善六死妻

一同伯母　丹劦國分寺村住居仕候　右同断　小川傳左衛門死妻
　悴小川傳左衛門手前罷在候

一同　丹劦余ル部村ニ住居仕候　中沢権右衛門死妻
　悴中沢勘右衛門手前罷在候

一甥　従弟ニ而御座候処幼年ヨリ兄可左衛門養子仕置候故甥之続ニ相成申候　丹羽犀次郎
　私手前ニ罷在候

一同甥　御朱印知行頂戴仕城州淀ニ住居仕候　私兄木村藤左衛門死悴　木村音三郎

一従弟　私伯父小川長太夫悴　小川和三郎
　父長太夫手前ニ罷在候

一同従弟　丹劦馬路村ニ住居仕候　私伯母聟人見然六郎死悴　人見代五郎

一同従弟　丹劦國分寺村ニ住居仕候　私伯父小川國四郎死養子　小川國造
」

覚

一東西御番所毎年普請取物
但シ東御番所下座薄縁五枚　下座莚五枚
抱札四本　しゅ路箒三本　竹箒壱本
西奥口御番所下座薄縁拾弐枚　下座莚拾弐枚

［付箋アリ］

柄杓　四本　しゆ路箒三本　竹箒壱本

右者毎年十二月御城内御破損方ゟ定式御渡御座候、当亥年分去戌十二月ニ請取申候、此上減之儀者難申上奉存候、

〔付箋〕「其上毎年四月大御番方御交代六日之間余慶灯候ニ付、色々相減候趣相考候得共、此上減方可仕様無御座奉存候、
右両口毎年御入用之物請取方月番与力吟味仕候得共、書面之通相減可申仕方無御座候」

一東西御番所燈油当亥年御渡り高五斗六升六合四勺
　但シ大六ヶ月小六ヶ月日数三百五拾四日分一夜ニ付六合六勺宛之積

右之通毎年定式請取、西御組与力同心御両所四ヶ所ニ灯申候、右一夜ニ壱合六勺を以四ヶ所ニ灯申候得者、此上減方可仕様無御座奉存候、

一御組同心四月朔日ゟ七月晦日迄毎年鉄炮稽古被　仰付候ニ付、御玉鉛・御筒薬一日弐拾放宛之積を以御渡御座候日数之積を以御渡御座候間、此上減方可仕様無御座奉存候、委細之儀者支配与力共ゟ別紙を以申上候、

右者此度諸向御入用減方定式御入用之内ニ茂相減書付差出候様ニ被　仰出候ニ付、御組私共江御尋被仰渡候間吟味仕候処、右之通ニ御座候、以上、

亥五月　　宝暦四年御頭　南　久留半次郎殿
　　　　　　　　　　　　北　金田仁十郎殿

右者御老中堀田相模守殿被仰出、御所司代酒井讃岐守殿節

覚

諸向御入用相減候様先達而向々江被申渡候ニ付、諸向請取物茂致勘弁相減事候、依之伏見奉行・当地町奉行役所入用并当御鉄炮奉行渡御鉄炮磨御用紙・油代銀御蔵奉行渡、御蔵諸懸入用代銀等者役所〱ニ而遣候諸品唯今迄ゟ位引下ヶ、定式・臨時共可成たけ御入用相減候積書付差出候様向々江可相達旨年寄衆ゟ申来候間、相達候書付出来次第可被差出候、以上、

申三月

右者宝暦十四年御所司代阿部伊豫守殿ゟ被仰渡候、

御頭　南　大岡金太郎殿
　　　北　浅原又右衛門殿

〔付箋〕「御組同心弐拾人四月朔日ゟ七月晦日迄大小日数割を以稽古鉄炮・御玉鉛・御筒薬請取申候、此段者月番与力取計不仕、支配与力取計仕候間、右之御鉄炮稽古玉薬之儀者委細支配与力両人ゟ申上候、

右之通ニ御座候、

亥五月　　月番与力
両名」

口上之覚

此度諸向御入用相減候様ニ被　仰出候ニ付、西御組江
茂被仰渡奉承知吟味仕候得共、左ニ奉申上候通ニ御座
候間、御減方無御座様奉存候、

東西御門御番所毎年普請取物之覚

東御門御番所
一下座敷薄縁五枚　一同下敷莚五枚　一棕櫚箒三本
一柄杓四本　　一竹箒壱本
西御門両御番所
一下座敷薄縁拾弐枚　一同下敷莚拾弐枚
内七枚升形御番所　同断
一棕櫚箒三本　一柄杓四本　一竹箒壱本
右者毎年十二月　御城内御破損方ゟ定式相渡申候、
東西御番所燈油一夜ニ壱合六勺宛
内
東御門御番所与力同心詰所弐ヶ所ニ灯ニツ、一夜ニ油
八勺、西御門奥御番所与力同心詰所之間ニ兼用仕候而、
灯壱ツ、升形御番所同心詰所ニ灯壱ツ、奥御番所ニ而
一夜ニ油八勺、
右之通ニ而東西御番所ニ灯四ツ、一夜ニ油壱合六勺宛、
月大小日数勘定を以請取申候、右之通ニ而者毎年不足仕
候得共、不足之分者御組之者共各出を以相用申候、
右之外一切御渡物無御座候、以上、

申三月　　月番
十四日差出候　　両名

右之書面ニ而西組申合同様ニ認差出候、
北組月番内藤一郎右衛門　南組月番
藤井友右衛門
野条　小市
中川小十郎

三月十一日、西御門組支配月番壱人宛罷出候様ニ案内有
之、南御役屋敷ニ而西御頭御対座ニ而書付御渡被成候、被
仰渡之趣前ニ有之通也、
北御組ゟ支配丹羽次郎兵衛月番野条小市
南御組ゟ支配岡山儀左衛門月番藤井友右衛門
西御頭方用人　北　石田定右衛門
南　佐治藤右衛門
右之人数立合ニ而被仰渡候、

（この間、三丁白紙アリ）

宝暦九己卯年三月八日御所司代御代りニ付御組由緒并
御足高願書差出候、
一翌九日御頭ゟ是迠所司代替り之節右願書差出候事闕等

茂無之事歟と御尋ニ付、則書付差出申候、

但シ右御尋ハ万一所司代ニ而御尋等茂有之節之心得

ニもとの事ニ御座候、

一寛延三庚午年松平豊後守殿御上着之節

一宝暦二壬申年酒井讃岐守殿御上着之節

一宝暦六丙子年松平右京大夫殿御上着之節ハ南組之頭久留半次郎殿被差留候、依之南組ゟ不差出候、所詮ハヶ様之願ニ御頭方不詣引之筋ニ而ハ無急之事と申合、此方ニ而も差出不申候旨書付を以差出申候、

御所司代阿部伊豫守殿

一宝暦十一辛巳年正月五日御上着、即日御城入、北御門ゟ御城出同断、

両組由緒并御足高願書差出申候、此方ニ而ハ御頭上京無之候ニ付、仮り支配大岡金兵衛殿宛ニ而拾人連判、二月廿一日差出申候、御所司江ハ廿三日ニ金兵衛殿御持参、

一二月廿七日阿部伊豫守殿御　城入

（この間、五丁白紙アリ）

宝暦九己卯年七月十三日御頭方御参府、近例覚書吟味之上差出候様ニ被申渡、書付差出候、左之通也、

覚

曲渕十左衛門殿

正徳三癸巳年十二月廿四日御上着、享保四己亥年六月十五日御参府、同年八月廿八日御上京、翌庚子年十一月御願ニ付御役御免ニ而、御在役都合八ヶ年ニ御座候、

同廿五日御着七月朔日　御目見済
八月六日御暇候而九日ニ被　仰出候
八月廿八日京着

秋山吉右衛門殿

享保六辛丑年正月十一日御役被　仰付、四月廿五日御上着、同十七壬子年三月廿八日御参府、同年閏五月廿一日御上京、延享二乙丑年六月依　御召江戸御表江御出立、其後御裏御門番江御転役御座候、御在役都合弐拾五ヶ年ニ御座候、

但四月八日御着府五月朔日
御目見相済、閏五月朔日頃
御暇被　仰出、十一日江戸御出立、
廿一日御上京御座候、

卯七月

奥書
右者御組分御近例ニ御座候、以上

覚

一十月六日於関東万次郎様被遊御元服候、従三位中将ニ御任叙、徳川宮内卿様与被為称、依之服紗小袖麻上下

着用、恐悦ニ罷出候、
但シ両御頭方ニ茂御同服之着用也、
一十月廿一日、明春御参府之御伺書仁十郎殿御差出被成候、御文言外ニ留置候、
一十一月十四日、用人石田定右衛門ゟ手紙ニ御頭来春中御参府、御伺之通御勝手次第可被成旨被　仰出候、依之右為嘉儀服紗小袖麻上下着用一統ニ罷出候、暮六ツ時ニ御座候得共、不及翌日即刻罷出候、同心茂麻上下可着之旨申渡候、東組ゟ聞合有之、近年久敷半次郎殿之節例ヲ以支配月番壱人宛裏付上下ニ而嘉儀被申入候、

宝暦十辰年二月十日
去ル四日院吉辰
勅使　女院使　准后使　登営
公方様　右大臣御転任
大納言様右大将御兼任之
宣旨　御頂戴御作法無残所相済、御喜悦
不大形候　大納言様御儀従当月四日
右大将様与奉称候、
右ニ付為恐悦、十一日四ツ時熨斗目麻上下着用
西御頭大岡金兵衛殿御役宅江罷出候、
此方頭金田仁十郎殿御参府ニ付

一上使　井伊掃部頭殿被蒙　仰候処、御隠居御卒去ニ付、
松平讃岐守殿江御代俄ニ被　仰付候、
一上使松平讃岐守殿三月四日江戸御発足、十八日御上着可被成之所、川留ニ付廿一日京着御座候、
一副使松平肥後守殿三月五日江戸御発駕、十九日御上着可被成之所、川留ニ付廿二日京着御座候、
一三月廿六日、松平肥後守殿北之御門ゟ御城入御座候、御所司代井上河内守殿御同道御座候、其外両御番頭・両町奉行・御鉄炮奉行・御蔵衆御列道、朝五ツ時　御城入、四ツ時西御門ゟ御下城相済候、仲ヶ間八人出勤、御熨斗目麻上下持鎗、但シ同心前日当番四人常式代り合之通致退番候、御頭金田仁十郎殿参府ニ付御役屋敷詰番之同心前日勤弐人者休息申付候、尤非番間之勤昼夜弐人ニ而　御役屋敷相守候事故格別之義、当日弐人詰番之者両日分ニ而　四人都合八人御番所勤欠申候、惣而病人等之差障無之故、拾弐人御番所ニ相勤候、病人等有之候得者前日当番之中ゟ居揺相勤可申旨申渡し、御役屋敷詰番ニ引ヶ不申節ハ拾六人可罷出事ニ候、与力・同心共病気其外差障無之候得者人数ハ其砌取計可有

之事ニ候、先常式之通ニ而者与力八人同心拾六人惣詰之
人数たるへき事、
一三月廿七日、江戸表御頭ゟ御状到来、当月朔日御頭御
持病被差発
　　御目見ハ無御座候而
十二日御出勤ニ而十五日　御目見江御献上物無滞首尾
克相済候之段申来候、依之朝四ツ時麻上下着用、為御
悦不残罷出候、南御頭江茂御同役之御義御安堵御悦可
被成之旨、御悦可申上候、支配月番壱人宛罷出候、
但シ同心茂麻上下着用、一統ニ罷出候様ニ申渡候事、
　南御頭江小頭両人罷出候、尤当番ハ与力・同心共
　ニ御番下ニ罷出候、小頭御番等之節ハ壱人南御頭
　罷出相済候事也、
一江戸表ゟ月番名前無覚束故金原政之丞・拙者両人之名
前ニ而致来書候、
一即日右　御目見江相済候御嘉儀之書状認差出候、南御
頭ゟ被遣候御状之序一所相頼候、尤先格也、
一四月五日、去月廿七日之書付従江戸表到来、先年秋山
殿参府并　御目見　御暇出立上京等之月日相報候哉、
書付可差出遣旨申参、委細書付及返書候、
拝領物之品も相知候ハヽと申参候得共、是ハ書記無之
知レ不申候旨申遣候、尤六日切之飛脚ニ差出候、留守
居之中村九兵衛江六日之未明ニ相渡候、
一四月例年之通御城御番代勤人数割之書付南御十一日頭江差出
候、後勤ニ而　御番代前後無滞相済、為嘉儀十八日南御
頭江一統ニ罷出候、例年ハ支配月番計壱人宛参候得共、
今年ハ仮支配受候ニ付一統ニ参候、尤御役宅江茂　罷出
候、
一十八日、御頭在江戸ニ付、御番代無滞相済候、嘉儀之
書状差出候、尤勤人数割之書付支配月番両人宛之連名
ニ而惣連名略之候、同心者　勤人数割之書付計此方江　為
差出、一所ニ江戸表江遣申候、同心ゟ書状者為相止候、
不快渡邊・小倉無勤、月番ハ　関戸十兵衛
　　　　　　　　　　　　　内藤市郎次
　但シ書状者十八日之日付ニ而十九日九兵衛相渡候、
当月十三日就吉辰
上様　大御所様　御台様へ被遊御移、従御作法
万端首尾残所無御御座相済、
御機嫌不斜候、
　　五月十九日
右之御沙汰南御頭大岡金兵衛殿ゟ被仰聞候、然レ共恐

悦ニ不及罷出之旨ニ而不罷出候、御城内御番衆ハ恐悦
之躰見受申候、
（付紙）
「小ニ年月分、但金田仁十郎跡役被　仰付、此度罷登
候ニ付、拙者判形を以受取申所、仍而如件」
辰六月
一御頭金田仁十郎殿御退役御願書江戸ゟ被差登、今廿日
相届、南御頭大岡金兵衛殿町奉行衆江御掛合被差出候
処、○右願書之内ニ御所司井上河内守殿御家来ニ而醫師之名有之所、
先年不届之品ニ而河内守殿御暇被遣候者願書ニ被書出
候事不吟味之由ニ而又願書差戻候、依之大岡ゟ江戸表江早速
被差遣候、
一七月七日、右御退役願書相改江戸ゟ被差登、大岡殿御
所司江被差上、同九日ニ御所司ゟ関東江御差遣候、
七月廿二日
一八月三日、右仁十郎殿御願之通御役　御免被　仰付候
由申来候、依之即日御番所幕之張替大岡殿ゟ受取　御
城中江下人共通行之鑑札等大岡殿仮札ニ引替、是迄之
幕・鑑札等ハ仁十郎殿御家来中村九兵衛江相渡申候、
同心ゟ鑑札弐枚取上月番江渡、
一明御役屋敷同心詰番者御頭御退役無之内ハ同心昼壱人、
夜弐人宛詰候、今夜ゟ同心三人宿番勤候様申渡候、
一同四日、朝五ツ時仲ヶ間不残南御頭江常服ニ而罷出候、
同心羽織袴ニ而罷出候様申越候、
一右御頭御役　御免之旨、用人石田定右衛門ゟ被申越候
ニ付返書差出候也、但支配両人江壱通、月番宛ニ而壱通
参候、月番ゟ之返書ハ仲ヶ間巻各ニ認、此方両人ハ別
書ニ相認候、一統之外也、

（この間、一丁白紙アリ）

宝暦九己夘年正月御所司代井上河内守殿御退役之節、
同心使ニ参候覚
一松平右京大夫殿京都御引渡として御上京、正月十一日
御頭ゟ口上書御渡ニ而大津迄同心使被申付候、尤土岐
丹後守殿御引渡ニ御上京被成候節之可為先格故、同心
使有之候、
一御老中方御上京之節、同心使無之候得共、是者御所司
ゟ御老中ニ御昇進御座候故之義ニ御座候、土岐殿節之
例是也、青木清蔵相勤御目録弐百疋被下之候、此度廿
三日之夜五ツ半時申渡罷出候、使相原要蔵、

一井上河内守殿正月九日江戸御発駕、十九日大津迠御着
御泊、同心使南組ゟ相勤、
一廿五日、御上着御座候、伏見御泊り、伏見江同心使有
之候、南組ゟ相勤、

御頭方ゟ被遣候御口上書之写

口上覚

右京大夫様御道中無御滞被成御旅行、今日大津駅御着
座、目出度御義奉存候、右大祝儀為可奉申上、以懸札
申上候、此段宜被仰上可被下候、以上、

大岡金兵衛
正月廿三日　金田仁十郎

松右京大夫様
御用人中様

覚

正月廿三日
一御所司代御上着、即日北御門ゟ御代入、
御丸之内江御入○（御城御引渡御老中松平右京大夫殿 御所司代井上河内守殿）
上意被仰演、西御門ゟ御下　城御座候而東御番所前江者
御見江不被成候、然レ共先年者東御番所江茂惣詰相勤申
候処、此度者如何可仕哉相伺申候、東江ハ御出不被成間
無益ニ候、常式御番之通ニ而可相勤旨被申渡候、依之
与力・同心平日之通ニ相勤申候、
一御老中御所司御同道ニ而追而被成　御城入へ候節、前々
ゟ東西御番所共与力・同心惣詰相勤申候処、与力・同
心不残罷出候而者組内万一非常等之節、甚無心元御座
候、市中ニ而茂自身番等茂仕候程之砌ニ御座候得者東西
御番所共ニ前日宿番相勤候者ハ常式之通朝五ツ時致交
代、退番仕候様ニ仕度奉存候、西御番所者常之通本番
昼番替り相ニ仕度奉存候、御伺申旨尤之義ニ御聞届之
上右之通可相勤之旨相済候、惣而　上使等之節茂右之
通御座候、与力・同心前日番ハ小屋守り之積ニ御座候、
是迠同心小屋残りと申弐人宛不残出勤候、向後小屋残
り右退番之者相勤可申事ニ候、右之両条丹羽某罷出、御頭江直ニ申御聞届御座候、然レ共表向月番ヲ以又候伺候、
但南御組江も前日申談候所不承知之趣返答有之、

請取申御扶持方米之事
六石三斗　大ノ月分
米合　六石九升者　小ノ月分　但京舛也
右是者御頭之名誰　御預ヶ之同心弐拾人之内

御扶持方取拾四人壱人ニ付三人扶持宛之積
当何之何月大小壱ヶ月分請取申所、仍如件、
年号何ン年何ノ何月　肩書 御頭ノ名組与力
支配之名印
同　断
御蔵奉行衆
同　断
同　断

表書之米何石何斗何升無相違可有御渡候、
何之誰在江戸ニ付以御証文拙者判形如斯
御座候、断者本文有之候、以上、
仮支配御頭名

上包書御扶持方請取証文　何之誰組 御頭之名

同心明扶持金御願一札之事　印知〇〇合
合金拾両也
右者御組同心明扶持金ニ而御座候処、私共江御願ニ付、
慥ニ奉願為後証、仍如件、
金原政之丞印
宝暦十庚辰年二月　丹羽次郎兵衛印
金田仁十郎殿

（この間、二丁白紙アリ）

宝暦三癸酉年正月廿日同心御預御鉄炮御修覆相願候、
致吟味願書廿二日ニ差出候、廿四日御修覆先例書差出
候様ニ被申渡、左之通例書差出候、

同心御預り御鉄炮御修覆先例書

一寛保三亥年二月両御組同心江御預ヶ
御鉄炮四拾挺之内拾四挺御修覆奉願候、
左之通
（南御組御鉄炮　六挺
松波五郎右衛門殿御支配之節
当御組御鉄炮　八挺
秋山吉右衛門殿御支配之節
合拾四挺　此御入用代銀五百弐拾壱匁六分
右代銀鉄炮師請取手形両御頭様奥御印御連印
御所司代様御裏印ニ而於小堀十左衛門殿被相渡候

一延享二丑年二月西御組同心御預御鉄炮四拾挺之内弐拾
八挺御修覆奉願候、左之通、
南御組御鉄炮　拾三挺
久留半次郎殿御支配之節
当御組御鉄炮　拾五挺
秋山吉右衛門殿御支配之節
合弐拾八挺　此御入用代銀六百四拾六匁七分
右代銀請取手形前ニ同断
於小堀十左衛門相渡候

一此度御組同心御預御鉄炮弐拾挺共不残御修覆奉願候ニ付吟味仕候処、損書付之通相違無御座候、奉願候通御修覆被仰付被下置候得者、鉄炮師呼寄尚又吟味仕、其上仕様帳面等差上申候先格ニ御座候、以上、

酉
正月　　　支配両人名

奉願口上書

私共御預御鉄炮損御座候ニ付、別紙書付奉差上候、御吟味之上御修覆被為　仰付被下置候様奉願候、右之趣宜被仰上可被下候、以上、

酉
正月　　　同心弐拾人連判

支配両人宛

御鉄炮損書付弐拾挺之分相添差出候、
御修覆被仰付候ニ付、鉄炮師呼寄仕様帳面代銀付、帳面ニ相認差出候、

一四月六日、仕様帳面差出候処、同日四ツ時二条江御頭方被成御持参候而、同日八ツ時過御聞済ニ而御修覆之義被仰渡候間、同心小頭江申渡、鉄炮師呼上セ候様ニ申渡候、

一九日、鉄炮師致上京小頭召伴参候而御修覆被仰付候間申渡候、随分相急可為致出来候、此節稽古最中故不残難相渡、拾挺宛出来次第引替相渡候積ニ申付候、
先格之通御鉄炮請取証文申付候、

請取証文之事

御鉄炮拾挺　　但此度御修覆被仰付候御筒之内也

右者当御組御同心中御預筒弐拾挺御修覆被為仰付候内拾挺慥ニ奉請取候、先達而差上置候仕様帳面之通無相違御修覆念入可奉差上候、廿日頃迄差上可申候、残る拾挺之御筒と引替御修覆可仕候、勿論大切之御鉄炮之義ニ御座候而、御修覆出来奉差上候迄極麁末之義仕間敷候、右拾挺之御筒御預り証文、仍而如件、

宝暦三酉四月　　堺鉄炮師　芝辻長左衛門

支配宛

御請合証文之事

此度御修覆御鉄炮弐拾挺共仕様帳面之通御筒巻直、其外火皿等抜出候義、急度御受合申上候、為念御請合証文、仍而如件、

月日　　　長左衛門

宛　同断

一五月廿六日、御修覆不残出来ニ付、両御頭立会御見分御座候、尤組々御役宅江御頭方御互ニ御出ニ而、片組切ニ御見分御座候、

御修覆代銀請取証文之書法

奉請取銀子之事　（寅年御修復之節ハ筒之字除之認出候也）

合銀壱貫百四拾三匁七分也

右是者今度南御組御預り筒御鉄炮四拾挺修覆仕奉差上候、御修覆為代銀唯今被下置奉請取候所、仍而如件、

年号支月　　鉄炮師　名印

南　支配両人宛

南　同　断　但宛所前後有之、御頭方御先役之組是認候也

右書面之通代銀御鉄炮数相違無御座候、以上、

御頭御連判

小堀十左衛門殿

表書之銀壱貫百四拾三匁七分可被相渡ス、断者本文ニ有之候、以上、

讃岐印

一廿七日、御修覆出来ニ付、両組申合両御頭江為御礼支配罷出候、小頭者其組之御頭計江罷出候、支配方江小頭礼ニ参候也、

一廿八日、代銀証文御裏印相済御渡被成候、小頭江申渡鉄炮師呼寄申候、

一廿九日、鉄炮出来、四ツ前ニ長左衛門小堀江差遣、追付御証文持参可申候間、其仕度有之候様ニ内意申入置候、

同日四ツ過沾城傳之丞 金原政之丞長左衛門召伴小堀江参、右御印形之証文元〆安田善右衛門及応対候、則鉄炮師長左衛門召伴候間、証文之通銀子御渡御座候様ニ申談、長左衛門跡ニ差置候而罷帰候、御届ハ銘々御頭江罷出候、

（この間、一丁白紙アリ）

清五郎・小藤太両人共ニ親類書追而可書改旨申渡候、

一十二月廿一日、喜多庄蔵・小嶋八郎誓紙被申付候、政之丞召伴被罷出候、今日内藤圓之丞誓詞相済候、

同心御預御鉄炮御修覆之覚

奉願口上書

私共御預御鉄炮損御座候ニ付、別紙書付
奉差上候、御吟味之上御修覆被為　仰付
被下置候様奉願候、右之趣宜被仰上可被下候、已上、

酉
正月　　同心弐拾人
連名印

金原政之丞殿
内藤金右衛門殿

一筒火皿共躭火蓋矢倉鋲桐杖損御座候　安井早太
一筒火皿共躭竹節無御座桐杖損御座候　三浦弥二兵衛
一筒火皿共躭申候　青木清兵衛
一筒躭台損碓金鋲無御座かるく損御座候　服部弾次
一同断竹節無御座かるく損御座候　木寺伴内
一同断台損難用御座候　磯野久兵衛
一筒火皿共躭かるく損御座候　小嶋政右衛門
一筒躭火挟鋲穴損御座候　柘植清五郎
一筒火皿共躭毛抜金外用心金鋲無御座候　有馬幸助
一筒躭槍除少々損火蓋鋲無御座芝曳損御座候　鈴木小藤太
一筒躭槍除少々損火蓋鋲無御座芝曳損御座候　大西八之丞
一筒火皿共躭難用芝曳損御座候　桂林之進
一筒躭先目当ゆり之台捻シ台尻披御座候　小嶋藤蔵
一筒火皿共ふけ槊杖損御座候　川勝源蔵
一同断槍除ニ穴明難用御座候
竹節損かるく損御座候　喜多理太夫
一筒躭碓金無御座かるく損御座候　竹内庄右衛門
一筒火皿共躭難用火蓋破竹節無御座かるく損御座候　松原要蔵
一筒躭矢倉鋲損竹節損御座候　法貴三左衛門
一筒火皿共ふけ台損かるく御座候　山田盛之丞
一筒躭竹節無御座かるく損御座候　木寺新五左衛門

合弐拾挺

右之通ニ御座候、以上、
酉正月　同心ゟ正月廿日差出
同廿二日御頭江差出候

宝暦三癸酉年正月廿日同心御預筒損候ニ付御修覆相願候、致吟味御頭江願書差出候処、廿四日御頭ゟ先例書差出候様ニ被申渡、左之通例書差出候、
上包書　同心御預御鉄炮御修覆先例書
寛保三亥年二月両御組同心御預御鉄炮四拾挺之内拾四挺御修覆奉願候、左之通
南御組御鉄炮　六挺

此用所前ニ認置候
前丁可見之事

鉄炮師召寄仕様帳申付候扣

一火皿入替火蓋仕替矢倉鋲壱本かるく仕替
○筒仕立直し笠付替巣之内油錐通シ　早太　代銀弐拾壱匁二分

一火皿入替竹節仕かるく仕替
○筒仕立笠付直し巣内油錐通シ　義兵衛　代銀拾八匁七分

一　火皿入替
○跡同断
清　蔵　代銀拾七匁

一　台仕替碓金仕替かるく仕
○跡同断
評氏　代銀三拾三匁弐分

一　竹節仕かるく仕替
○跡同断
伴右衛門　代銀拾壱匁七分

一　筒巻直シ張替台仕替巻金仕替
○跡同断
九兵衛　代銀九拾匁

一　火皿入替かるく仕
○跡同断
政右衛門　代銀拾八匁二分

一　横鋲仕替
○跡同断
清五郎　代銀拾匁五分

一　火皿入替毛抜金仕替用心金鋲壱本
○跡同断
幸　助　代銀弐拾五匁五分

一　内くりくり直シ火皿鋲仕替
○跡同断
小藤太　代銀拾壱匁八分

一　筒本口鋲火皿鋲仕芝引仕替
○同断
八之丞　代銀拾三匁八分

一　筒巻直シ張替台仕替巻金仕替
林之進　代銀九拾匁

一　先目当入替台仕替
○跡同断
藤　蔵　代銀三拾三匁五分

一　火皿入替かるく仕
○跡同断
源　蔵　代銀四匁二分

一　筒巻直シ張替台仕替巻金仕替
理太夫　代銀九拾匁

一　碓金仕かへかるく仕　○同断
茂右衛門　代銀拾三匁二分

一　筒巻直シ前同断
琢　蔵　代銀九拾匁

一　矢倉鋲壱本竹節仕　○同断
三左衛門　代銀拾壱匁

一　火皿入替台仕替かるく仕
○跡同断
嘉兵衛　代銀二拾八匁二分

一　竹節仕かるく仕替
○跡同断
新五左衛門　代銀拾壱匁七分

〆筒数弐拾挺
代銀六百六拾匁四分

右先格直段ヲ以積り上申候、尤先格之通
右弐拾挺之御鉄炮、従京都堺迠往来人足
賃銀諸入用銀高之内ニ而相勤申候、以上、

年号　酉四月
堺鉄炮師
芝辻長左衛門

宝暦八戊寅年二月願出候覚
同心願書先年酉ニ差出候同文言也

御預御鉄炮二拾挺之内拾弐挺御修覆覚

一 御預御鉄炮
御月当少先ニ而左右ニ台之内ニ九ヶ所ふくれ出申候、
勿論壱所筒之内荒不依何時吹切申候茂無覚束　有馬　重助
甚気遣敷奉存候
同断
一 火挟人金薄相成度々早落仕候　柘植清五郎
同断
一 火挟損雑用碓金之損栓損かるく短相成候　鈴キ権左衛門
同断
一 火皿繰ニ穴明申候かるく短相成候　大西　八之丞
同断
一 火挟塀穴切離かるく短相成申候　小嶋　藤蔵
同断
一 惣躰金物損シ筒火皿ゟ五六寸先ニ而腐
少シ相見申候　川勝　栄蔵
同断
一 惣躰金物薄相成り申候矢倉鋲損難用御座候　竹内藤　兵衛
同断
一 火挟損かるく短相成申候　法貴　三左衛門
同断
一 火皿躭火蓋鋲折申候かるく折申候　山田　森之丞
同断
一 金物内外共損申候かるく折申候　木寺新五左衛門
同断
一 火皿損かるく短相成申候　服部　元之進
同断
一 台〆之所緩ク相成碓金之横栓折かるく折申候　青木　宇平次
都合拾弐挺
右之通御修覆奉願候、以上、
寅二月

右之書付願書相添二月四日同心ゟ差出候、
同五日上屋敷江致持参候、
但酉年御修覆有之候、
此拾弐挺之仕様為御見合書付差出候、
口上書
此度御組同心江御預之御鉄炮弐拾挺之内拾弐挺御修覆奉願候ニ付、吟味仕候処、六ヶ年以前酉年御修覆御座候節、相残候ヶ所ニ而御座候、尤別紙損書付之通相違無御座候、御修覆奉願候、被仰付被下置候得者鉄炮師呼寄、尚又吟味仕、其上仕様帳面写差上申候先格ニ御座候、已上、
寅二月　同心支配与力　金原　政之丞
同断　丹羽　次郎兵衛
三枚半切又上包有り
但酉ノ年御修覆之仕様右拾弐挺之分書付相添差出候、
二月廿五日被仰付
同廿六日鉄炮師召寄
致吟味候廿七日仕様
帳面上屋敷江差出候
此度鉄炮師召寄仕様帳申付候帳面左之通也
御鉄炮御修覆直段覚
壱挺　筒巻直し
張替　代銀九拾匁
同　火挟仕替○筒仕直し
張替懸付替寸之内油錐通シ　代銀拾三匁
同　火挟仕替碓金仕かるく仕
○是ゟ同断　代銀拾五匁弐分

同　火皿入替かるく仕　代銀拾八匁弐分
○同断
同　横鎌仕替　代銀拾匁五分
○同断
同　筒巻直し　代銀九拾匁
張替
同　矢筈鎌仕かへ　代銀拾匁八分
○同断
同　火挟仕替かるく仕　代銀拾四匁弐分
○同断
同　火皿入替かるく仕　代銀拾八匁弐分
○同断
同　金物内外共直しかるく仕　代銀拾六匁弐分
○同断
同　筒巻直し　代銀九拾匁
張替
同　台仕替碓金之塀かるく仕　代銀三拾壱匁五分
○同断
〆筒数拾弐挺
代銀合四百拾七匁八分

右之通ニ而随分入念仕立差上可申候、
右者先格直段ヲ以積上申候、尤先格之通右拾弐挺之御
鉄炮従京都堺迠往来人足賃銀諸入用共右銀高之内ニ而
相勤申候、以上、
宝暦八年寅二月
堺御鉄炮師
芝辻長左衛門印

金田仁十郎様御与力　金原政之丞殿
丹羽次郎兵衛殿

覚
一御鉄炮拾弐挺
右者此度御修覆被仰付候ニ付、慥ニ請取罷帰申候処、
実正ニ御座候、追而御修復出来次第　上納可仕候、只
今預り罷越候故、為念一札、仍而如件、
寅三月十一日
堺御鉄炮師
芝辻長左衛門印
金原政之丞殿
丹羽次郎兵衛

右者鉄炮相渡候節之請取一札、酉ノ年請取書とハ訳違
候故、文言相違有之候、
一御鉄炮拾弐挺御修覆之内九挺者小修覆ニ而当三月切ニ出
来、残り三挺巻直シ新張、筒者四月中旬ニ出来之積ニ
御座候ニ、九挺者三月限ニ出来受取致見分御頭江茂相届
申候、新張三挺者少シ日限延引四月廿一日致出来候、
御頭江相届、則鉄炮場ニて砂様シ為致中リ無相違ニ付
相済申候、依之鉄炮師代銀受取証文相認差出候相改メ
御頭江差出、御頭奥印御所司代裏御印相済、五月朔日

御渡被成、早速鉄炮師呼寄可申候間、御証文御頭ニ被
差置候様ニ申込候而受取不帰候、右者北金原政之丞・
南鈴木小左衛門罷出候、小頭江申渡鉄炮師江可申遣候、
長左衛門三日ニ上京仕御印之証文受取、小堀氏江召伴
シ罷越、小堀氏手代元〆矢守勘助致応対証文相渡、長
左衛門者差置罷帰候、小堀氏ニ而書替切手ニ而大宮通六
角下ル所、両替所ニ而銀子可受取ニ而相済申候、

南組ゟ佐治長兵衛
北組ゟ丹羽四郎兵衛

右小堀氏江罷越、帰りニ北御頭江両人共立寄相届申候、
追付鉄炮師銀子受取候御礼ニ可罷出旨、御用人江申置
帰候、相済候而長左衛門御礼ニ罷出候、届此方江之礼
旁参候、万事相済候礼挨拶ニ小頭茂参候、

奉請取銀子之事

合銀五百八拾九匁六分也、
文言先例之通

御頭　北金田仁十郎殿
未上京無御座候
南大岡金兵衛殿

寅
五月

御頭名前
大岡殿肩書有之候
在府ニ付印形無之

御所司代松平右京大夫殿御在役

一代銀五百八拾九匁六分
内四百拾七匁八分　北組拾弐挺之代銀
内三挺新筒
内百七拾壱匁八分　南組五挺之代銀
内壱挺新筒

一宝暦九己卯年三月例年之通同心稽古鉄炮玉薬請取書付
差出候、筒薬者相渡、玉鉛者廿八日ニ半分相渡申候、
残り半分者四月廿六日相渡り申候、廿五日御頭ゟ御案
内有之、小頭江申渡候、

覚

一鉛八貫弐百六拾匁相渡可申候処、御買上不相済候ニ付
井河内守殿江相伺候処、右高之内先半分相渡置、残分
近日御買上済次第相渡可申様ニと被仰渡候ニ付、今日
鉛四貫百三拾匁相渡申候、相残分四貫百三拾匁鉛請取、
次分御案内可申入候間、此証文御差越可被成候鉛と引
替相渡可申候、為其仍如件、

宝暦九年卯三月廿八日

岩手半七
武嶋左兵衛　両印

金田仁十郎殿

右者先達而玉鉛薬相渡候節半分ハ証文ニ而渡残候、尤受
取帳面ニハ不残請取書例年之通ニ相認御座候故、右之
証文ニ而引残之事ニ候、則四月廿二日不残請取相済申

候、

宝暦十一辛巳年二月同心江御預ヶ御鉄炮御修覆奉願候、
廿三日鉄炮師呼寄吟味之上損シ書付相認南御頭大岡金
兵衛殿江差出候、北御頭浅原又右衛門殿未上京無之候、
廿四日ニ先達而寅年御修覆願之節、願書差出候日被仰
付候日仕様帳差出候日等之例書出シ候様ニ申参、即書
付差出候、

同心稽古鉄炮玉薬請取之覚

一御玉鉛八貫弐百六拾目
但四月大、閏四月小、五月小、六月大四ヶ月分三匁五
分、玉一日ニ弐拾放宛之積、日数百十八日分、
一御筒薬三貫五百四拾目
但四月大、閏四月小、五月小、六月大四ヶ月分薬目壱
匁五分、一日ニ弐拾放宛之積、日数百十八日分、
右之通御座候、
壱ヶ年六月十七日ゟ鳴物御停止ニ付、七月廿九日迄鉄
炮打不申候、日数四拾三日分残御座候、
御玉鉛　三貫拾匁
御筒薬　壱貫弐百拾九目
右之通残御座候、依之当年請取候分
御玉鉛　五貫弐百五拾目
御筒薬　弐貫弐百五拾目
右之通ニ御座候、以上、
午　三月　金原政之丞
丹羽次郎兵衛
右之通認三月九日ニ差出候、

(挿入一紙)
「奉願口上書
私共御預御鉄炮損御座候ニ付、別紙
書付奉差上候、御吟味之上御修覆被
為　仰付被　下置候様奉願候、左之趣
宜被仰上可被下候、以上、
巳二月　三浦儀兵衛印
安井早太々
柘植清五郎々
木寺庄兵衛々
竹内藤兵衛々
木寺新五左衛門々

木寺郡次々
青木宇平次々
金原政之丞殿
丹羽次郎兵衛殿

西ノ内竪上包美濃
御鉄炮御修覆願書　浅原又右衛門組同心
八人

口上書

此度御組同心へ御預之御鉄炮弐拾挺之内八挺御修覆奉願候ニ付吟味仕候処、四年以前寅年御修覆御座候節、相残候ヶ所ニ而御座候、尤別紙損書付之通相違無御座候、御修覆奉願候通被仰付被　下置候得者、鉄炮師呼寄、猶又吟味仕、其上仕様帳面差出申候、先格ニ御座候、以上、

巳二月　金原政之丞
丹羽次郎兵衛

三好半切上包半紙
右之書付二月廿二日差出
御鉄炮御修覆三月十一日ニ被　仰付候、
尤仕様帳面同月ニ差出ス、
御鉄炮八挺三月十四日ニ長左衛門江
相談申上候、
御修覆御鉄炮五挺三月十九日ニ長左衛門
持参致ス、」

（この間白紙二丁アリ）

（張紙）
「鉄炮稽古帳前珍敷中り前代未聞故記

●●服部民右衛門
●●安井鉄次郎
●●有馬勝右衛門
●●木寺八郎兵衛
●●竹内藤兵衛

明和元甲申年七月八日朝
但シ今日当番故見分及闕ニ候事、
他日之失栓ヲ残念幾無限覚候、
右之中り則御頭浅原公ニ茂余り珍敷御覚故、中り角其侭鉄砲場ニ打置可申旨被仰出候而差置申候、右之趣有馬勝右衛門相届申候、」

（この巻終）

史料二　［安永六年七月月番用私記］

（表紙）

従安永六酉七月
月番用氏苗私記

安永六酉七月月番用覚

朔日

一今日上屋敷出礼之儀先月番相伺候処、惣出御用捨ニ而惣代として丹羽新二郎罷出申置、御取次内藤源次、同心惣代として大西八之丞出ル、服麻上下、安永五年ゟ麻上下ニ相改、南御頭へも出ル、

一月番届右出礼之序ニ相届置候、

一五日、上屋敷ゟ手帋差添左之通御触書御渡被成候付、廻文廻ス、

鋳銭之儀者後藤庄三郎支配金座并於銀座真鍮銭吹立いたし候、両座之外鋳銭難成事ニ候間、願出間敷旨去辰年相触候処、年寄を以寺社等ゟ之願ニいたし候茂有之趣相聞候、已来右躰之願有之候ハヽ、吟味之上急度咎可申付候、尤右願等申立候寺社之義も可及其沙汰候条、兼而其旨を可存候、右之趣御領・私領・寺社領・在町共可触知者也、

六日

一九ツ時過上屋敷へ罷出、明七日ゟ出礼刻限相伺、

以廻章得御意候、明日出礼刻限相伺候処、勝手次第ニ罷出候様ニとの義ニ御座候へとも五ツ時御揃可致奉存候、尤御頭御逢被成候、右為御承知得御意候、以上、

七月六日　　月番

藤田　内平　金原　鈴木　関戸　内利　野条　渡邊

御見習中様頭対面有之節ハ、見習中廻章ニ認メ廻ス筈也、

証文持参候へハ其月奥書致し候、当り番之組へ町人相参候様ニ直ニ申付候義ニ御座候、

一油証文持参候由ニ而小倉ゟ為持御差紙候、則致一覧候而追付小倉江持参相違も有之間敷旨申、直ニ手帋相認メ南組月番藤村傳右衛門・早苗彦之進方へ差遣ス、当月ハ南組ニ而奥書相認候、当り番之事故也、手帋案小倉ニ有之歟、

御手帖拝見、残暑強御座候所、各様愈御安全被成
御勤珍重奉存候、然者油証文差出候ニ付為御持被
下、奥書之儀承知仕候、尚追而従是可得貴意奉存
候、貴答可行ニ御座候、以上、

七月六日　　藤村傳右衛門　早苗彦之進

小倉平八郎様　丹羽新次郎様

七日

一南組藤村・早苗ゟ油証文奥書相調へ致印形候而手帋差
添為持被越、此方月番小倉・丹羽印形いたし、又手帋
差添南へ為持遣ス、

返済者御紙面忝拝見、然者油証文印形相調申候間、
為持上候、御改被下御落手可被下候、将又弐通御
座候義、仰之通扣ニ而御座候、則昨年七月改メ申
付置候、右貴答如斯御座候、以上、

七月七日　　小倉平八郎　丹羽新次郎

藤井傳右衛門様　早苗彦之進様

請取申油代銀之事

合油壱斗六升四合八勺　京升也　三ヶ月大 四ヶ月小

右是者二條御　城東御門本御番所六夕御同心、御番所
二夕、両所合一夜ニ八夕宛之積、酉正月朔日ゟ同七月
晦日迠七ヶ月分小を引差上申代銀也、

請取申油代銀之事

合油壱斗六升四合八勺　京升也　三ヶ月大 四ヶ月小

右是者二條御　城西御門本御番所六夕御同心、御番所
二夕、両所合一夜ニ八夕宛之積、酉正月朔日ゟ同七月
晦日迠七ヶ月分小を引差上申代銀也、

右弐口合三斗二升九合六勺

此代銀百三匁八分二厘五毛　但壱朱ニ付 三匁一分五厘宛

右之代銀不残受取申所実正也、仍而如件、

安永六年酉七月　　冨取屋 仁兵衛判

小倉平八郎殿
丹羽新次郎殿
藤井傳右衛門殿
早苗彦之進殿

右之通油代銀吟味仕相違無御座候ニ付印形仕候、以上、

夏目小十郎組与力　小倉――○判　丹羽――○判

間宮源七郎組与力　藤井――○判　早苗――○判

小堀数馬殿
右之通ニ印形相調ヘ頭ヘ持参候事也、両頭裏印有之候
紙弐枚、継目ニ仕ふ判有之、
十日
以廻文得御意候、同心荷持病気ニ付、表門番仕イ申度
旨同心仲ヶ間ゟ頼来候間、則平助江申付候、右御承知
之ため如斯御座候、以上、
七月十日　　月番
十二日
覚
一表門番ヘ合力米五升〔六升〕也、御壱人前五〔六〕合宛御遣可被
成候、以上、
七月十二日　　月番
八人名前
右之通書付表御番江渡遣ス、
一与力仲ヶ間ゟ　人別ニ白米四合宛
一同心仲ヶ間ゟ　人別ニ白米壱合宛
都合六升
右者表御番平介相応ニ相勤候ニ付、近頃申合候通合力
米として遣し可申奉存候、思召も無御座候ハヽ、御渡
可被下候、以上、
七月十三日　　月番
小倉平八郎
丹羽新次郎
一明十四日朝五ツ時東西御番所致交代、西御番所相勤候
段御頭ヘ御届申候、但平八ト御番下りニ上屋敷ヘ出ル、
十四日
一明十五日出礼之儀相伺候処、惣代共ニ御用捨之旨ニ候、
但九ツ時新次郎御番下りニ出ル、
十七日
以手紙啓上仕候、残暑強御座候得共愈御安全被成御
座、珍重之御儀ニ奉存候、然者私儀今日用人役被申
付候ニ付、以来御用向等御懸合申儀も御座候間、万
端御心易被仰談可被下候、此段御仲間様江茂乍慮外
御通達可被下候、右之段為可得貴意如此御座候、以
上、
七月十七日　　内藤源次
小倉平八郎様　丹羽新次郎様
以廻状得御意候、然ハ只今源次ゟ別紙之通申来候、
為御承知得御意候、将又兼而馴染之儀ニも御座候ヘ
者為祝銘々御番休来ニ而も立寄可然奉存候、是又左ニ

御相談得御意候、略御名前下タニ御印可被成候、已
上、
七月十七日　　月番
｜　｜　｜　｜　｜
｜　｜　｜　｜
尚々御見習方へも藤田御氏内利御氏野条御氏ゟ宜御
達可被下候、以上、

廿一日
先つ者得貴意堅《タ》き候、
只今支配中ゟ別紙之通申来候、御順覧可被成候、以上、
七月廿一日　　月番
所左衛門様　伊左衛門様　十兵衛様
利左衛門様　甚太夫様　五左衛門様

先ツ者得貴意堅き候、しかれハ同心喜多勇助妻女子致
出産候、次女之儀候間各様方迠得貴意候のみ候、為其
如此御座候、以上、
七月廿一日　　同心支配
御月番様
尚々先ツ得貴意候、即御燈上申処、致失念候故如此御
座候、已上、

一今日南北同心鉄炮見分有之候、尤当年ゟ初り候而両組
同心一所ニ南の鉄砲場ニ而見分有之候也、

廿三日
一明廿四日東西御番所交代、五ツ時ゟ東御番相勤候旨上
屋敷江相届候、新二郎ニ而

廿五日
一九ツ時頃同心有馬為之進来、同心荷持病気ニ候故裏門
番平助、明後日迠荷持勤させ候様ニ仕度旨申来候故、
相心得之旨返答申、則裏門番へ申渡候、猶仲ヶ間江も
為心得廻状を以申通し候、
以廻状得御意候、同心荷持病気ニ付二、三日裏門番
平助ニ仕度旨同心仲ヶ間ゟ頼来候ニ付、則平助江申
付候、右為御承知如此御座候、
七月廿五日　　月番
九郎右衛門様　伊左衛門様　甚太夫様
平　学様　十兵衛様　五左衛門様
所左衛門様　利左衛門様

廿六日
一夜前風雨強ク候ニ付、今朝六ツ時過東御番所御預り御
場所相見廻り候処、御別条無之候ニ付即刻見廻り候、

其趣上屋敷江申上候、同心有馬為之進召連出ル、
当番与力伊左衛門・十兵衛、同心清五郎・｜・｜・｜、

七月廿八日

一野条氏願鉄炮遠時打之義いまた御沙汰無之ニ付、又々御頭迄相伺呉候様甚太夫ニ申聞候ニ付、平八郎相伺候処、頭御不快故二條表へ御出無之ニ付相知レ不申候、

晦日

一月番仕廻届御役宅へ相届候、并来月月番鈴木・野条相勤候儀御届申候、伺左ニ同断、
一東御番所裏掃除有之候様ニ源次迄申置候、并御道具取入候様是も源次へ申聞置候、伺左ニ同断、
一八朔出礼相伺候処、此間少々頭御不快故対面不申候由ニ候、其趣廻状廻ス、伺新二郎出ル、

八月六日

一平八郎ゟ月番帳ニ相認候ニ付被差越、則致一覧、次月番鈴木氏へ持参シ相渡申候、
一右月番帳明和七八九、安永三四五〆而六冊被差越候、月番筥へ相納候筈之処、昨朔日野条へ相送り候ニ付、手帋差添野条・甚太夫へ為持遣ス、

畢

十一月

一朔日、五ツ時惣代出礼相勤候、其節月番届いたし候、
一内利不快ニ付明二日ゟ本助ニ相成り候、且又病気届書付来り、上屋敷江差出候処御聞済御座候、届書文言九日之処ニ印、
一四日、明五日ゟ東御番所相勤候段、御御届申上候、
一同日、此間申立置候東御門廻り御破損所明七日御破損奉行衆見分有之候旨被仰渡候共、東御門櫓廻り瓦落懸り危ヶ所近日ゟ御繕御座候由被仰渡候、廻文出ス、
一八日、上屋敷ゟ呼ニ参罷出候処、左之通御触書御渡被成候、

御触書之写

当月十七日朝軒葺合被行候ニ付、十六日暮六ツ時ゟ十八日朝六ツ時迄洛中洛外寺院ハ勿論町人共鐘鉦之旨不致候様可相慎候、法事執行穏便ニ可致事、
一当月ゟ七日朝六ツ時ゟ十八日朝六ツ時迄御築地之内僧尼并法躰之輩往反停止候之事、
一御築地之内不浄之輩往反停止之事、
一火之元之義無油断、裏借屋ニ至迄可入念事、

一諸勧進之僧尼小鉦打候儀致間敷事、
但軒葺合之節前以相触候へとも心得違候哉、鐘之音致候由相聞候旨、猶又入念相慎可申候、若鐘鉦之音相聞候ハヽ急度可及僉議候、
右之通洛中洛外へ急度相触者也、
十一月八日
右仲ヶ間へ廻文ニ而相達候、
九日無別条　但去月晦日内利及大切候へとも此節御所司代御京着無之候ニ付随分大切ニ養生加へ候様内々御頭御噂も御座候、尤御頭へ極内々ニて申上候ニ付右之通ニ御座候、
口上覚
私儀此間ゟ病気ニ御座候処、于今相勝レ不申候ニ付、明日之御番ゟ御断申上養生仕度奉存候、依之御届申上候、右之趣宜被仰上可被下候、以上、
十一月朔日　内藤利左衛門
小倉平八郎殿
丹羽新二郎殿　朔日之処ニ付存候ニ付爰ニ印
一十二日、上屋敷ゟ手帋参り、此間被仰渡候軒葺合御触書ニ十六日暮六ツ時ゟ十八日明ケ六ツ迠と御座候所、五ツ時迠ニ相成り候様触直し有之候旨申来候、其外ハ、前之通ニ相違無之候由申来、廻文出申候、
一十四日、明十五日出礼刻限相伺候処、例之通惣代勝手ニ罷出候様被仰渡候、并明日ゟ西御番所相勤候段御届申上候、其節御頭御逢被成、東西御門櫓并御番所附御道具ヶ條書差出候様ニ被仰渡候、御預り場所御破損書付も差出候様ニ被仰渡候ニ付、南組と申合候、
一十四日朝六ツ半時失火有之、暫ニ而為消火候、丹羽張出申候、組付三人、
一十五日、五ツ時前惣代出礼相勤候、
一昨日被仰渡候ヶ條書并御破損書付差上候ニ付、御櫓内張紙引合申渡候ニ付、今明日之内御櫓罷通候由御届申上候、依之御封印明日迠ニ御任置可被下旨申込置候、
一十六日、月番小倉平八郎・丹羽新二郎立合御櫓内并ニ御番所御道具相改、ヶ條書相認候、
一同夜四ツ時前出火ニ付、月番罷出候所、両隣ニ相成り、二番拍子木申付惣出ニて御頭御門前へ相詰候、無程御頭も御出勤有之、固ハ暫ク見合候様被仰渡候、彼是いたし候内為消火、東西とも固無之候、賄付三人、札三日渡、小川二条上ル丁也、
一後十七日、此度新御所司代久世出雲守殿御上着ニ付、南北申合由緒書并御足高願差出申候ニ付参会いたし候、扣書御用箱ニ入置候、

一御所司代御城入之節惣出、前日番小屋残り也、銘々供之者ハ当番上り下り家来四人、両門番弐人都合六人、手人壱人ツヽ、都合六人、外雇壱人ツヽ、都合六人、惣合十八人、見習ハ本勤之者出払候而帰り供之内ヲ召連出勤不致候様申合候、
但見習も供繰合一所ニ出候様又々申合候、二人ノ引ノ衆ゟ一人ツヽ、両門番二人合四人見習ノ供也、

一前十六日、上屋敷ゟ手帋来り、明十七日東西御番所水汲桶・新手桶御破損奉行衆見分有之候段申来、仲ヶ間へ廻状出ス、

一十八日、西御門櫓并御番所付御道具ヶ條書其外御預り場所御破損書付差出申候、右之節暮受取物書付も差出候、

一廿日、関戸氏ゟ左之通ニ届至来、上屋敷へ出候処、御聞済ニ而御座候、

口上覚

私儀茲病仕、御番難相勤御座候ニ付、明日之御番ゟ御断申上養生仕度奉存候、此段御届申上候、右之趣宜被仰上可被下候、已上、

十一月廿日　　　関戸十兵衛

月番衆

右廻状差出候、

一廿一日、上屋敷ゟ支配月番呼ニ参り、内藤平学・小倉平八郎罷出候処、御頭御逢被成、明日新御所司代久世出雲守殿御京着候処、御　城入之儀例之通と違、万端一日ニ相済候趣相聞候ニ付、兼而其手当テニ而夜ニ入候積りニ相心得候様ニ被仰渡候、御老中・御所司代御城中御見分之儀ハ御番頭へ御内意有之趣ニて、先格之通惣而御見分之躰ニ而御城入ニ候得共、端々ニへハ御入不被成、東西御門櫓等も下御通り被成候計ニ候得共、備へハ先格之通いたし候様被仰渡候、刻限等も未とくと相定り不申候由、当月跡可被仰渡旨御座候、

一同日、丹羽新次郎退番之節御頭御見請被成、小倉平八郎只今罷出候様被仰聞、即刻罷出候所、前段之通弥相定り候間、此段相心得候様直ニ被仰渡候、右刻限相知レ不申候間五ツ半時頃相揃候様被仰渡候、右廻状出ス、

廿二日御城入、勤方左之通

御老中松平周防守殿、御所司代久世出雲守殿子十一月

本番　金原良左衛門　　　　鈴木伊左衛門
　　丹羽新次郎　　昼番　渡邊五左衛門
　　内利ノ助　　　　　　関戸ノ助

奥御番所加番　支配 内藤平学
見習 藤田勝之介
野条幣学
御櫓内御鉄炮有之方へ出ル　支配 藤田九郎右衛門　夜ニ入候得者御番所へ相詰ル
御櫓北門錠口外方ニ出ル同心壱人召連同断　小倉平八郎　夜ニ入候得者印形御番所へ相詰ル
御櫓南御錠口右同断同心同断　野条甚太夫　夜ニ入候へハ御番所へ詰ル
橋前之昨今ハ不出、
夜ニ入候へハ御橋固ハ昼番之者相勤候、夜分勤方心得候、四月御番代同様也、但七ツ時頃北御門ゟ御城入被成候、昼六ツ時前西御門ゟ御城出相済候、依之夜分固無之ニ候、右之通ニ御座候、以上、
一廿四日、明日東御番所受取候段御届申上候、
一廿五日、内利士〔市〕ゟ手帋ニ而手透ニ参り呉候様申来ル、則罷越候処、此間ゟ支配中ゟ内々願書下書御頭へ御目ニ懸候様之所、弥廿七日ニ願書御差出候由御内意候趣故、月番へ何角被相願、内利宅ニ而寄合もいたし呉候哉と被申候へとも、内利此節之仕合候故下書月番ゟ廻章ニ而仲ヶ間相談ニおよひ候、
一廿六日、藤田氏役用ニ而上屋敷へ被出候儀、明日ハ二条表御差支有之候に付、内利願書延引いたし候様ニ被仰渡候趣、藤田氏ゟ被申越、則内利へ懸合候、
一廿八日、関戸氏ゟ左之通届書来ル、

口上覚

私儀痛所御座候に付、御番御断申上養生仕候処、快御座候に付、明日ゟ出勤仕度奉存候、此段御届申上候、右之趣宜被仰上可被下候、以上、

二月廿一日　関戸十兵衛

月番宛

一同日、内藤利左衛門願書并親類書持参被致改受取置候、右者来ル晦日迠ハ二条表御差支御座候ニ付、右晦日ニ差出候様兼而御頭ゟ御内意御座候、
一廿九日、上屋敷ゟ手帋参り内利願書持参被下候様申来、則差出候処、御頭当書ニ而差置帰り、後刻罷出御直ニ御渡可申上段申込候所、若木ニ而左司馬江預り候様被仰渡、無拠差置候、
一晦日、月番仕廻御座候、明日御礼刻限相伺候処、例之通惣代ニ而勝手次第罷出候様被仰渡候、
昨日新次郎へ御伝言、平八郎退番之節罷出候様被仰候ニ付、右之節乍□御義被仰渡之趣承知仕度段申上候所

御頭被成御逢、弥今日内藤利左衛門願書差出候間、其心得ニいたし候様被仰渡候、依之右願書是迠御直ニ御渡申上候例ニ御座候間、後済御出勤之節改差出可申段申上候所、内々御存之儀此度ハ其儀ニ不及候旨被仰候間、左候ハヽ、御直ニ御渡申上候躰ニ御聞済可被下旨申上候、

一同日、五ツ半過出火両鐘、早速御頭後門前へ月番駈付候所、御所司代南屋敷東ノ端ゟ焼出候、依之早速二番拍子木為放手申候、御頭二条表へ内利願書御持参ニ而御留守候所、無程御帰被成候ニ付直ニ相伺候所、早々相固候様被仰渡東御門相固、四ツ時過及消火御下知之上引取申候、駈付三人参、場所札三枚相渡候、

一同日、至而近火を及消火候嘉儀として、支配月番両御頭へ罷出候、

一同日、八ツ時過御頭ゟ内藤市郎次同伴いたし罷出候付申来、即刻罷出候所、願之通代御番被仰付候趣被仰渡候、依之南御頭へも月番部屋ニ而右被仰渡例有奉存候段申上候、市郎次取テ返し御礼御頭へ五本入扇子、用人へ三本入扇子差出申候、

一引続御所司代公用人并両組共月番小倉平八郎同伴いたし候、

御所司代公用人左之通

堀川屋敷 杉本瀬兵衛

千本屋敷 木下源助

千本屋敷 作左衛門

千本屋敷 主膳

一右被仰付候ニ付、御番組・月番組上屋敷へハ為其之間、明日差出申候、南組へハ今晩遣申候、尤表門番へ書付遣とくと申渡候、

右之外無別条、以上明日御礼刻限支配月番へ申遣候、

安永七戊戌二月

一朔日野条甚太夫御番助帳五冊持参被致受取置候、右之内壱冊ハ月助之古帳面也、尤五ツ時前持参也、

一同日辰刻仲ヶ間惣代出礼、両頭江罷出候、同心小頭柘植清五郎出、

一二日小倉平八郎上屋敷へ被出候処、明三日初午ニ付例之通射場之世話致給り候様月番中へ御伝へ給り候様ニとの御頭仰ニ付、小倉士其趣月番へ被申聞候、

一同二日射場掃除御座候、并神酒神献例之通可致哉、相

談廻状出ス、
一三日初午付、例年之通上屋敷稲荷江神酒五升献之候、支配両人ハ前段ニ而饅頭被献之候由也、残八人ゟ五升也、内市士今年ハ亡父服ニ付相除キ、七人ゟ差出候、平樽ニ而ハ無之候、通用之樽也、小ま書ニ而熨斗包并下ヶ札七人名前図之通、是も小ま書也、

［神献 ……………］

如是相認、当日朝差出候、
一五日、明六日ゟ東西御番所交代届金原良左衛門罷出候、
一十一日、明十二日御切米出し候処、良左衛門取番ニ付用介差遣候、

　　二月十二日　西五ツ
　右者笠原氏米取番ニ付
　　用介
　　二月十一日　月番
　　　藤田九郎右衛門様

一十二日、天気能候故御切米出申候、金原分堺ニ付仲ヶ間中も咄ニ被寄候、先月番十兵衛・甚太夫両士ゟ申送りニ而表門伊助伊勢参宮相願候趣也、仲ヶ間ハ集り候事故、其趣致披露候処、何れ茂列参有之間鋪旨ニ付評定有之、願之通六日之暇ニ而十六日出立之積り也、夫ニ付銘々宅へ伊勢参相願候由ニ而参候故鳥目百文計遣し候、又伊勢講御連中ゟも被申合、少々合力遣候趣ニ相聞候、
一十四日、明十五日出礼之義相伺候処、御用捨ニ而例之通惣代壱人罷出候様ニとの事ニ候、其段支配中へも申達候、
一十五日、御礼仲ヶ間惣代丹羽新次郎出ル、同心柘植清五郎出ル、五ツ時両御頭勤候、尤明十六日ゟ東御番相勤候段御届申候、
一廿日、五ツ時過鈴木氏ゟ手帋差越、腹痛いたし候而明日御番難相勤候付、私介ニいたし呉候様ニ申越候、内平士助口故指し遣し申候、
一廿一日、南御頭御叔父御死去之旨上屋敷ゟ被仰聞候、昨年南御頭之御祖母御死去之節も御組一統御悔ニ罷出候事故此度も一同ニ罷出候、四ツ半時出ル、服常衣也、
遊木氏代（内平・野条）当番ハ御番下りニ罷出候、右之義大西八之丞用事有之上屋敷へ罷出候故、右御死去之旨月番中へ申達候様ニとの事ニ而、四ツ時前八之丞申来候也、

（付箋）
（付箋）「廿一日夜暮六ツ半時頃出火、鳴鐘相聞候故丹羽新次郎早速罷出候処、早速為消火候故引取申候、方角大師辺

之届ニ相聞候、駈ヶ付三人程参申候、」
一右之趣仲ヶ間江廻状出ス、
廿四日、鈴木氏養女死去之段、相届候故左之通廻状出ス、
以廻文得御意候、然ハ鈴木氏養女疱瘡ニ而夜前死去いたされ候由只今申来候、然ル所未タ御頭へ届無之、夜分ニ而御座候間、非常時病気分ニ而引申度由ニ御座候、尤野送り等ハ旧宅ゟいたし度由ニ御座候、右為御承知如此御座候、以上、
二月廿四日　　月番
｜　｜　｜　｜　｜　｜
右之趣故御頭へ届ニも及申間敷候へとも、明廿五日交代届之序ニ内々相届置候積りニ候、
一廿五日、明廿六日ゟ東西交代、西御番相勤候仁金原氏上屋敷へ相届被申候、
一廿五日、四ツ時頃鈴木氏ゟ金原氏得御意度旨被申候、組々故金原被参候処、左之通廻状之趣被相述候故仲ヶ間へ廻状出ス、
以廻状得御意候、然ハ鈴木氏野送り之儀宿坊差支御座候ニ付、今日七ツ時穏便ニ差出申度候由ニ御座候、尤仲ヶ間ゟ家来等差出候義ハ是非無御断申呉候様呉々被相頼候、右得貴意度如此御座候、
二月廿五日　　月番
｜　｜　｜　｜　｜　｜
尚々、鈴木氏前段ニ被相頼候ハ、両三度も墓参被致度候由仲ヶ間へ相頼呉候様被申聞候、内証介之儀ニ御座候間御承知被遣候而も可然哉と奉存候節も御座候ハヽ、御名前下ニ御記可被成候、且又昨日ハ旧宅ゟ野送り之積り御座候所、何角差支御座候ニ付、今日宵初ゟ随分穏便ニ差出申度由ニ御座候、尤御頭へも源氏辺内々申入置候、以上、
一廿七日、午半刻頃関戸氏ゟ手帋被差越、今日当番之所不快ニ付七ツ時ゟ助指シ呉候様ニ申越候ニ付、助口故藤田氏へ指遣候、

戌九月

一朔日、今日出礼惣代とも御用捨、
一同日、五ツ時過御月番届ニ上屋敷へ丹羽罷出候、其節於上屋敷御触書一通用人友右衛門相渡申候故、即刻仲ヶ間へ相廻ス、
枡之儀、京都福井作左衛門方焼印有之京枡を用ひ来

候国々近来猥ニ成、紛敷枡取扱候趣ニ相聞候、追而作左衛門方ゟ枡役之者相廻り可申候間、急度相守都而弦掛枡・木地枡共ニ作左衛門方之京枡を用ひ可申候、若於相背者可為曲支候、

右之趣五畿内・山陽道・西海道・山陰道之内因幡・伯耆・石見・隠岐・壱岐・對馬都合三拾五ヶ国、御料者御代官、私領者領主・地頭より可被相触候、

戌八月

右之通可被相触候、

別紙之通相触候ニ付、写壱通相達候、以上、

八月廿九日　永井越前守

右写取、即刻仲ヶ間へ相廻候、上屋敷ゟ御渡被成候御触書ハ即刻上屋敷へ返上申候、

後一六日、明七日ゟ矢場之中仕切垣普請ニ取懸り候ニ付、上屋敷へ御届申候、

前一矢場垣積り書弐通仲ヶ間へ相廻し及相談候処、下直之方へ申付候様可然との事ニ付、五十九匁ニ而申付候、よしす表志田らあミ、うら縄あミ、竹五通り針金〆程不残取かへ、扣木古ヲ用、

一七日、大工喜兵衛方ゟ日雇弐人参候而矢場普請ニ取懸り申候、

一八日、明九日出礼刻限相窺候、五ツ時也、仲ヶ間へ廻状遣シ、御番所へも申遣候、尤頭逢申候故、見習中名前も認メ廻し候、

一八日、今夜九ツ半時頃出火、金原良左衛門罷出、今宮御旅所道之由也、追付及消火引取申候、

一九日、惣出、五ツ時出礼、当番小倉・関戸、下り番内平・丹羽、

一十日、左之通仲ヶ間へ廻状差出ス、

以廻状得御意候、然者例年之通宗旨証文来ル、九日迠ニ御遣し可被成候、以上、

九月十日　月番

｜
｜
｜
｜
｜
｜

一十四日、明十五日出礼之儀相伺申候処、惣出御用捨、惣代壱人罷出候様との事也、此段支配中へも申達し候、

一同日、矢場仕切垣今日仕残し候処今日致し候付、礼伺之序《ツイデ》ニ相届申候、尤今日相仕廻申候、

一十五日、今日出礼、惣代新次郎罷出候処、同心惣代清五郎出ル、南北御頭へ申上相済申候、

一廿九日ゟ矢場普請ニ大工弥兵衛取懸り申候、

一晦日、明弐日出礼相伺候処、御用捨ニ而惣代壱人罷出候様との事候、支配中并来月番小倉士へも此旨申達置候、

一明弐日ゟ西御番相勤候段御届申上候、且月番仕廻相届申候、

安永八己亥正月

元旦御礼惣出、五ツ時相揃罷出候、上り当番鈴木傳左衛門・夘兵衛・甚太夫も一所ニ罷出候、御頭御対面熨斗昆布出御礼相添、序ニ交代届月番届御頭へ直ニ金原氏被申上候節之処、当年ハ間合悪し九候旨歟、跡ニ而用人へ届被申候、古例ハ直也、

一今日四ツ時例年之通所司代御城入ニ付加番として内藤平学罷出候、尤五ツ半時被出候、然ル所四ツ半時頃御城入御延引之旨上屋敷ゟ被仰越候ニ付、即刻御番所へ其旨申遣、仲ヶ間へも廻状廻ス、

一九日、丹羽方へ極月月番・正月月番寄合被申、御番帳相改メ書等いたし候而帳〆相済申候跡ニ而、年始ニ候へハ三方熨斗出し申候而祝盃出之、左之通、

三組盃　　組重　かすの子　牛房　串かい

吸物　はまぐり　　硯蓋　くねんほ　あわひまくら煮

硯蓋　焼もろこ　いゐたこ　梅干し　ミそ　　狗里子からしぬた　すしやゆ　干大こん

吸物　やきもろこ　　したしもの　ちさ

一十一日、例年之通支配中へも為案内支配月番同伴いたし、御留帳相助候処無滞相助り申候、右之段仲ヶ間へ廻状廻ス、序ニ明十二日ゟ東西交代、西相助候段御座候、尤金原氏被出候、五ツ時過差出申筈ニ候、支配中へ致案内候処、同心中帳面ニ少之間詰有之候上、四ツ時過可相渡候、

一八日、野条邸ニ而集キ有之候節、申合御座候稲荷ノ辻道土持セ候様、尤渡しニいたし候筈并表門番小屋大破ニ付修覆相願候故、是又柱根継等いたし修覆申付候筈ニ相極り候、其外代番祝杯振舞・婚礼水祝等軽く致し候而已後相始候様の申合ニ相成り申候、献立等日次記ニ相記置申候、

一十四日、明十五日御礼刻限等相伺候処、惣出御用捨ニて惣代壱人罷出候様との事ニ候故、仲ヶ間へ廻状出ス、

支配中へも申達候、
一十五日、惣代出礼五ツ時丹羽罷出候、南御頭へも相勤申候、南用人□寺丈太夫へ申置候、同心惣代八之丞出ル、
一同日、五ツ半時頃上屋敷用人原田友右衛門ゟ手帋ニ而呼ニ参候故、即刻罷出候処、明十六日御弓御鉄砲御城外へ御差出有之候間、其節奥口御門片扉開キ可申旨被仰渡候ニ付即刻仲ヶ間へ廻状出ス、尤丹羽罷出承申候、
一十九日、上屋敷ゟ呼ニ参候故金原氏被出候処、明後廿一日所司代御城入御座候旨被仰渡候、刻限之儀ハ未相知不申御座候ニ付、相知候候ハヽ為御知可被下旨同人へ申置被帰候、即刻仲ヶ間へ廻文出申候、
一同日暮六ツ時前原田友右衛門ゟ手帋ニ而 左之通被申越候、

以手帋致啓上候、然者明後廿一日出雲守様御城入四ツ時ニ而御座候、此段為御知可得貴意如此御座候、
已上、
正月十九日　　原田友右衛門
金原良左衛門様
丹羽新次郎様

一廿日、明廿一日所司代御城入ニ付、加番内平士昼点之順ニ候故差遣申候、且又明廿一日藤田氏昼番ニ付御城入万一刻限移り候ハヽ、支配両人ニ而ハ相成り不申候故、九ツ過候ハヽ次順点渡邊氏へ申入置候、
一廿一日、所司代御城入無御滞相済九ツ時前御下城ニ而御座候、即刻御下城相済候段渡邊氏へ及案内候、
一同廿一日、明廿二日ゟ東御番所交代之段上屋敷へ相届申候、
一廿三日、二月御切米鬮有之候而小頭清五郎順番致持参候故、即刻上屋敷へ新次郎致持参差出申候、且又仲ヶ間へも即刻順書相廻し申候、鬮順左之通、

亥二月御切米鬮順覚

壱番　当　御組　　弐番　御所司代御組与力
三番　小堀和泉守御組　　四番　渡邊筑後守殿御組
五番　御所司代御組同心　　七番　松浦越中守殿御組
六番　三枝豊後守殿御組　　八番　土屋伊豫守殿御組
九番　三輪市之丞殿御組　　十番　南　御組
十一番木原攝津守殿御組　　十二番赤井越前守殿御組
無鬮　入戸野長五郎殿御組
　　　大黒右門殿御組

月番　御手洗孫三郎殿

外御蔵摂州能勢・川辺四分

一同日、昨夜ゟ風強り候故東御番所預り之御場所見廻り候処、無別状候、依之此旨上屋敷へ御届申候、

後
一廿五日、稲荷之角道通土持之儀先達而衆儀ニ而相定り候故積らせ候処、壱〆四百文ニ而請取可申旨積り書差出候へとも、夫ニ而ハ高直ニ存候故仲ヶ間家来壱人ツヽ差出候而為直可申哉之旨廻文出し申候、

前
一廿四日、八ツ時過出火、早速丹羽罷出直ニ火元見、同心壱人差遣し申候、追付両鐘ニ相成り候故二番打タセ候処、即惣出候也、所ハ中立売下ル松之下町七ツ時前及消火、何れ茂引取被申候、

一廿五日廿六日無別状、

一廿七日、稲荷之辻道作り申付候、内平・藤田・小倉・内市・鈴木右五家之家来出申候、并両門番、

一廿九日、稲荷之辻道作り金原・丹羽・関戸・野条・渡辺五家之家来出申候、表門不快ニ而裏門計り出候、

一同日、廿四日失火之節駈付三人参候代集ニ廻し候、

以廻文得御意候、然ハ当月出火之節駈付三人参候代弐百十八文御壱人分廿一文ツヽ、此箱へ御入御廻し可被成候、以上、

一同廿九日、明後二月晦日御切米出候ニ付、藤田氏晦日当番ニ候処、朔日取番ニ付晦日七ツゟ用助金原氏へ差遣申候、

一同晦日、明朔日出礼之儀相伺候処、例之通御用捨、惣代壱人罷出候様ニとの事ニ御座候、此段支配中へも及案内候、且又月番仕舞相届候、来二月月番小倉・内市之旨御届申置候、以上、

亥
五月

一朔日、惣礼御用捨ニ而惣代金原氏罷出候、并月番届も同時ニ相届被申候、

一二日、金原氏ゟ左之通被申越候、

口上

弥御安全珍重奉存候、然者私義風邪ニ而平刻罷在候間、介月番之義宜御取計可被下候、右御頼申上度如斯御座候、以上、

五月二日　金原良左衛門

丹羽新次郎様

則月番介帳為持上候、以上、○此月番帳面三冊小倉士へ相渡候、

右之通被申越候故帳面致吟味候処、小倉士介口ニ御座候故、此段申達被致承知、今日ゟ小倉氏介月番ニ相勤候、依之月番届上屋鋪江小倉氏被罷出候、且小倉士介月番ニ相勤候旨、丹羽一名ニ而仲ヶ間へ廻状出ス、

一三日、明四日ゟ東西番所致交代、東相勤候段小倉士上屋敷へ相届被申候、

一同日金原氏ゟ明四日介御番之義、相月番小倉士へ被申聞候付、小倉士ゟ金原氏之手帋為持上越候故、則介帳致吟味、渡辺氏介口ニ付差遣候処被致承知候、以上、

不勝之久気ニ御座候、弥御安全珍重奉存候、然ハ介月番御勤被下候由、御苦労ニ奉存候、則月番帳為持上候、其勤之ものハ先ツ私宅ニ差置候、御入用之節可被差下候、且又明日之当番ニ出勤難仕候間、内証介御指可被下候、奉存候、以上、

五月三日　　金原良左衛門

小倉平八郎様

一同四日、明五日出礼刻限等相伺候処、明日ハ御一統江御達被申度候へとも、二条表差置候故不被懸御目候間、五ツ時ゟ御一統御勝手次第ニ被成御出御申置可被成との事ニ付、右之趣仲ヶ間へ廻状出候、五ツ時召出候筈ニ候、尤御番所へも右之趣申遣候、

一同日、四ツ時前小倉士宅へ野条氏参り○内々被申聞候ハ、拙者義昨日昼頃ゟ家来召連致他行、六條辺へ参り候而夜四ツ時頃罷帰候、家来儀ハ部屋へ参り相休候、今朝ニ至り見当り候所、右家来定助着類等物数十七品金子一両ニ歩銭三百文致紛失候由申、甚致難儀候間、何卒致吟味呉候様申聞候へとも差テ了簡も無之故、小倉士・丹羽士御月番之儀ニ候へハ及相談候間、了簡いたし見呉候様被申聞候、月番共前ニ了簡も無之段私宅之侭及返答候処、野条氏被申候ハ御仲ヶ間御組々へ内々ニ而相咄、若シ心当り之儀も有之候ハヽ、知らセ被呉候様頼申置度候へとも、野条氏廻り候而御銘々へ相頼候而ハ事々敷相見へ候間、丹羽参り候而相咄呉候様ニとの事ニ付、即刻丹羽相廻り候而仲ヶ間中へ相咄候而頼置候、

一同日、九ツ半時頃間夕より南月番佐治勝之進申度旨申候故参候処、佐治被申聞候ハ昨三日御組御当番中西御番所東ノ方庇風雨ニ而落申候、其節之御届ハ定而相済可申候へとも、急々御修覆御座候様ニ仕度旨御破損書南

ゟも差出し候、其御組ゟも御同様ニ御出被成候事と奉存候、右御破損書出来候ハヽ、此方へ向被遣候ハヽ、一所ニ差出可申旨儀兵衛ニ申聞候、右之趣相士小倉士へ申聞候置候処、七ツ時前又々間タより鈴木文右衛門逢申度段申候故丹羽参候処、前段之趣被申聞候故、先ツ南御組之御書付出来候ハヽ、御見セ被下度候、其上ニ而同様ニ相認メ、此方ハ此方ニ而別ニ差出可申候段申候処、文右衛門認被見せ候故致一覧、其趣ニ相認北御頭へ差出申候処、是又取被成相済候、

一同日、九ツ半時頃野条氏被参候而、家来定介着類・金子等盗レ候ニ付御届申上度被申、届書案紙并紛失物品数書付両通ニ致持参候故、小倉士へ及相談候処、表向被相届候儀ニ候へハ仲ヶ間仲間部屋并両門番共小屋一通り吟味可然旨ニ付、則月番相廻り、表向相届候段咄候而、其主人々々ニ致吟味候様ニ申入候処、則被致吟味候、他行又当番之宅ハ月番直ニ立合致候、両門番ハ月番立合致吟味候、尤定助召連相廻り候、何れも別条無之候、其段野条氏へ申達候、

一野条氏ゟ表向届書被差出候事故、仲ヶ間寄合候而届書文言等一通り及相談候而差出候様可然旨ニ付、今晩暮頃ゟ丹羽宅へ寄合被申候、相談之上ニ而左之通届相認、明五日差出候筈也、

口上覚

昨夜私方中間部屋へ盗賊入込候而、則召仕中間定介着類金子等別紙之通被盗取難儀仕罷在候、此段御届申上候、宜被仰上可被下候、以上、

五月五日　野条甚太夫

小倉平八良殿
丹羽新次郎殿

右届書五日ニ差出候筈之処、節句ニ付差出不申候、

同五日
一今日五ツ時仲ヶ間一統御礼ニ罷出候、内平・丹羽当番、

六
一六日、野条氏届書五ツ時過差出申候処、御頭御一覧被成候上、届書之中盗賊入込候文言相除、紛失之届ニいたし候様被仰候ニ付、則認直し案紙被差越候故、廻状ニ而仲ヶ間相廻し候処、何れも存寄無之ニ付、野条氏ゟ認替へ被差越候故、九ツ時頃御頭宅へ差出候処、先ツ御受取置被成候との事ニ御座候、其旨野条氏へ申達候、届書文言左之通り、

口上覚　附り、切紙ニ認メ半紙ニ而上包　包紙ニ口上覚野條甚太夫ト相認

一昨三日私家来定助と申者召連他行仕候而、夜四ツ時前罷帰り、家来ハ部屋へ引取候処、錠前別条無御座候ニ付、無何心相休ミ申候、朝ニ至り見当り候処、則定助部屋ニ差置候着類金子等別紙之通紛失仕難儀仕罷在候、傍輩共吟味仕候処、別条無御座候、全ク盗賊之致方と奉存候ニ付、御届申上候、此段宜被仰上可被下候、以上、

五月五日　野条甚太夫

小倉平八良殿
丹羽新次郎殿

一同日東御番所西堺切戸之鴨居落御座候故、御預り場所ニ而ハ無之候へとも御〆り之儀ニ候故月番ゟ口上ニ而御届申上候処、書付いたし指出候様御頭被仰候ニ付、左之通書付差出申候所、御受取被成候、

口上覚

一東御門御番所前ゟ見通シ候西之方堺塀切戸鴨居離落申候、御預り之御場所ニ而者無御座候得共見通シ之儀ニ御座候故御届申上候、以上、

五月六日

小倉平八良
丹羽新次郎

右御破損所届書差出候段、廻状出并野条氏届書も先ツ御落手被成候旨も書加へ廻ス、

一同八日、左之趣御頭ゟ被仰越候故、廻状ニ而仲ヶ間へ相達候、

以手紙致啓上候、然者明九日御番頭様御殿見分御座候由ニ付為御心得申達候様被申付候、御拝可申候得共、御内々以手帋申上候、以上、

五月八日　原田友右衛門

小倉平八良様
丹羽新次郎様

一同日七ツ時頃金原氏ゟ手帋被差越、明日之当番ニも出勤難仕候間、乍御世話内証相介差呉候様ニ被申越、則介口渡辺氏へ申遣し候処、被致承知候、

一十日、昨九日御番頭御殿見分御延引ニ付、明十一日御見分御座候段被仰渡候、依之廻状出ス、

一同日、金原氏快気ニて出勤被致候、

一十三日、明日ゟ西受取相勤候段御届申上候、金原氏出ル、

一同日酉刻過失火、早速月番壱人御役宅迠罷出候、追付及消火候故引取申候、駈付五人被参申候、

一同十四日、明十五日出礼相伺候処、御用捨ニ而惣代壱
人五ツ時罷出候様ニとの事也、此段支配中へも及通達
候、
一同十五日、五ツ時惣代出礼丹羽罷出候、同心八之丞出
ル、両頭共出申候、
一同日、左之通仲ヶ間へ廻状出ス、
　以廻状得御意候、然ハ御頭ゟ罷出候様申来罷出候
　処、先月
　厳有院様御百年忌被為済候ニ付、恐悦ニ罷出候、
　先格有之候哉御尋ニ付古記致吟味候処、罷出不申
　候ニ付左之段申上候処、左候ハヽ、罷出候ニおよひ
　不申候段被仰渡候者為御承知如此ニ御座候、以上、
　　五月十五日　月番
　｜　｜　｜　｜　｜　｜　｜
一十七日、上屋鋪ゟ呼ニ参罷出候処、明後十九日久世出
雲守殿御　城入被成候間、其旨相心得候様被仰渡候ニ
付、即刻仲ヶ間へ廻状出ス、
一同日、同心中荷持十介義（△嘉兵衛申渡候而ハ半十郎ニ相成候故）一昨十五日晩ゟ病気ニ付、裏
門久介仕ひ候処、是迠仕ひ候節ハ月番迠届有之候処、
此度ハ何之沙汰も無之候故、同心中月番呼ニ遣し申渡
し候処、吉左衛門参候而申候ハ、礼義ハ昨今之勤候義
ニ而存不申候得とも、今朝御番所ニ而小倉士・金原氏御
両士ニ而藤蔵へ御噂御座候由ニて、藤蔵其趣月番共へ
申聞候故相月番武右衛門へ申聞候処、相届候先格ハ覚
不申候段武右衛門申候義ニ御座候、武右衛門義政介御
役宅ニ罷在候ニ付、いまた否不申上候義ニ御座候、罷
帰り武右衛門へも申聞候而、追而可申上候旨ニ而罷帰り
候、
一十八日、明十九日所司代御城入四ツ時之段被仰渡候故、
廻状差出申候、
一同日、明御城入ニ付加番内平士頼候ニ付被仰遣被致承
知候、
　附り、御城入少々九ツ過候とも相越被申候哉之儀相
　尋置候、
　五月十九日
　一御所司代御城入　西五ツ半時ゟ
　　ニ付加番
　　五月十八日　月番
△一十八日
　服部氏ゟ同心
　嘉蔵ノ義返書申来候　内藤平学様
　奥ニ記
一十九日、雨天ニ付若御城入御延引ニ而も無御座候様御

頭へ相伺候処、未御沙汰無之候段被仰候故、御城入之
積りニ而当番加番出伺被致候、
一九ツ時度、御所司代御城入御延引之段噂有之候故、用
人方迠内々相尋申候処、御延引之義只今申来候と申返
書也、即刻御番所へ申遣、加番之御方へも御達被下候
故ニ申遣ス、并仲ヶ間へ廻状出ス、
一同日、鈴木氏ゟ左之通被申越候、
以手紙得其意候、然者私甥田中登儀死去仕候ニ付
只今在所表ゟ申越候間、助番之義御頼申上候、追
付罷下り可申上候、以上、
五月十九日　鈴木伊左衛門
御月番様
右之通被申越候へとも、今日昼当番ニて且八ツ時頃之義
ニ候へハ七ツニも間も無之候之故、一向御勤被成候ハ
ヽ御番帳ニも疵も付不申可然哉、内々答如御尋申候と
申遣候処、御心頭ニ被懸御紙面之趣忝奉存候、左候ハ
ヽ内々ニ而御置可被下候、於退番後以来可申上候との
事故、助も差遣不申候、先ツ今日ハ内々ニいたし病気
分ニ致置候、

一同日、八ツ過迠左之通廻状出ス、
廻文を以得御意候、然者今日上屋鋪ゟ内平士呼ニ
参候故罷出候処、先達而
関東　大納言様薨御已後一流相慎居候義ニ候へと
も、寂早慎ニ及不申候旨被仰渡候由ニ御座候、尤
先頃支配中ゟ伺被申候由ニ御座候、夫故内平士へ
被仰渡候事と奉存候、月番へハ別ニ不申参候へと
も内平士へ被仰渡候へハ御仲ヶ間へ通達有之義故、
別ニ月番へ被仰渡候ニ及不申候様ニ如斯答候趣ニ
内平士演説被申候、左為御承知如斯ニ御座候、以
上、
五月十九日　月番
｜　｜　｜　｜　｜
一廿日、五ツ時左之通鈴木氏ゟ届書被差出候ニ付、上屋
敷へ差出候処、御頭実方欤養方欤之義御尋ニ付実方之
旨申上候処、左候ハヽ半減ニ而候間、今二日相慎明廿
一日ゟ致出勤候様可申渡候旨被仰渡、其旨鈴木氏へ
申達候、
口上
一私甥田中登義病気之処養生不［ムシ］相叶、昨夜病死

仕候、依之常式之忌服相給申度奉存候ニ付、御届
申上候、此旨宜被仰上可被下候、以上、

五月廿日　　鈴木伊左衛門

金原良右衛門殿
丹羽新次郎殿

△一十八日

亥九月

一朔日、出礼惣代壱人金原氏出ル、
一八月晦日、頭ゟ月番呼ニ参出候処、伏見奉行小堀備中守殿ゟ已来下座いたし呉候様ニと頭方へ御頼之段被申聞候間、已来下座いたし呉候様ニとの事候、夫ゟ仲ヶ間寄合いたし、已来ハ下座之筈ニ相成申候、
一同日五ツ時前支配壱人九郎右衛門、月番壱人良左衛門上屋鋪罷出、小堀備中様へ下座之事奉畏候旨及返答候、
一五日、明日ゟ東相勤候段相届申候、

安永九庚子正月

一元旦出礼五ツ時出礼、頭対面被致嘉儀申上、例年之通相済候、当番伊左衛門・甚太夫両人ハ少シ前キニ罷出候也、
一月番届御頭御入被成候而後、用人へ良左衛門被申達候也、
一今日所司代年始御　城入九ツ時御入城、八ツ時前御下城相済候、当番伊左衛門・甚太夫ニ昼番九郎右衛門・市郎次、加番渡部五左衛門、

子五月

一朔日、出礼惣代新次郎罷出候、序ニ月番届一所ニ相届候、
一四日、明五日出礼刻限相窺候処、明日ハ御逢被申候間、五ツ時罷出候様ニとの義也、即刻其旨仲ヶ間へ廻状出ス、尤頭対面有之候故見習中も書加へ出候、
一五日、惣出、上屋敷礼五ツ時相済候、
一八日、明九日ゟ東西御番所致交代東相勤候段相届申候、
一後十日、上屋敷ゟ呼ニ参罷出候処、明十一日御所司代御城入被成候、此節東当番之代り候得とも相心得候様ニとの之事ニ候、即刻廻状出ス、并今晩ゟ大雨ニ付御蔵

場ゟ御頭稲荷辻へ水アフレ出、同所御役屋敷高塀ノ下へ穴アキ御役屋敷へ水流レ入候間とく度為直候様ニと用人申聞候、尤乍序右之段得御意候と申儀ニ候、即刻表門番軒付候家来差遣為直申候、

一前八日、上屋敷ゟ呼ニ参罷出候処、明九日御番頭御殿御見分有之候間、此旨相心得候様ニ仰渡候、即刻廻状出ス、但雨天故延引ナリ、

一十四日、上屋鋪ゟ呼ニ参候而、先達而関東へ差出候組由緒書并人別由緒書今度町奉行所扣ニ相成候間、其節之通相違無之様くず紙ニ相認、天地広ク明ヶ修り、とちニ致し、四五日中ニ差出候様上屋敷ゟ被申渡候、

一同日、明十五日出礼相伺候、

一十五日、明六ツ前失火、上屋敷早速金原氏罷出候、追付及消火候、駈付三人参候、

一同日、五ツ過由緒書之儀ニ付金原氏宅へ寄合候、組由緒ハ野條氏へ相頼、人別ハ人別ニ相認候筈ニ相成候、即月番ニて計紙拵紙相添人別相渡候、南組へも間タゟ懸合候処、南も同様ニ被申渡候由也、即日紙取ニ遣候処、くす壱服代弐匁八分ニ而御座候、

一十八日、上屋敷ゟ呼参出候処、明十九日東西御番所御修覆ヶ所御破損奉行衆ハ御見分有之候間、此段致承知候様との事也、序ニ明十九日ゟ西御番所受取候段御届申上候、

一十九日、西御番所御破損所御修覆奉行衆御見分有之候、為案内月番一人糸原氏被出候、相済候、

一廿日、上屋鋪ゟ呼ニ参、明廿一日御番頭御殿御見分有之候間相□□候様被仰渡候、

一廿一日、修理帳人別由緒□□□へ差出申候、此段仲ヶ間へ廻状出ス、

七月　五月野条数馬代御番被仰付候故月番祚老り三七十一

一朔日、出礼五ツ時惣代壱人罷出候、并月番届致置候、

一同日、明後三日御目附御殿御見分有之候旨、上屋敷ゟ被仰越候ニ付、即刻廻状出、

一二日、

一三日、枡形御番所水抜埋り候故南御組被申合、急破損書付差上申候文言、左之通、

口上覚

一西御門枡形御番所前水抜埋り、并蓋朽損水吐悪敷、大雨之節者往来甚難儀仕候、急々御修覆御座候様

仕度候、以上、
七月三日　月番　鈴木伊左衛門
丹羽新次郎
右之通相認、西御番所へも張置申候、
一同四日、
一五日、油証文奥書相認、南組へ印形取ニ遣、
一六日、明日出礼伺申候処、五ツ時一統罷出候様被仰渡、則廻状出ス、
一同日土用、昨日限ニ而候故、御櫓五日晩〆切申候、御封印西弐役東六役相願合、八役余り候故月番ゟ今日上屋鋪へ廻上申候、
一稲葉丹後守殿鑑札六日朝下ヶ候様被仰渡候、
七日
一今日出礼、五ツ時一流罷出候、
一稲葉丹後守殿火消人数・鑑札五ツ時西御番所ゟ候而上屋鋪へ差出申候、
一八日、別紙之通御役宅ゟ被仰越、即仲ヶ間へ廻状差出申候、
以手帋致啓上候、然者先日被仰立候西御門枡形御番所前水抜蓋共明日飯御膳御座候間、此段御達申候様ニ付、如此御座候、以上、
七月八日
尚々飯御膳之儀故、出来後別段ニ御引渡無御座候間、左様御心得可被成候、
鈴木伊左衛門様
丹羽新次郎様　原田友右衛門
一九日、交代届鈴木氏罷出候、
一油証文頭方裏印相済候ニ付、交代届之次而ニ鈴木氏早々被帰候、
一十日、左之通上屋鋪ゟ被仰渡候ニ付、即刻廻状相廻候、以廻状得御意候、去ル廿八日板倉佐渡守殿卒去ニ付、今十日ゟ十二日迠鳴物停止、尤普請者不苦候、此段被仰渡候、為御承知如此御座候、以上、
七月十日　月番
｜｜｜｜｜｜｜
尚々御支配中へも申置候様ニとの義御座候、以上、
一　留取屋油証文受取ニ参、相渡遣申候、
一十九日、御礼相伺候処、例年之通惣代共御用捨也、此段支配中へも相達候、
一十九日、交代届いたし候、

以廻状得御意候、然ハ表門番小屋修覆之積書大工両人ゟ取寄申候、右入御覧候、尤料物十月ト来二月ニ払遣可申旨ニ申聞候、并裏門ニ付候雷落大損申候、小屋も東かわ壁のすそ土落、柱も少々朽申候、畳も一畳大破仕候、右之儀裏門惣助修覆相頼申候、右両頭御名前下へ思召御書印可被下候、以上

七月廿四日　　月番

｜｜｜｜｜｜｜｜

一表門小屋積り書、百三十四匁七分大工弥兵衛、百五拾目喜兵衛、両人共仕御事別紙有之、

子十一月

一朔日、出礼丹羽出ル、并月番届致候、

一二日、交代届鈴木氏出ル、

一三日、裏門番儀同心藤助不快ニ付、代り勤候段同心ゟ断有之、廻状出、

一同日、当月六日射上致候付、頭へ致案内并南頭へも御沙汰被下候様手紙ニて申遣、

一四日、射上之廻状出、

以廻状得御意候、然ハ例年之通射上明後六日ニ仕候間、左様御出席可被成候、其節笴懸弐百文宛御持参可被成候、尤当番之御方ハ今年ゟ笴懸百文ツヽニ致候而可然奉存候、左様御心得可被成候、如昨年今年も台本星極へ申付候、以上、

十一月四日　　月番

｜｜｜｜｜｜｜｜御見習中様御隠居方とも

一五日、月番罷出候而、昨日組射場仕候間乍御慰御出席被成下候様南北御頭并御子息方へも御案内申上候、

一六日、朝御頭ゟ五升樽被相贈候、矢場ニて致披露候、

一十二日、致交代届申候、

一十四日、朝出礼相伺候処、例之通惣代出候様との義也、此段支配中へも申置候、

安永十丑年三月

一二月晦日月番小倉士被参、明朔日出礼惣代共御用捨之旨被申聞候、

一朔日、五ツ時御頭ゟ呼ニ参、先月東西御番所御破損書付、書付被差出候中東御番所放手桶八ツ不在ト書付有

之候、是ハ御減少ニ而候哉、又ハ損失候哉と御番頭ニ而御不審ニ候間、致吟味可申出旨被仰渡候、然ル所是ハ南ゟ被差出候書付ニ候故、南月番致吟味候処、八ツ御減少之アル旨申候故、其段申上候処、又々即御減少之年月書出候様被仰渡、則致吟味候而、左之通書付差出申候、

覚

東御番所放手桶惣数三拾六之内安永二巳十二月八ツ御減少ニ而只今弐拾八御座候、以上、

三月弐日　鈴木伊左衛門
丹羽新次郎

右書付差出申候、是又時ノ御番頭小堀備中殿・本多淡路守殿ニ而御座候旨、口上ニ而申置候、

一当月月番届致し申候、

一同日有島為之進参候而、裏門今晩御番所遣イ申度旨届来候処、勝手ニ被使候様申候、

一二日、朝有島為之進又々参、同心荷持不快ニ付裏門一両日使イ申度段申来候故、相心得候段追而可被申廻状出、

一同日、三日出礼鈴木氏被相伺候処、五ツ時罷出候様被仰渡候、

一同日、存泰院様三回御忌御法事被添候付、一同恐悦ニ罷出候、服熨斗目麻上下、

一同日、御即位之御上使近々御上京ニ付、御番所勤方先例書出候様被仰渡、宝永八年之例書出申候、

一三日、五ツ時当月御礼惣出、

一同日、左之通同心中ゟ申来、廻状出、

同心荷持之代りニ御届申候而、裏門番使イ申候処、今日ゟ荷持十助相勤申候故御届申候旨、有島為之進申来候、為御承知如此御座候、以上、

一四日、明五日御目附五ツ時御城入有之候段、上屋鋪ゟ申来、廻状出ス、

一同日夜五ツ時前火失有之、

△一五日、御目附御城入有之、九ツ時過相済申候、

三月五日　御目附御城入ニ付

無列中助
御目附ノ節ハ
昼□ニ而境　無列中助　西五ツ時

三月四日　月番
渡部五左衛門様

但添候方有之候へハ奥ニ
誰助口之処添被申候
乍少音方御出勤可被成候と
断書いたし遣筈也
尤添候時ハ何れノ助江も
断書有之、

一六日、来ル十一日十三日例年之通西御門土居ニて御矢

根磨御座候間、御座候間（ママ）、此旨相心得候様上屋敷ゟ申来、廻状出ス、

一十二日、今暁六ツ時失火、鈴木氏出ル、

一同日、左之通上屋鋪ゟ被仰渡、廻状出、

御上使酒井雅楽頭殿　御城入、来ル十五日ニて御座候段、只今被仰渡候、尤刻限勤方追而被仰渡候様ニとの義ニ御座候、以上、

三月十二日

一同十二日、来ル十五日御　上使御城入之節、勤方所司代御城入之節之通相勤候様被仰渡候故、所司代初御城入之節者惣出ニて、下り番之者計小屋残りニ相成り候、又年始其外平日御城入者与力加番壱人、同心加番五人ニて相勤来候儀故、何れの形ニ可相勤候哉ト相伺候処、平日之御城入之方ニて相勤候様被仰渡候故、廻状出ス、

一十三日、御上使御城入後十五日ニ候へ共、御唐門開不申、東御番所へハ御出無之候間、東御番所ハ平日之通りニ相勤可申旨被仰渡候、此旨廻状廻ス、

一同日、明日ゟ東御番所相勤候段御届申上候、

一十四日、明日礼伺致候而支配方へも及廻達候、

一十五日、惣代御礼伊左衛門出ル、

一十六日、左之通上屋鋪ゟ御触書御渡被成、早速相廻し申候、

准后之御方自今　皇太后宮平日被称大宮与候之旨被　仰出候段久出雲守殿　被仰聞候、此段相達候、以上、

三月十六日　赤井越前守

天明元六月　安永十四月○天明ト改元

一朔日、上屋鋪出礼惣代伊左衛門出ル、月番届致候、

一五日、南月番ゟ例年之通東御番所御門櫓掃除被仰付候様上屋敷へ申立候旨手帋ニ而被申越候故、今日新次郎御役宅へ罷出、例年之通東西御門櫓掃除被仰付候様ニ仕度候旨、用人へ逢候上申置候、

一八日、西御門櫓内御鉄炮磨之儀、南月番へ申談候て十一日ニ致し候筈ニ候故御頭江申込との粉紙于其節御渡被下候様申込置候、尤五ツ時罷出候筈ニ御座候、右之段支配中へも及通達置候、

一十一日、御鉄炮磨ニ付伊左衛門出ル、御頭へ罷出、只今御磨ニ罷出候段御届申上、とのこ紙同心為受取罷出候、南月番佐治儀兵衛見習磨江出、同心南北ゟ五人ツヽ出ル、当番与力壱人、同心壱人御櫓口開キ渡被申候、四ツ時前相添引取懸ヶニ北御頭へ相済候段御届申候、以上、

一十六日、別紙之通上屋鋪ゟ被仰渡候付、廻状出ス、

豊千代様御儀　若君様与可奉称旨江戸表ゟ被仰下、先達而相触候、是迠豊之字附候者ハ〔ムシ〕心附キ改可申候得共、称名者上ニ付候茂下ニ附候茂改可申候、〔ムシ〕名字抔者改候ニ不及候、右之趣山城国中へ可相触者也、

丑六月十六日

一十七日、左之通上屋鋪へ書付差出置候、尤両組申合出申候、

口上覚

東御門御櫓内東側窓弐枚、同土落申候ニ付、御届申上候、御修覆御座候様仕度奉存候、以上、

六月十七日　鈴木伊左衛門
丹羽新次郎

一同日、御番所らうそく無之候間御渡被下候様申置候、

一同日、東御番所掃除御座候様仕度段申込置候、

一同日、左之通南屋鋪ゟ申越候故、廻状出ス、

以手帋得貴意候、大暑之節弥御安全被成御座珍重奉存候、然ハ岡山四郎右衛門兄岡山大膳唯今病死仕候、野送りハ明日酉刻ニ御座候、此段可得貴意如此ニ御座候、御一統様へも宜奉頼候、以上、

六月廿一日　南月番

鈴木伊左衛門様
丹羽新次郎様

別紙之通申来候間、御明覧之上御出被成候御方ハ御名前之下タニ御印可被成候、若となた茂御出無之候ハヽ、毎度乍御前方内市士・野條士御分可被成候、月番壱人都合三人罷出申候、雇人之儀ハ例之通申付置候、左様御心得可被成候、以上、

六月十七日　月番

｜｜
｜｜

一同十七日、上屋鋪ゟ呼ニ参新次郎出候処、左之通被仰渡候故、廻状出、

明十八日五ツ時過東西御門廻り水溜桶・放手桶御破損奉行衆御見分被成候、并近々御老中・所司代御上京ニ付、御道筋危キヶ所有之候ハヽ、御見分被成候、此旨相心得候様被仰渡候、猶又若雨天ニ候ヘハ翌日御見分御座候との義ニ御座候、以上、

六月十七日　月番

一十八日、暮六ツ時岡山大膳野送り有之、新次郎・市次郎幣子出ル、

一同日（〃〃十九日昨日）、御破損奉行東御番所見分有之相済候付、左之通書付差出ス、

口上覚（〃〃）

一東御門御番所畳弐拾五畳大破仕候、

一同所東ノ方路次之戸大破仕候、

右二ヶ所共先達而茂立置候得共、前日大破御座候故、此度御老中　御所司代御　城入被遊候節之御目障りニ茂相成り可申候間、急々御修覆御座候様仕度奉存候、以上、

六月十九日　鈴木伊左衛門
丹羽新次郎

右之趣南組へも懸り合申合差出申候、

一同十九日、南月番ゟ西御番所破損ヶ所書出シ付、案紙左之通被差紙、則相認、即刻上屋鋪へ差出申候、

覚

一西冠木御門屋根東ノ方雨漏仕候、

一奥御番所東ノ方庇大破仕候、

一同所畳惣躰損、内十二畳大破仕候、

一同所裡塀切戸大破仕候、

一同所東ノ方裡通根壁落損申候、

右五ヶ条先達而も申立置候へとも、別而大破御座候故、此度御老中　御所司代御城入被遊候節之御目障ニも相成可申間、急々御修覆御座候様仕度奉存候、以上、

六月十九日　佐治儀兵衛
城正次郎

丑
十月

一朔日、出礼惣代丹羽出ル、

一二日、夜半右京太夫殿御死去ニ付、今日ゟ三日之鳴物停止之旨、上屋鋪ゟ被仰越、廻状出、

一五日、東御番所井戸当分詰被仰付候段、上屋敷ゟ被仰越、廻状出、

一十日、左之通南北申合書付差出申候、

覚

一西御門御番所東之方裏通板縁大破仕候、

一同所北流屋根大破仕、雨漏申候、

一東御番所西之方水走り大破仕候、

右三ヶ所共急々御修覆御座候様仕度奉存候、以上、

十月十日

鈴木伊左衛門

丹羽新次郎

一廿一日、渡部五左衛門病死故月番組相替り申候故、今日鈴木・内市月番也、

丑

十一月

一朔日、出礼丹羽新次郎出ル、惣代也、

一同日、御頭ゟ呼ニ参罷出候処、左之通被仰渡廻状出ス、以廻状得御意候、然ハ此度損御具足、御弓矢御修覆被仰出、明後三日御城外江御差出被成候間、此旨相心得候様被仰渡候、以上、

一例年仲間射場之儀、六日ニ致候様御頭被仰候故、其積ニ候処、鈴木氏方不気有之延引之段廻状出ス、

一四日、今晩五ツ時前出火、月番丹羽出ル、五半時頃及消火候、駈付弐人参申候、所ハ大徳寺門前之辺ノ由也、

一五日、

一六日、

一七日、

一八日、明九日ゟ東西致交代、東御番所相勤候段、上屋敷へ御届申候、

一同日、八ツ時前出火、東二条ヤブ仮小屋、駈付四人参候、

一同日、鈴木氏月番所へ被参、今日聞候者、私叔父鈴木小隼太妻病気之処、養生不相叶今朝致死去候、私義忌服相懸り不申候得とも、明九日晩拙宅ゟ葬式出申候ニ付御届申候間、御頭へも宜申上呉候様、口上ニて被申上、即刻関戸上屋鋪へ罷出申上候処、御聞済也、此旨廻状出、

一九日、隼人妻今暮六ツ時鈴木宅ゟ葬式いたし候段、南組へ申遣、

一同日、暮レ時葬送有之、先般之通仲ヶ間ゟ丹羽・内市・藤勝葬式ニ罷出候、南組ゟ佐治儀兵衛・須加井盛介

両人被出候、儀兵衛被申聞候者、此節流行之風邪ニて
両人罷出候段断申聞候、
一裏門ケハナシ高塀扣柱・裏門番小屋雪隠新ニ立直し、大
工喜六へ申付取懸らセ申候、
一十日、
一十一日、九ツ時御頭用人代り草部十郎ゟ左之通申来、
即刻鈴木氏へ申達、廻状出、

口上

鈴木伊左衛門服忌中御免被成候間、御出勤可被成
候、御月番御改申候間可申渡旨被仰付候へと御伺
御心安紙札を以申上候、右之段被仰達可被下候、
此段可得貴意如此御座候、以上、

一十二日、出火、妙心寺門前通、丹羽上屋敷迠罷出、明
ヶ六ツ過駈付六人参、
一十三日、七ツ時頃上屋敷ゟ左之通申来、

口上

間宮経次郎様御伯父様御死去被遊申候、御悔ニ御
出可被下候、此段御支配へも御通達可被下候、以
上、
尚々御悔ニ御出被成候ハヽ、惣御名代可然奉存
候、右之趣得御意候様被申付候、以上、

十一月十三日　　草部十市

――
――

同三
一十四日〃、左之通廻状出、前段之通申来候間、御□□有
之候、明十四日四ツ時月番壱人、支配壱人、惣代相
出候段、廻状出、
一十四日、四ツ時支配・月番、同心ゟ小頭壱人、平壱人
惣代として南御頭へ御悔ニ罷出候、
但南用人被申聞候ハ、遠方之義故忌之日数相渡、昨
日ゟ一日遠近ニて今日立明被致候段被申聞候故、
其旨仲ヶ間へ廻状出、
一同日、明十五日礼刻相伺候処、五ツ時惣代之旨被申聞、
支配中へも相達ス、
一十五日、五ツ時出礼、惣代関戸出ル、同心小頭壱人罷
出候、
一同日、上屋鋪ゟ月番壱人罷出候様申参、関戸罷出候処、
来ル、十八日御所司代牧野越中守殿御城入被成候段被
仰渡、即刻月番ニて廻状相伺候、仲ヶ間へ廻ス但廿三日ニも

御城入有之候段も
被仰渡候、

一十六日、南月番間夕ゟ逢申度段申聞承り候処、廿三日御城入之節ハ北御組西御当番ニ候へ者、御組二度勤ニ罷成候故、廿三日明ヶ六ツ半時臨時致交代、廿三日一日ハ南ゟ西御番所相勤候筈ニ被仰渡候、然れ共六ツ半時致交代候而ハ御番所詰等出来兼可申候へハ、明ヶ六ニ致交代候様致度候間（御承知ニ候へハ頭共へ）南ゟ被申聞候、御銹り等出兼候与申義候へハ無拠義と存候間、（届書可申段）其段御申上可被成候、北ニ而も御口上之趣、仲ヶ共へ申聞セ、頭へ相届置可申段及通達置候、十八日御番所ニ而仲ヶ間へ及演述候、

一同日、頭へ右臨時交代之義申上候処、如何様とも勝手宜様ニ（間に後筆書き入れあり、（＊）に続く、編者注）

一同日、東御門櫓南北開御錠致御封印三枚上屋敷ゟ被遣、御番所へ為渡遣ス、

（＊）可致との御事也、

一同日、左之通例年暮請取物書付差出置申候、

覚

一薄縁六枚　一莚五枚　一柄拶四本
一椶櫚箒三本　一竹箒壱本

右例年之通御渡被下候様仕度奉存候、以上、

一十八日、（十七日〃〃〃十七日）御城入ニ付仲ヶ間惣出ニ候へハ、下屋敷不足仕候間、暮受取物書付早速御差出被下候ハヽ、御破損方へ内々ニて致入魂いたし、先受取可仕候段頭へ申上候処、所詮ニ急迫ニ成り、書付出候而も出来申間敷候間、不足之分ハ御頭ゟ為致可遣候間申越候様儀被仰候故、弐枚頭ゟ被持被遣被下候様月番十兵衛御番下りニ御頭申上置候、

十七日
口上覚、一西御門櫓江往来仕候御土手南北両方之鳫木・踏石・すさり、足場悪敷御座候、御道筋之義ニ付此段申上候、一西御番所障子弐枚大破仕候、右之通、

一十八日、天気能御所司代御城入被成、仲ヶ間惣出也、御城中御見分無滞相済、九ツ半時頃西御門ゟ御下城也、

十七日
急々御修覆御座候様仕度奉存候、以上、
右之趣申立候段、南組ゟ被申越、同様ニ申立候、
廻状出ス、

一東御門櫓中御見分之筈ニ候処、御足痛ニ付御櫓へハ御上り不被成候、然れ共御上り被成候形ニ御番所之記録ニハ記置候様御頭被仰候ニ付、即当番内兵・藤勝方申遣候、仲ヶ間へも廻状出ス、

一十九日、表門番安兵衛請判取ニ遣申候、

一廿日、明後廿二日御所司代御城入御座候段御頭ゟ被仰渡候、廻状出、左之通、
明後廿二日御所司代御城入被成候旨被仰渡候、先日ハ廿三日と被仰渡候へとも廿二日ニ相成候故、廿二日明ヶ六時東御番所受取、廿三日朝五ツ時西御番所受取、刻限之義ハいまた被仰渡無御座候へとも先日右之趣被仰渡置候義故、先左様御心得可被成候、刻限相知候ハヽ、跡ゟ可得御意候、以上、
一廿一日、御頭ゟ西御門櫓南御錠口御封印壱枚被遣候、御番所へ差遣可申候、
一同日、同日南月番ゟ手帋ニて廿二日明ヶ六ツ時東西御番所可致交代段被申越致承知候旨、返答申遣候、
一同日、西御番所ニ有之葛蔵東へ廻し候様廻状出ス、
一同廿二日、寒気御伺之刻限相伺候処、明廿三日五ツ時罷出候様被仰渡、廻状出、東御番所へも申遣候、
一同廿二日、御所司代御城入ニ付、明六時臨時致交代、明廿三日五ツ迠東相勤申候、御城入無滞相済申候、
一同廿三日、五ツ時一同罷出ル、寒気御伺也、当番御番往来也、
一同日、明後廿五日五ツ時御組於矢場如例年射揚仕候間、乍御慰御出被成下候様仕度、及御案内申上候段御頭へ申上候、南御頭へも寒気伺候度ニ申上置候、御頭ゟも被仰遣被下候様申置候、此段廻状仲ヶ間へも廻状出、台本星ト与兵衛へ申付候、
一廿四日、無別条、
一廿五日、如例年於矢場射揚有之、仲ヶ間不残出ル、御頭并御子息方も御出席也、御頭ゟ如例年酒三升矢場へ被遣、於矢場仲ヶ間へ致披露、御頭へ御挨拶申上候、
一廿五日、裏門番後家今日引退今度申付、七助今日ゟ参相勤申候、
一廿六日、
一廿七日、
一廿八日、
一廿九日、
一晦日、明朔日御礼相伺候処、例之通惣代之旨被仰渡、支配中へも致通達候、月番仕廻届申上ル、
一同日、当月出火三度ニて、駈付候様弐人参候、貸銭八百七十二文集相渡申候、
一同日、裡門錠鍵損申候故、私ニ調申候、代百五十文集遣申候、

一関戸不快ニて明日御番相助被申越、助口内平士へ申遣
候、
一両門番遣イ候賃銭定書左之通書付、西門番へ相渡置候、
一殺生之事、

天明二寅七月

一朔日、出礼惣代新次郎出、同心小頭八郎兵衛出候、月
番届いたし申候、
一同日、上屋鋪ゟ呼ニ参、大久保下野守殿御組御番衆大
沢孫七郎殿痛所有之被仰立、　御城中致御用被成候間、
此旨致書出候様被仰渡、即刻廻状出、
○二日、今日ゟ西御番所受取、
一三日、四ツ時前上屋鋪ゟ呼ニ参罷出候処、永井日向守
殿火消御鑑札御渡被成、即刻西御番所へ上置申候、
一同日、油証文南組ゟ奥書認為致被差越、印形いたし、
又々南江為持越候、
一同日、南組ゟ東築地違御門大破ニ付申立候様ニ候故、
案紙差越候ニ付、此方ゟも同所ニ申立候積り也、右之
義申越候序ニ東御番所鉄橋損候故、朝伺可申付と存候
段被申越候故致承知候間、御申付可被下旨返答申遣、
其序ニ薬罐も大破仕候間、乍御世話御一所ニ御申付被
下候様政右衛門乍御相談御セ話御頼申入候段申遣置候、
右之趣仲ヶ間へ廻状出、

覚

一東御門御番所中仕切御門惣躰損、西之方柱根朽、西
へ傾、甚危、此節開閉一向難仕御座候、
右之通先達而度々申上候へとも御修覆無御座候ニ付、
此節別而大破仕候、先々御修覆御座候様仕度奉存候、
以上、

七月四日

関戸十兵衛
丹羽新次郎

一同四日、右破損所書付上屋敷へ差出申候、関戸持参被
改候也、
一同六日、小倉士ゟ左之通届書被差出、上屋鋪へ差出申
候、
△一同日、明日出礼相伺候処、五ツ時相揃罷出候様被仰候、

口上覚

△廻着今日切ニ而相済候ニ付、従明日ゟ出勤仕候、依
之御届申上候、右之趣今日被仰上可被下候、以上、

七月六日　　　　　　　　小倉平八良
関戸十兵衛殿
丹羽新次郎殿
右両様廻状相廻し申候、
一七夕、出礼五ツ時相揃罷出候処御頭被成御逢候、鈴木不快ニ付、断申上候、
一九日、大風ニ付西御門御預場所見廻りニ罷出候旨、上屋鋪へ御届申見廻候処、別条無之候段下りニ又々御届申候、
一十日、左之通書付差出申候処、御承知ニ而御座候、尤口上ニ而御〆り之儀故、早々被仰付候様仕度昨申上置候、
口上覚
御組表門惣躰損御座候所、昨日之大風ニ而屋根吹落シ申候、
右急々御修覆御座候様仕度奉存候、以上、
七月十日　　関戸十兵衛
丹羽新次郎
一同日、上屋鋪ゟ呼ニ参、関戸氏被出候処、明十一日御目附御　殿見分有之候段被仰渡候、尤五ツ時御　城入之由也、并ニ稲葉丹後守殿火消鑑札下ヶ候様被仰渡、七ツ時丹羽御番下り、下り候而上屋鋪へ差出申候、
右三件廻状出申候、
一十一日、御目附御　城入相済申候、
一十二日、南組ゟ左之通申来、廻状差出取集候、
口演、残暑甚御座候へとも愈御安康奉存候、然ハ薬罐鉄輪相調申候、弐品ニて壱〆文ニて御座候、御割合ニ仕、御壱人前四十八銅宛ニ而御座候、乍御世話来十三日迠ニ御越可被下候、
右得其意度如此御座候、以上、
七月十一日
尚々売上ヶ入御覧候、
一百文　鉄輪代　　西堀川三条下ル丁
上文字屋権兵衛
一九百文　量目四升入
茶出し壱ツ
とまき代共　銭屋喜兵衛
右集り候故五百文南組へ為持遣候、
十三日、左之通書付御番代両人へ相渡し遣候、
一表門番儀相応ニ相勤候間、為合力御壱人前白米六合宛遣候而も可行奉存候、答も無御座候ハヽ、御遣可被成候、

一裏門番江も同様ニ書付遣、裏門者四合也、
後一同十四日、明日出礼相伺候処、例之通惣代とも御用
捨ニて候故廻状出ス、
前一十三日、夜七ツ時前ゟ出火、丹羽罷出候、無程及消
火候、駈付弐人参札相渡遣候、
一十五日、鈴木氏今日ゟ出勤被致候由ニて挨拶ニ被参候、
一同十五日、夜鈴木氏ゟ左之通届書被差（ママ出脱カ）候処、及深更候
故翌出申候、

口上覚

実方之由也
私妹田中登之妻病気ニ候処、養生不相叶、今
日死去仕候、依之葬式之忌服相請申度奉存候、
此段宜被仰上可被下候、以上、

七月十五日　鈴木伊左衛門

月番宛

右之通届書被差出候付上屋鋪へ差出申候処、御承知ニ
而御座候、尤夜分及深更被差出候故、翌日当番ニ而も無
之候ニ付金子難差出候、右為御承知得御意候、以上、

七月十六日　月番

七人宛

一同十六日、矢場草繋り候故、致掃除候様門番共へ申付
候、
一同十六日、頭ゟ口上便ニ而矢場之畳借用申度段被聞候
故、左之通廻状出ス、依之御承知仕候、従是御返事可仕旨申遣候

口上

弥御安全奉賀候、然ハ御頭ゟ矢場畳借用申度旨、
月番へ向ヶ口上ニて申越候、是ハ月番尋参申候事
故、不計様方答次第ニて返答可申遣候、御名前下
へ答御印可被下候、尤小倉士・内市士御当番故御
名前相除申候、以上、

七月十六日　月番

敬次郎様
孫之助様
政之助様

他おいこし候得とも存寄も有之間有之間（ママ）
宜御取計可被下候、いつも御渡り被成候
様ニ廻文申候、

右之通り之儀故友右衛門方迠左之通返事申遣候、

口上

弥御安全珍重奉存候、然ハ先程矢場畳之儀被仰
下候得共、是ハ此節稽古仕候者打寄拵置候儀故、
月番弥五申候儀ニ付
○一応申聞候処、泊分御用立候様申上呉候様との
義御座候、只今矢場開置候間、御勝手次第ニ被
仰付候様奉存候、右之旨如此ニ御座候、宜候旨

可被下候、以上、
七月十六日　　月番両名
原田友右衛門様
右之通申遣候処、追付徒便ニて彼是六ツ敷儀ニ候へハ、㝡早諸用ニゟ及ひ不申候旨被申越候故致承知候旨致延差遣候、是ハ兼而小倉士へ御頼置有之候処、彼是と間違有之候故之儀也、晩方野条士参候而間違之訳ヶ申上候、翌日小倉士も当番下りニ御頭へ参懸、御用間違之訳共御咄被申候由也、
一十七日、明日鉄炮御見分有之候間、各弥御書物ニ御出被成候様との廻状支配中ゟ廻ル、
一廿四日、鈴木氏ゟ着、今日切りニ而明廿五日ゟ出勤被致候届書被差越、上屋鋪へ差出申候、
一同廿四日、東御番所破損ヶ所別紙壱通可申立旨、南組ゟ被申越候故、此方ゟも同様ニ明廿五日申立候筈也、且又東御番所古薬罐・古鉄橋不用之物ニ付、売払可然旨相談被申越候故、宜取計被呉候様ニ返事申遣候、

覚

一東御門御番所裏三ヶ所庇并三ヶ所掾大破ニ而甚危、此節往来一向難仕御座候、
一同御番所表通り戸障子全躰損シ御座候処、先達而之大風ニ別而大破仕、一向難相用御座候、
右者先達而度々申上候得共、御修覆無御座候ニ付、別而大破仕候、急々御修覆御座候様仕度奉存候、以上、
七月廿五日　　月番両名
廿五日右書付上屋鋪へ差出申候、
右三件廻状出ス、
一同廿五日、御頭用人原田友右衛門儀暇被差遣、代り用人十河清助と申者被召抱候段、今朝金原士私用有之、上屋鋪へ被申上候節、右之趣月番へ相達呉候様御頭被仰候旨、金原士被致演述候ニ付、早速仲ヶ間へ廻状出シ申候、
一同廿九日、東御番所薬罐・鉄橋払候代弐百文之内百文為持被越候間被取置申候
尤右薬罐払候百文書付候而廻状廻し候、
一同日、当日暮方出火、駈付八人御廻状ニて取集相渡候、廻状出、
一同日、昨日出礼相伺候処、五ツ時一流罷出候様被仰渡、
一同日、小原辰蔵裏南北堺イへイ東へたおれかゝり候故、

南月番へ懸合置申候、
一同日、月番仕廻届申上候、
右之外別条無御座候也、

天明二寅十一月

一朔日、出礼五ツ時惣代丹羽罷出候、同心惣代八兵衛出ル、月番届申上候、并組矢場・射場之日限之候、御頭御差支無之日悪日と申義御定被下候事々用人へ申込置候、
一同日十河清介ゟ左之通申越候、
御触書壱通御達申上候様申越候ニ付、則御達申上候、以上、

十一月朔日

尚々丹羽新次郎様ゟ被仰置候射場之儀申聞候処、十日迄之内ハ差支之儀御座候間、十三日ニ御究被置候様ニいたし度旨申候、此段申上候、御触書相済候ハヽ御返し可被下候、

京大仏
養源院

山城　大和　河内　和泉　摂津　近江
美濃　加賀　丹波　丹後

右坊舎及大破候ニ付修覆為助力、勧化御免寺社奉行連印之勧化帳持参致、諸役人共之内当寅十一月ゟ来ル未十月迄御料・私料・寺社料・在・町可致巡行候間、経師之輩ハ勤之多少ニよらす可致寄進旨、御料者御代官私領ハ領主・地頭ゟ可被申渡候、

寅十月

右之通可被相触候、
右御触書江戸表ゟ到来候条洛中洛外可被相触者也、

寅十一月

右両組仲間江廻状出ス、
一八日左之通廻状出、
以廻状得御意候、然者例年之通御組矢場射場之日限御頭差支無之日ヲ被仰下候儀仕度段、先日申込置候処、十二日迄ハ御用事打続候由ニ付、十三日ニ被成段先頃被仰越候、夫故同十三日ニ相究メ可申と奉存候、其節者例年之通不相変賑々敷朝飯後日早々御出序可被下候、尤箱懸弐百銅宛其節御持参可被下候、本昼御当番之御方々ハ百銅ツヽ御持参候御事、思召

も候ハヽ、御名前下ニ御記可被下候、以上、

一

十一月八日

仲ヶ間十人当テ弐垣居方政之助・枩三郎其外御

子息方ト相限候、

一矢場垣殊之外損し、竹大ニ茂り申候間直させ可申

と奉存候、夫ニ付押ふち竹五寸位の十八本計り入

申候、御壱人前ニ俵縄六筋ツヽ御出可被成候、且

又矢場草候、多ク有之、即刻致候間掃除致させ、

堀切も致させ度御座候へとも両門番ニてハ中々出

来不申候間、御儀事も奉存候、奉存候へとも御家

来壱日ツヽ右之通御出可被下候、尤御用事御座候

而、御家来ノ御勝手いたし御方ハ御相対を以御懇

意可被下候様奉存候、尤雨天ニ候へハ天気次第ニ

可仕候、

九日　金原　野条　内市　丹羽　内平

十日　藤田　服部　鈴木　関戸　小倉

一表門番代りニ致候而相応ニ相切可申候半と存候者

御座候間、人物懸御目可申候間、御覧之上不苦筈

候ハヽ、相究候而、当表門番暇可申付候と奉存候、

右両躰思召も候ハヽ、御記可被下候、以上、

十一月八日

一同九日、表門番代りニ召抱候者参候付、仲ヶ間へ目見

へニ廻し申候、

一同日、矢場垣致させ申候、押縁竹壱束調申候、代三匁

五分、三十二本余有之束也

一同日、出火油小路松［ム　シ］届也、丹羽罷出候、駈付弐

人参、札相渡申候、

天明三卯七月　尚三月ハ父病気ニ付相頼看病引いたし候処四月番之

一六月晦日、月番中ゟ明日出礼刻限相伺被申候付、五ツ

時惣代罷出候様との趣、廻状来ル、同紙ニ而

民部卿様御息女様被遊御逝去候ニ付、今日ゟ三日之間

鳴物停止之旨、廻状也、

一朔日、今日出礼惣代之儀昨日ゟ三日之間停止之儀故罷出不申候、

尤上屋敷ゟ何とも申参りハ不致候へ共、御停止之事故

出不申候、

一同日、朝五ツ時過御組一統為伺御機嫌上屋敷迠罷出候、
浅黄帷子麻上下、
一同日、近日西御門櫓内御鉄炮磨いたし候積りニ南組と
申合置候ニ付、トノ粉紙之儀頭用人中迠申置候トノ粉紙ハ月番ゟ前広ニ頭用人迠申置候事也、
後一四日、明五日御目附御殿見分、御道具御見分有之候
旨被仰渡候、尤御門明ヶ子之由被仰渡候、其段廻状
出、御番所へも申遣し参也╲是ゟ五日之所へ可記置也明ヶ六ツふた壱枚いた
し御出被成候由、同心御番壱人出申候事、此方ハ御番
入不申候、御櫃開キ候故御鑑箱之御封印頭へ申置候処、昼過用
人ゟ為致差越候故、同心ゟ宿り番之者へ為持遣候、
前一三日、両組同心鉄炮見分有之候付、見物ニ出候様ニ支配
中ゟ廻状来ル、
一御櫓御鉄炮磨五日六日両日之内ニ可致旨南へ申遣候、若五日雨天ニ候へハ
六日と申遣候処、五日ハ御目附御殿見分有之候噂御座
候間、六日ニ相究メ可然旨南ゟ申越候故、得其積り候
申合置候、
一三日、御番所向其外勤向之儀、是迠得と相究り不申分
両組ゟ両三人ツヽ寄合致相談可然旨、去々年丑年ゟ申
合有之候、右寄合明四日ニ可致段南へ談合候処、差支
も無之候間参り可申旨申談候、当条丹羽、
一四日、南北寄合南ゟ野条・傳左衛門・源左衛門・月番彦之
進・吉左衛門来ル、此方藤田・内平・小倉・金原・鈴
木へ月番関戸・丹羽九ツ過ゟ寄合相談有之、ヶ條書いたし、
尚又文言等綴り御座候様相頼、南へ遣置候、
一五日、御目附御殿見分、明ヶ六ツ過東相休候由、御趣
印御番所遣候、
一三日、南北仕切屏損シ候付南ゟ申越候故、申合表門番
出候而為直申候、
一六日、御櫓御鉄炮磨ニ出候処、出懸北御頭へ相届、同
心とノコ紙受取ニ遣申候、南月番岡山四郎右衛門、北
丹羽新次郎、同心北三浦熊次郎・竹内順右衛門・法貴
三郎兵衛・鈴気政之進・木寺徳次郎、南ゟ五人五ツ少
過ニ出申候、四ツ前相揃帰り懸ヶ北御頭へ相休候段御
届申候、尤前日支配衆へ申達置候、
一六日、明七日御礼之儀相伺申候、五ツ時一統罷出候様
被仰渡候、其趣廻状出ス、

一六日、御番所油屋参候而油証文南御組へ差出置候間、
宜奉願旨申来候、
但七月八南ニ而世話いたし候筈也、

天明三卯十一月

一朔日、出礼、惣代新次郎出ル、月番届も乍序申上置候、
一同日、北御頭御参府中ニ付、北御役宅見舞り申候、是ゟ日々見廻り候事故、日々ニハ不記、
一同日、御尋者御触書被成御渡相廻し申候、
一四日、南組須ヶ井看抱藤田篤太郎被仰付、御番組月番組被差越仲ヶ間相廻し申候、
一五日、須か井亮助致病死候付今晩葬礼、月番関戸出、藤勝士・野条士出ル、
右三人供之者六人衆申候、代
一十日、南月番ゟ藤田武兵衛老母今朝致病死候旨手帋ニて申来候、仲ヶ間へ廻状出ス、葬送者明十一日之由、月番関戸出、野条士・藤勝士出ル、銘々品来差出候、
一同日、南御頭ゟ呼ニ参出候処、明十一日御門番ゟ道具足ニ御弓御修覆ニ御差出被成候間、其段相心得候様被仰渡候、并ニ北御頭先月廿八日道中無遅関東御着被成候旨書状南御頭へ致至来候由、御組へ者別ニ書状名分差出候間、間宮組ゟ伝達候様御頼被相越候旨被申聞候、左候ハヽ、近日関東へ書状出可申与奉存候、尚其儀者跡ゟ可得其意旨、右両件廻状出ス、
一同日、南御頭ゟ御触書被成御渡、相廻し申候、
一十一日、申刻前失火、新次郎出ル、南御頭へ相届、北御役宅前ニ扣居候処、暫いたし及消火引取候様南御頭ゟ被仰越引取申候、駈付弐人参、札相渡申候、
一同日、酉之刻藤田武兵衛老母葬礼、月番関戸出、藤田九郎右衛門、同勝之介両人出ル、仲ヶ間銘々ゟも寺迠品来出ス、右三人之衆六人門番へ申付候処、
一同日、御城内ゟ御具足御弓矢等御修覆ニ出候節、附添之同心大御門ゟ通り候半といたし候故、奥御番所ゟ付添ハ御脇ゟ通り可被申旨申候処、附添之儀故罷通り候旨申捨、三人札大御門ゟ通り候、残り弐三人者御脇ゟ通り申候、升形ニ而も切手番呼返し相逊候処、先年も大御門ゟ通り候ニて申候由、其内御道具も出し外ニ出候故、升形も差通し被申進付、札番を以右之趣申越先例有之候哉之旨尋被申候故、先々ハ御脇ゟ出候へとも、

近年大御門扉開御道具計り大御門ゟ出、附添者門脇ゟ
出候儀ニ候へ共、先年も如今日○差留候へとも押而通り候儀乎と存
候旨及返答被申、同日七ツ前番前南御頭へも、右之趣
○為御取計御届申置候処、右之附添之者共名前書付出候様ニと
の事故、十二日〃館組下りニ右附添六人名前差出候処、又
々右大御門ゟ出候者の名前書付持参候様〃〃〃〃可被致候との事也、其
✓大御門ゟ出入候方之御番頭へ爾来ヶ様之儀無之様ニ致度段、
御届可申置旨被仰渡候、

天明四甲辰二月

一朔日、出礼、惣代丹羽出ル、并月番届いたし置候、
一同日、北上屋敷見舞りニ罷出候処、別条無之候、
一同日、左之通南御頭ゟ申来廻状出ス、
以手紙致啓上候、然者　禁裏御賄頭稲生金八郎様
御願相済、近々ゟ以来御城入被致候趣申来候間、
夫々御通合可被成候、右之趣可得貴意旨被申付、
如此ニ御座候、以上、
二月朔日　　大槻仙右衛門
関戸十兵衛様
丹羽新次郎様

一同日、七ツ時半頃南御頭ゟ支配衆呼ニ参、内平士被出
候処、小林弥兵衛殿ゟ之書状壱通御渡被成候、先達而
此方ゟ差遣候弐通出也、文言左之通、即刻仲ヶ間へ出
ス、
御礼致披見候、改年之御慶不可有壱期御座候、弥
御無異御越年諸事之御事御座候、為御祝詞預来忝
存候、右為御礼如斯ニ御座候、恐惶謹言、
正月廿五日　　小林弥兵衛
正祕判
十人様
見習同　宛
忝三郎同
御礼致披見候、然者今度夏目小十郎跡組御役被
仰付難有仕合御座候、為御歎願預来帰候節御報如
此ニ御座候、恐惶謹言、
正月廿五日　　小林弥兵衛
判
宛如前

一三日、北御役屋鋪見廻り候処、別条無之候、今ニ矢場

之かき直し申候様申付、兼而御願申上置候、尤勝手ニ申付候間、其節別ニ御断申上間敷旨申置候也、

一六日、左之通小倉士ゟ書付被差出、南御頭へ指出候処、御聞済ニ而候、其段小倉士へ申達ス、仲ヶ間へも廻状出ス、

口上覚

私母病気ニ御座候処、養生不相叶今暁死去仕候ニ付、常式之忌服相請申度奉存候、此段宜被仰上可被下候、以上、

二月六日　小倉平八良

関戸十兵衛殿
丹羽新次郎殿

一同日、右死去被致明七日葬送いたし候段、南組へ申遣、尤寺之所も申遣、

一七日、暮六ツ時小倉士葬送、南組ゟ岡山四郎右衛門・藤田篤太郎両人参ル、組ゟ□宮原・鈴木・月番丹羽・内市出ル、野条・藤勝御番ニ出ル、藤九・内平・月番関戸三人ハのこり、供之者ハ銘々雇ひ、

一九日、今日初午ニ候へとも北御頭未タ御上り無之候故、北御頭之稲荷へ神酒例年献し候へとも、当年者上ヶ不申候、尤諸人参詣も不為致候、
但小林弥之助殿ゟ弐朱銀壱片、夏目小十郎殿ゟ銀五匁稲荷へ御奉納被成候、是ハ同心之方へ向ヶ参り候故、此方かまひ不申候、右之銀ニて神酒御膳上り申候、のほりも立不申、さを越横ニ致を懸ヶ有之候、土用干しの様ニ相見へ候、

一同日、戌五ツ時前出火、新次郎出ル、駈付三人参り申候、

一十日、申刻前関戸氏参候様南御頭ゟ呼ニ参り被出候処、明十二日北御役屋敷破損所見分ニ下ノ屋敷ゟ参候間、関戸氏罷出候様被仰渡候、同心ニて者八之丞罷出候様との儀也、尤夫ゟ引続普請中関戸懸りニいたし、上屋敷へ信田辰次郎御番日者助取候様可致との義ニ付一通り御断申し候へとも至而との儀故、先御頭申被帰仲ヶ間及相談、懸りと申儀者古例も無之、其上御番等助ニ相成り候而者難儀之趣御断申上候処、御断之趣御尤ニ候間、左候ハヽ月番両人ニて普請中両三度ツヽ見廻り候様ニ被仰渡候、同心者清五郎・八之丞両人見廻り候様被仰渡候、但懸り之事被申渡候ハ十日也、追而跡寄合いたし、
其日見分八ツ頃ゟ七ツ過相済、引取懸ヶニ関戸方へ参御断申上候処、其節者南御頭御用事有之不及

御即答、跡ゟ可申達候との事ニて、月番之見廻り
ニいたし可被申との儀ハ十三日ニ被申聞候、

一同十一日、朝丹羽宅ニて寄合いたし、普請懸り之儀御断申上候、今日之所者差懸り之儀故、先関戸被出候、八ツ時頃見分ニ参、七ツ過相済帰り申候、

一同十二日、南ゟ呼ニ参、普請懸り之儀御断此間被仰越候趣御尤ニ候間、左候ハヽ、月番ニて普請中毎日両度ツヽ見廻り候様被仰渡候故、其趣廻状出ス、同日同心小頭清五郎・八之丞月番宅へ参、此度普請中見廻り仕候様被仰付候ニ付、万事御頼申上候旨ニて来ル、

一十五日、出礼惣代丹羽出ル、小頭清五郎出ル、

一十九日、八ツ半時出火、駈付五人参ル、寺町今出川辺之由也、

一廿日、御頭小林弥兵衛殿於関東御先例之通拝領物等有之候旨、南御頭迠御書面参候由、組へ者別ニ書状不参候、孫次郎殿ゟ組へ其段御伝達有之候様御頼趣之由ニて御達シ有之候故、先格之通歓状組連名状相認、仲ヶ間判取ニ廻し申候、

一同日、夜戌刻頃出火、駈付六人参、朱雀辺之由、新次郎出ル、

一同廿二日、右江戸状孫次郎殿へ御頼申上候、

一廿一日、南北堺塀脇垣并東ノ方高塀損シ候処、直し御積り書大工差越候ニ付、廻状出、

一同廿六日、辰刻前野條士ゟ左之通書付被差出候ニ付、早速南御頭へ御届申上候処、承り届候旨被仰候、其趣野条士江申達候、仲ヶ間へも早速廻状差出候、

口上覚

私実父杉浦市左衛門儀病気ニ御座候処、養生不相叶、昨夜死去仕候、依之御届申上候、常式之忌服相請申度奉存候、右之趣宜被仰上可被下候、以上、

二月廿六日　　野條縫殿進

関戸十兵衛殿
丹羽新次郎殿

一同日、内平士ゟ廻状来ル、藤九士従弟杉浦市左衛門病死去ニ付、常式之忌服清次郎申度届書被差出候処、御聞済候旨也、右書付内平士南へ持参被致候処、同人申聞候者、市左衛門死去昨夜何時ニて候哉承度由申候ニ付、南御組之儀ハ不存、北御組ニ而ハ是迠右之通之書付ニて相済来候段被申候得者、北御組者此節假支配之儀故、別而万事念入帳面ニ附置候様孫四郎申渡候故、

帳面ニ附置申度旨申候故、左候ハヽ、拙者も月番之儀不存申候間相尋候上月番ゟ可申達候間、御帳面其心得ニて附被置候様被申置候由、尤用人申候者御序之節被仰聞被下候様ニとの事之由、右之段内平士被申聞候、

辰
六月

一朔日、出礼惣代罷出候様被仰聞、丹羽出ル、同心柘植清五郎出ル、乍序月番届致置候、同日頭ゟ呼ニ参候ニ附、関戸士即刻出候処、明日御破損所見分之儀被申渡候、

一二日、近々御老中・所司代御城入ニ付御通り筋御門廻り危キヶ所、并ニ水溜桶・放手桶等御破損奉行中井氏被致見分、四ツ半時頃相済申候、尤御櫓内も御老中御見分有之候事故、御破損御見分被成候、引番丹羽為御案内罷出候、前後御頭へ御届申候、升形へ者今日御破損見分ニ付奥御番所へ罷通り候旨相断候、通り候、

一同日、今晩亥七刻ゟ土用ニ入候ニ付、明三日土用中御伺之刻限相窺申候処、勝手次第ニ罷出候様ニとの事也、尤毎度御逢被成候得共、明日者早朝より罷出候故得御逢不申との事也、其趣見習中迄名前相加へ廻状差出候、

一三日、五ツ時一統土用中御伺ニ罷出ル、小倉士・藤勝士・野条士当病ニ付不参、

一四日、親類書出来次第差出可申間、御銘々認置被成候様廻状差出候、尤紙も月番ゟ認可申哉、下書ニ御印候様申廻し候処、大方月番ニて一諸ニ相調候ニ相成候、尤出来次第十五日頃ゟ廿日頃ニ差出筈也、

一御櫓風入之儀二日ニ相伺候処、例年之通風入いたし候様被仰渡、御風印之儀も申入置候、四日ニ三拾枚御渡被成、東御番所へ遣候内三枚五日ニ月番へ戻り候故、六日ニ御頭へ進上致候、

一六日、九ツ時過出火、駈付三人参り、札三枚相渡候、所ハ不知、即刻消火、丹羽出ル、

一七日、内平士役屋敷江被出候序ニ頭被申聞候者、組由緒書当頭被登候已後差出候筈之処、未タ延引不申候処、今日内平士役屋敷へ被出候序ニ頭被申候者、組由緒書小十郎在役中ニ差出し置候一通有之候故致持参候、組由緒書之儀ハ別ニ文言等相改り候事有之間敷儀と存候間、小十郎節之由緒書其元へ差廻可申候間、年号月名前等張紙ニ而も被致被差出相済可申儀と存候而、月番へ

其趣相達呉候様との御事也、尤後来之例ニハ不相成趣之由ニて、内平士ゟ被申聞、一統へ其趣申達候処、其趣ニて差出候筈ニ相成り申候、然ル所小十郎殿節被差出候由緒ニハ御扶持方之儀かり無之候故、右之儀相止新ニ認出候筈ニ相成り候、

一八日、宗旨証文新頭ニ相成候へ者早速差出候筈之処、是ハ九月例年被差出候節差出候様との事也、尤是も形ニハ相成不申、只今被出候ヲ九月迠延引と申趣ニ相心得候様との事也、

一九日、左之通書付頭へ差出申候、尤昨日南組へも掛合、南ゟも同様ニ申立候、

覚

一東御門御番所畳惣躰殊之外損し申候故、先達而申上置候得共、此節別而大破仕候ニ付、御老中御城入之節、甚見苦鋪御座候間、急々修覆御座候様仕度被存候、以上、

六月九日

関戸十兵衛
丹羽新次郎

右之通書付東門番所へも張置申候、

一同日、左之通廻状差出申候、

以廻状得御意候、然者親類書紙御銘々御入程御取被成、尤御名前下ニ何枚御取被成候と御記し可被成候、藤田御氏ハ相渡候御組由緒書ニて差出候様被仰渡候付、月番ニて相認メ差出可申候、為御承知如此ニ御座候、以上、

一東御番所畳大破ニ付、御老中・所司代御　城入之節御目障りニも相成り可申候ニ付、南組へ申合書付差出不申候、是又為御承知申入候、

六月九日

一親類書月附六月と御認可被成候、以上、

一十日、西御門櫓内御門鉄炮磨十二日ニ仕候段、南月番と申合今日御頭へ申立置候、尤例年之通半紙とノ粉其節御渡被下候様申込置候、右之段支配中へも申達置候、且又野条氏親類書下書紛失致候由ニて月番へ相頼申され、御頭ニ御座候親類書内々ニて拝借いたし呉候様ニとの儀ニ付、関戸氏用人へ相頼借用いたし、野条士氏へ遣申候、

一十二日、御鉄炮磨ニ付、五ツ時ゟ丹羽出ル、同心五人出ル、出懸ニ頭へ御届申候、南ゟ村田吉右衛門出ル、四ツ時頃相済候ニ付、下りニ又々頭へ〇相済候段御届申候、継

上下也、印形へハ○門櫓内御鉄炮磨ニ付奥御番所へ罷通り候段、切手番へ相断罷通り候、
一弥兵衛殿御登り候て後御組振舞有之筈之処、弥兵衛殿ゟ孫四郎へ御咄候而、孫四郎殿ゟ藤九士へ被申聞候ハ、弥兵衛儀勝手も不如意、且又次第ニ強耆ニ相向候へハ、各御まねき申候ても都而御大儀成も御事ニ候へハ、近頃略儀軽少之儀ニ候へとも、与力へ百疋宛同心へ弐朱ツヽ相送り申度候節、御昼いたし候儀ハ追而状次ニも相成り候ハヽ、一統へ其節可致候との事也、右之趣先月野条氏宅ニて藤田氏沙汰被致候処、一統之了簡ハ同心共ハ其通りニて可然候へ共、与力之儀者御頭御自身焼物御引被成候先例ニ候へ者、畢竟御振舞料ニも及不申、御吸物ニて御酒被下、焼物之代り御吸物ニても壱ツ御頭御引被成、御盃仕候へ者宜御座候旨返答いたし可然と一同被申候故、其趣藤田氏ゟ間宮殿迠返答ニ及ひ被申候ニ付、其趣御柳間へ右返答被申候段通達致候、同心ハ弐朱ツヽ相極り候、
一十四日、御礼伺ニ罷出候処、惣代ニて五ツ時罷出候様との儀ニ付、支配中へも相達候、
一十五日、御礼関戸出ル、
一十六日、左之通申来候故、即刻廻状差申候、
以手紙啓上仕候、然者此節土用中御櫓御風入ニ付、弥兵衛儀初而ニ御座候故、御内役御同道ニて明朝五ツ時ゟ東西御櫓見分被致候、此段私ゟ御達候様被申付候間、得貴意候、以上、

六月十六日　八代宗左衛門

関戸十兵衛様
丹羽新次郎様

右者月番罷出候と申儀ニ而も無之、時之当番限りニ而相済候儀也、
一十七日、九ツ時前出火、新次郎罷出候、御所近辺之由也、無程及消火候、駈付五人札渡、西ニてハ同心加番弐人出、東ハ壱人与力加番不入、三月ト九月ハ加番壱人出、
一廿日、御頭ゟ御目附御殿御見分、御道具御物見有之候旨申来候、早速廻状差出申候処、同日晩方用人ゟ手紙ニ而、明日御目附御見分御病気ニ付御延引之旨申来候、又々廻状差出候、
一廿三日之夜、小倉氏集会有之、各御寄有之候処、頭用

人ゟ同断、此間ゟ御不快之旨も申越候故、早速藤九士被出、御証文御伺申上候、
一廿四日、仲ヶ間一同為御見舞罷出候、当番ハ出懸ニ罷出候、
一廿五日、御頭御容躰御伺として月番壱人罷出候、昨日之御番ゟ下り番御銘々立寄御伺申候筈ニ上四五輩ら申合之上、右之趣廻状出ス、御番所へも申遣ス、
一廿三日、小倉士宅ニて集会之節、此節御頭代りニ付、御銘々親類書近日差出候筈ニて相認有之候処、認方色々有之趣ニ付案紙持集り見合有之候処、まち〳〵有之候へ共、此度者無取早相認候事故、此侭ニて差出可申候得共、重而差出候節者被仰合認方同様ニ相成候様ニ可致との申合候也、
一廿六日、酉刻過出火、両鐘故早速月番両人出候処、早速及消火候、所者せいわい池御門辺と申来也、駈付弐人参、札相渡申候、
一廿八日、明廿九日明ヶ六ツ半時御目附為　御殿見分御城入有之候旨御頭ゟ申来候付廻状出、御番所へも申遣候、加番入り不申、
一廿九日、御目附御殿見分五ツ時前東御番所相済申候、北ハ東当番也、御鍵所御封印ニて改御頭ゟ受取候、東御番所へ差遣申候、
一廿九日、午半刻頃ゟ丹羽宅ニて寄合有之候、其儀者野条氏養子相談之儀ニ付て也、七ツ半頃相済御仲間退キ被成候、
一廿八日、当月出火三度、駈付合拾人、御仲間取集メ申候、合七百弐十八文、壱人分七十文ツヽ、
一晦日、御組由緒書・御銘々親類書御頭へ差出、藤九士・丹羽同道、御頭御返答左之通、
組由緒・御親類書被差出候、懸御目度候得共病気ニ候故、得不懸御目候、組由緒・御親類書慥致落手候、且又誓詞之儀も病気ニ候故、急々ニハ相成り不申間鋪候間、左様ニ御心得候様ニと用人申出候、右之趣廻状差出申候、
一明朔日出礼之儀相伺候処、五ツ時惣代壱人罷出候様との儀也、此段支配中へも来月月番中へも及相達候、
一月番仕廻相届申候、
一駈付拾人賃銭請取ニ参、七百弐十八文相渡候、
　右之外別儀無之候、来月月番金原士・野条士ニ候処、野条氏病気ニ付月番助藤勝士へ指置申候、

辰
九月　十月々番之所野条士再勤故九月ニ相成候、

一朔日、晴天、御礼惣代新次郎五ツ時出ル、同心八之丞出、并ニ月番届致置候、

一五日、明日御目附交代候へ共暮頃迄被仰渡無之候故、暮頃頭用人方迄手紙ニて相伺申候処、いまた相知レ不申候由申来候、

一五日、五ツ時西当番上り番金原・関戸ゟ手紙ニて、今日御目附弥御城入有之様子ニ相聞候間、今一応頭へ相伺候様ニと被申越相伺候処、追付自是御返事可申旨被申越候旨、私用人ゟ改、今日御城入有之候段被申越候故、加番早速指申候、支配中へも申達候、昼当番之衆へも申達置候、

一八日、明日御礼之儀相伺候処、左之通被仰渡、早速廻状差出申候、

明九日御礼相伺候処、五ツ撃候へ者御頭直ニ二條表へ御出被成候、其節懸御目可申候間、五ツ撃候ハヽ早速ニ罷出候様との儀ニ御座候間、五ツ前ニ御支度被成、昼五ツ撃候ハヽ早速罷出候様ニ御心得可被成候、

一足袋之儀、小十郎殿之節者十日ゟ相用ひ候様ニとの事ニて御座候へとも、此レ者小十郎殿私之御了見ニて御申被成候事故、爾来之儀者明日ゟ御用ひ被成候而可然奉存候、乍次而一寸奉得貴意候、以上、

九月八日　月番

十　人　様
政右衛門様
杢三郎様

一八日、例年之通宗旨証文来候、廿日迄ニ御遣し可被成候様との廻状出ス、

一十日、御頭ゟ十五日頃御所司代御城入有之候趣ニ候間、南北月番立会候而、東西御櫓内致見分候様被仰渡、南ゟ佐治北ゟ丹羽四ツ時罷出致見分候処、別条之儀無之候、一通り得度掃除有之候へ者、急々右之趣御頭へ申上置候、掃除之儀御鉄炮ふき不申と存候故候様ニ支配中へ噂いたし置候、且又左之通申立候、尤南北引済ニ申合申立候、

一十一日、左之通申立置候、

口上覚

一西御門御櫓南北入口御土手上并石壇伴之外茂り申候間、御所司代御城入之節御通行難被成御座候間、掃除御座候様仕度奉存候、以上、

九月十一日　鈴木信左衛門
丹羽新次郎

口上覚

一東御門御櫓南之方上り檀朽損シ申候間、御所司代御城入前急々御修覆御座候様仕度奉存候、以上、

九月十一日　鈴木清左衛門
丹羽新次郎

一同十一日、左之通御頭ゟ申来候故、早速廻状出ス、

以手紙啓上仕候、然者来ル十五日五ツ時御所司代御城内御見分御座候趣申来候間得御意候、右之段可被得其意候、以上、

九月十一日　八代宗左衛門

鈴木信左衛門様
丹羽新次郎様

一十四日、御頭ゟ月番壱人罷出候様申来候、九ツ時過丹羽罷出候処、御頭被仰候者明日後所司代御城入有之候趣ニ候間、左様御心得可申旨被仰、御通行者御唐門ゟ御出被成、御築地下ヲ御番所前へ御出被成、夫ゟ御櫓内御見分被遊又南ノ口へ御帰り、夫ゟ辰巳御櫓へ御入り、夫ゟ又御唐門へ御入被成候積り之段被仰渡候、且又当番者明ヶ六ツ時過東御番所へ罷出南と致交代、惣躰者夘半刻頃罷出候様可然旨被仰候、尤十五日者常式交代日ニ候故也、五ツ時御城入之旨被仰候故、例之時刻ニ致交代候て者間ニ合不申候故也、

一十五日者常式交代日ニ候故、南北申合御番所錺り者相互ニ錺り附候而相渡可申と申合置候、

一着用之儀所司代初而御城入之節者　熨目麻上下之筈ニ候得共、七月所司代関東ゟ御上着之日御城入有之候、其節北御門ゟ御城入、御二ノ丸御本丸ゟ西御門江御城出ニて、東御番所へ者御出無之、北組其節者東当番ニて候、然ル故此度御組者初而ニて候へとも御所司御城入者二度目ニて候故、御頭御着用御尋申上、御頭ニ准し御組も着用可然存候故、御頭御着服御尋申上候処、服紗小袖麻上下之旨被仰候故、其積りニ御座候、尤南へも右之趣懸合置申候、

一西御門櫓内御鉄炮ふきニ而可然存候故、其段御頭へ申上置、〔十三日〕今日南北より同心罷出ふき申候、尤半紙少々其節御渡可被下旨申置候、例年土用中御鉄炮磨之節者北

南月番申合立会申候へとも、此度者立会申候ニ及ひ申間敷、当番へ預遣置為済申候、南北右之趣申合候、

一十四日、左之通廻状差出申候、

以廻状得御意候、然者明十五日御所司代弥御城入御座候段御頭被仰渡候、御当番方者明ヶ六ツ時過御出勤可被成候、御番当上り下り之御家来帰り候上ニて、六ツ半頃月番ゟ御案内可申候ニ而、小屋残り之外不残御出勤可被成候、

一服之儀者御頭御着用相伺候処、服紗小袖麻上下之由ニ御座候、御頭ニ相准し着用之積りニ御座候、

一供之儀者平日之通りニて可然奉存候、尤供割左之通りニ御座候、

一明十五日御礼之儀相伺候処、御頭被仰候者、此方も早朝ゟ罷出候故、南組之儀者如何有之候哉不存候へとも、此方者惣代共ニ御出ニ及ひ不申候旨被仰聞候、

九月十四日

十五日晴天、今日常式交代日ニ候処、所司代御城入ニ付、明ヶ六ツ過東西致交代東御番所各々ニ罷出候、残惣出者六ツ半時罷出候、

一御所司代（戸田因幡守殿）正五ツ時北ノ御門ゟ御城入二ノ御丸へ御入、御唐門ゟ御築地下御通り御番所前へ御通り、御門櫓へ御入、又南ノ口へ御戻り被成、夫ゟ直ニ巽御櫓へ御入被成、夫ゟ御唐門へ又御入被成候、与力麻上下服紗小袖、同心単之羽織、供平日之通り、鎗持単肩衣、御番所勤方之儀者惣出之上於御番所可申合との事也、勤与も左之通り御座候、

当番　金原良左衛門　関戸十兵衛
下り番　鈴木伊左衛門　野条甚太夫
小屋残り

御櫓南ノ方御錠口　月番筆頭 小倉平八良　外　同心

御門下関戸十兵衛
当番之下席ゟ出候筈之申定、乍然余り昨今之相番之節者時ノ見合ニて罷出申筈之申合也

御櫓北ノ方御錠口ノ外同心小嶌太郎左衛門　御門下同心弐人

与力出候筈ニ候へとも、北ノ御錠口へハ御出同心無之積りニ候故、錠ヲハヅシ〆切置候故同心計り壱人出シ候、

中切レ仕御門へ同心

右之外者不残御番所相勤御門者大御門御錠共開不申候積りニ相心得候様御頭被仰渡候、五ツ時過迄相済加番不残引取申候、

一東御門櫓御錠口古封印鍵箱共三枚返上申上候、

一御番所墨壱挺代壱匁五分御番所へ遣申候、

一十六日、御番所御記料紙不足ニ付半紙弐折相調御番所
へ遣申候代四十四文、
一表門開キ戸ノ板風ニてけなれ申候ニ付、釘五本物十本
調打付させ申候代六文、
廿日、関戸定之丞・渡辺杢三郎、見習代御番願書差出候、
廿一日、御頭ゟ月番呼ニ参、伊左衛門出申候処、見習勤
被仰渡候、左様御尋ニ付、定之丞・枩三郎ヲ月番同
伴いたし罷出被仰渡候趣申上候処、当御相役孫四郎
組へも御聞合可被成候由、其後又呼ニ参被仰渡候者、
願書者親々之願ニ候処、本人計りへ被仰渡候者如何
ニ候故、今度ゟ者親々召連月番同伴ニて罷出候様被
仰渡候、南組者左之通り之計ニ御座候、
同日九ツ時頃御頭ゟ呼ニ参、関戸（十兵衛）定之丞召連月番伊左（親子供服紗小袖朝上下）
衛門同伴ニて罷出候処、願之通見習被仰付候、引続
残申付、杢三郎召連、伊左衛門同伴ニて罷出、願之
通り被仰付候、尤御頭上段ニて別々ニ罷出候様被仰
渡、如何答候哉之儀者相知レ不申候、（且又）定之丞・枩三
郎席之儀御仲間御相談有之、藤九士へも相尋候処、
杢儀者是非共次席ニ致呉候様藤九士被申聞候、御一
統御相談申上候処、藤九士実々被申候儀、且又十兵
衛・五左衛門両人ノ席見合候上者関戸上ニて、又定
之丞年も格別上之事ニ候間、定之丞上席可然との事
ニて、定之丞上席ニ相定り申候、

奉願口上覚　頭へ五本入二重入り台
用人へ三本入台

私悴同性定之丞当年　罷成候、依之此度見習
代御番奉願度奉存候、此段宜被仰上可被下候、
以上、

九月廿日　関戸十兵衛

鈴木小左衛門様
丹羽新次郎様

一表惣門開戸板風ニて離レ申候故打付させ申候、釘五本
助十本代六文、
廿四日（三 〃）（支配へも前日ニ案内いたし置候事、）宗旨証文御頭へ差出申候、仲ヶ間へも廻状出ス、
廿四日、御助米鬮順書小頭持参、上屋敷へ差出申候、
仲ヶ間へも廻状出ス、
廿

天明五乙巳年正月

一元旦、出礼六ツ半時熨斗目麻上下ニ而　惣出、御頭被成御逢候而、御　上御礼畢而銘々年礼相納、

一先御頭小十郎殿之節者年中交代日書付差出置候得共、当政兵衛殿ニ相成候而者　渡し番ゟ下り之同心を以今日交代仕候段相届候様被仰渡候ニ付、口上ニて御届申候儀也、依之交代日之書付者差出不申候申合也、

一四日、於丹羽宅極月正月両月々番相寄り御番帳相改申候、極月小倉藤勝 正月鈴木丹羽 〆裏扣壱冊極月之番へ相渡、

一十一日、九ツ時前例年之通御番帳相納申候、内平同道ニて丹羽出ル、上書日附朔日ト認、仲ヶ間へ廻状出し申候、右頭へ差出候節服熨斗目麻上下也、支配同道、五ツ過出し如例也、

一同日、八ツ時過頃左之通藤勝士・渡辺氏ゟ左之通届書被差出、御頭へ差出申候、仲ヶ間へも廻状出ス、

口上覚

祖母儀病気ニ御座候処、養生不相叶唯今死去仕候、常式之忌服請申度奉存候、此段宜被仰上可被下候、以上、

正月十一日　｜｜｜｜

鈴木伊左衛門殿
丹羽新次郎殿

藤田勝之助・渡辺杢三郎両士共同様之文言也、

一同十二日、南月番ゟ手帋ニ而　鈴木廣衛曾祖母致死去候段為知被越、葬者今晩暮六ツ時之旨被申越候、

一同日、南鈴木氏方野送りニ付、月番丹羽新次郎、見習ゟ関戸定之丞両人罷出候、仲ヶ間引ヶも多ク候付、其段南組へ断り申候、藤九・藤勝・渡辺・内平身内ニて被出候、野条も身内之由ニて別ニ被出候、関戸へ弐人遣ス、

一右供之者四人仲ヶ間やとひ門番へ申付候、丹羽へ弐人、

一十四日、明十五日出礼之儀相伺申候処、五ツ時一統罷出候様被仰渡候、

一十五日、五ツ時一統御礼ニ罷出候、金原士当病ニて不参、藤九・藤勝・渡辺三人、

一十七日、南組ゟ左之通書付差出可申旨、間タニ而　佐治儀兵衛掛合被申候ニ付、此方ゟも同様差出申候、

口上覚

東御門御番所中仕切御門海老錠之者礼損シ申候間、早速御直し御座候様仕度奉存候、以上、

正月十七日
鈴木伊左衛門
丹羽新次郎

右之通仲ヶ間へも廻状出候、

一十七日、今日西矢場稽古始ニ付、跡ニ而盃仕候ニ付、為念頭へ序ニ届置申候、尤門人衆ゟ其趣被申聞候付而已、

一廿日、頭ゟ呼ニ参新次郎出候処、此間申立置候中仕切御門海老錠明廿一日ニ直シ被申付候旨御鉄炮奉行衆ゟ被申越候間、其旨相心得候様被仰渡候ニ付、其趣東御番所当番鈴木・野条へ申遣候、

後一同廿日、御番所蝋燭無之候故、用人宗左衛門へ申置候、

前一同十九日、暁六ツ時失火、両鐘故惣出、御門固メ有之候、所者橋田十郎丁辺之由（御室御者坊之由）、駈付五人参申候、丹羽当番下り日也、

一廿二日、御頭ゟ呼ニ参鈴木氏被出候処、昨日東中仕切御門海老錠出来ニ付、昨日当番下りゟ口上ニ而御届有之候処、是者御同役へも御通達有之候儀ニ候間、書付を以御届被成候様ニとの儀ニ付、鈴木氏書付相認被申差出申候、尤廿一日之当番小倉・関戸へ及懸合候、

一廿三日、御切米鬮順書小頭持参ニ付、早速頭へ差出仲ヶ間へ茂廻状出、左之通、

巳二月御切米鬮順覚

一番所司代与力　二山崎大隅組　三当組　四南組
五三枝豊前組　六三輪組　七丸毛組　八小笠原伊豆組
九小笠原摂津組　十小堀和泉組　十一渡邊筑後組
十二御屋敷同心　大西右門　粟津又左衛門　組鬮外　月番未相知不申候
外御蔵　夘年米并辰年米五畿内江刕　御役料　夘年米五畿内　辰年米江州

前々之例
一可相渡筋有之者引取人呼出シ、

一同十五日、夜四ツ半時頃出火、駈付三人参り、札相渡シ申候、所者五条下寺町ト申事ニ候へとも、又猪ノ熊御池下ル辺とも申候、無程及消火候、

一十六日辰刻過御頭ゟ鉄座・鎮鑰座之御触書被成候後即刻相廻し申候、

一十七日、夜寅刻前出火、丹羽出ル、七条朱雀辺之由、駈付五人参、札相渡ス、

一十八日、南月番へ茂左之通被申聞、廻状ニ而及相談候、尤間夕ゟ、

以廻状得御意候、然者南月番中ゟ被申聞候者、東

御番所江巻わし拵置申度候ニ付及御相談候、御組御承知ニ御座候ハヽ、可申候と間タゟ南月番中被申聞候ニ付、得御意候、思召候様御名前下タニ御記可被下候、以上、

十月十九日　　　　月　番

一　一　一　一　一　一　一

一廿日、失火、妙心寺門前之由、四ツ半頃ゟ九ツ時及消火候、丹羽当番故野条出勤、駈付六人参り、札相渡ス、

天明六丙午二月

先月番ゟ申送り、表門大破ニ付先達而申立有之候処、御頭関東御家人之内ニ御右雖有之、明年ゟ御遠慮被成候御座候中故、御催促も難被成候間は縄からみニいたし置候様ニ被仰聞候故、縄ニ而当分つくろい致置候儀、

一御頭御遠慮内ハ朔日・十五日御礼之節、不懸御目候間、礼伺ニ御出ニ者及不申候間、惣代ニて相勤候様被仰渡候而相済候ハヽ、御頭ゟ御案内御座候筈也、

朔日出礼惣代丹羽出ル、月番届も致置候、

天明五乙巳五月

一朔日、出礼惣代共御用捨也、月番丹羽新次郎出ル、

一同日、御切米出ル、内平士病気、藤九士当番故同心御切米御礼ニ取番藤勝同道ニ而丹羽出ル、

一同日、竹内郡右衛門病気ニ付、御番御頭申上養生仕度段小頭申来候ニ付、藤九士当番故月番ニて鈴木士上屋鋪へ相届申候、

一四日、明五日御礼之儀相伺候処、五ツ時一統罷出候様被仰渡候、則廻状出ス、鈴木氏相伺申候、

一十四日、明日御礼相伺候処、惣代ニて罷出候様被仰、支配中へも及通達候、

一十五日、出礼惣代新次郎出ル、八兵衛出、

一十九日、御破損奉行御見分、為案内丹羽出ル、五ツゟ出、九ツ前相済、此方米請取之日也、右封印三枚返上、新封印三枚受取候、御番所へ遣候、

一廿一日、八ツ半過出火、駈付壱人参、札相渡、

一廿三日、藤九士ニて集会有之、正月分也、

史料三　天明八年申三月　月番覚　丹羽

（表紙）

天明八申三月
月番覚　丹羽

天明八戊申歳三月

一廿八日、金原氏病気ニ付今日ゟ丹羽助月番相勤、今日・明日両日之事ニ而暫ク之儀故御頭江御届者退申候迠者記候、

一同日、此度大火ニ而御所御城内等も焼失ニ付、先頃関東ゟ上り被申候勘定奉行根岸肥前守殿先頃始而御城入見分之節、勤方之儀頭へも相伺候処、御目附御城入之節之通相心得相勤候様ニ被仰渡候、大火改之儀故其節者頭方も服者継上下之上へニ火事羽織着いたし、同心も袴ニ火事羽織ニ而相勤候、此已後毎度御城入も可有之儀ニ候へ者、下座之儀如何可致哉之儀、先年寛保四年神尾若狭守殿御城入之例記録致吟味候得共、下座之儀者相知レ不申候故、南組も承合候得共是も相知レ不申、南組ゟ北御門御番所承り合候処、此レ者伏見奉行ニさへ下座致し不申候事故御勘定奉行へもいたし不申との事ニ候、北御門御番所之儀者他組之事故此方東西御番所と者ふり合も違候事も可有之儀故聞合候而も所詮間ニ合不申候、南御組ニ而も下座者致し申間補由被申候、乍然御頭へ御届不申置茂如何ニ付、肥前守殿御壱人御城入之節者先格も無御座候ニ付下座者不仕候、町奉行衆・御目附衆・御頭方等之中御同道ニ而御城入有之節者下座仕候段弥兵衛殿江御届申候処被成御承知、御勘定奉行御壱人之節者不及下座候趣被仰渡候、

廿九日
一明後日出礼相伺候処、惣代共ニ御用捨ニ而御座候、此段支配衆并来月々番衆へも及通置候、

廿九日
一御番所之油桶・油壺錠此度焼失いたし候故調申候処、仲ヶ間之分計り割合壱人前三拾六文宛取集、同心へ相渡申候、右油入レ者不断西御番所ニ差置候故此度焼ヶ申候也、

右之外別条無之候

金原所左衛門助月番
丹羽新次郎
野條領左衛門

三月

一朔日、今日出礼、惣代共御用捨也、月番届関戸出ル、
一二日、明三日西御番所勤方之儀相伺候処、常例之通相勤候様被仰渡候、尤南御頭共御挨拶有之候、当番之者も服可成りニ相揃候故、上下当番共熨斗目着用いたし候、御頭被仰候ニ者、熨斗目相揃不申候得者服紗小袖ニ而も不苦間敷存候、我々共不存躰ニいたし居候との儀ニ御座候、支配衆へも此段申通し候、
一明日御礼之儀相伺候処、明日も未明ゟ所司代御旅宿高台寺へ御出被成候由、且四軒屋敷者間せわニも有之旁ニ而候故、懸御目分ニ而不懸御目候御組も惣出之躰ニいたし、壱人惣代を以御礼申上候様ニ被仰渡候、服之儀者同役へも被成単候事故、熨斗目麻上下ニ而罷出候様被仰渡候、
一同日、先月廿一日　公方様御　前髪被為取候段被仰下、為恐悦御頭方今日所司代江被成御出候、依之御組も一統恐悦申上候様被仰渡候、然レ共今日ハ晩方ニ相成候間、明三日ニ罷出候様ニ被仰渡候、尤是も御一統御出被成候躰ニ而　惣代壱人罷出候様被仰聞候、尤先ツ恐悦申上候而、次ニ折返しニ節句之御礼申上候様ニとの御事ニ御座候、
一先御頭夏目小十郎殿御支配之時分、足袋之儀三月者二日迠用ひ、九月八十日ゟ用ひ候様被仰聞候、四《三月》　晦日迠用ひ候事世間通用之儀ニ候処、小十郎殿了簡違ニ候故今日一統申談、三月晦日迠ハ足袋用ひ候筈ニ申合候也、
一三日、去月廿一日　公方様　御前髪被為取候、恐悦申上候、并折返しニ当日御礼申上候、惣代関戸出ル、
一四日、無別条、
一《明ケて》五日、例之通御目附御　城入有之候、北組今朝ゟ東当番故敷御頭ゟ月番へ者御通達者無之候、御番所へ者今日御目附御城入相済候趣、用人ゟ当番へ申越されよしニ候、
一六日晴天、御頭ゟ呼ニ参丹羽罷出候、左之通書付三通御渡被成候、

去月廿九日阿部伊勢守殿就病気願之通御役　御免
㕝之間席被　仰付候事
三月六日
此度京都大火ニ付檜材木之儀
公儀御用之外売買一切令停止候、其外之材木者
早々伐出相対を以京都江売買可致候、勿論諸人
救之心得を以高価ニ商ひ致間敷旨能々教示可致
候、若此旨相背直段引上売買いたし候歟、又者
高利を貪へき為メ買〆置不売出者於有之者可
為曲事候、たとへ仲ヶ間たりとも右躰之儀有之
者早々可申出、其品ニより御褒美可被下候、
右之趣御領・私領・寺社領・町方ともニ不洩様、早
々可相触候、
二月
此度京都大火ニ付、差掛り諸人小屋掛等も難儀可
致間、五畿内并近江・丹波・丹後・播磨国山々新
木松杉板・屋根板勝手次第相対を以京都江売出可
申候、尤諸人救之心得を以御料者御代官、私領者
領主・地頭より申付早々相廻し、高価ニ商ひ致間
敷旨能々教示可致候、檜材木之分者此度相触候通
及沙汰候通売買致間敷候、寺社領山々之分も人々
救ニ相成候事ニ付、是又同様ニ相心得、此節新木
伐出売払候儀者勝手次第たるへく候、
右之趣五畿内并近江・丹波・丹後・播磨国御料・私
領・寺社領共不洩様可相触候、
二月
一同日、内平士先頃ゟ火事後不快ニ而内経介ニ而引込被居
候処、快気ニ付明七日御番ゟ出勤之趣被申越候、尤と
く度快クも無之候へ共、此節助番太儀ニ候故押して出
勤いたし候との御意也、
一七日八日九日十日十一日十二日十三日無別条候、
一十四日、明日十五日御礼之儀相伺候処、惣代先申上候
様被仰渡候、取札衆へも及通達候、
一十五日、御礼惣代関戸出ル、同心小頭代ニ有馬為之進
出ル、
一内談願之事先月末本書ニ而願出候積りニ記置候処、被
仰聞候、
一同日、左之通御触書御渡し被成候、仲ヶ間へ相廻し候
上御頭へ及返進候、
京都大火後諸色払底之上高直ニ相成候ニ付下直ニ

売渡候様洛中洛外江度々相触候得共、兎角諸直段区々《マチ〳〵》之内格別高直之品等も相聞、甚不埒之至ニ候条、此上銘々相励可成たけ諸直段引下ヶ可申候、尤他所ゟ京都江　売込候諸木品其外諸色共常躰ゟ者格別高直ニいたし売渡候趣茂相聞候、左候へハ　者自然与高直ニ相成、類焼之者共及難儀候事ニ候、殊ニ　禁裏其外　御所ニ迄も不残炎上、当時仮御所ニ被為在候御時節ニ候得者、旁以万事弁利宜様諸色潤沢ニ可売出処、京都之難渋を見込諸色高直ニいたし候儀者不仁之儀ニ候、既ニ右ニ付従　公儀茂御救等被下候程之儀ニ候得者、右之所を相弁心得違無之様町役村役之者ゟ厳敷申付、此度大変ニ逢候諸人を助ヶ合候心得を以諸木品者勿論、其外何ニよらす可成たけ下直ニいたし潤沢ニ売出候様可致候、若右之趣不相守諸色高直ニ売出候もの有之候歟又者囲置不売出もの茂有之候ハヽ、召捕、本人者勿論其所之役人共迄急度可令吟味候条、此旨不洩様可相触もの也、

申三月

一銘々仮小屋しつらひ候儀わらふき様ニいたし、長ク夫レニ住ひ候積りニ而しつらひ候事ハ如何ニ候、小ク候とも少々念入致置候様可然旨つひ御噂有之候、其訳ハ御城近辺之事故火之用心之事と相聞候、下ノ屋敷抔者夫故歟いまた一向仮立も不致候者多ク有之候、南抔者多分わらふきニ見へ候故此レも無其物人無之様為心得御頭御傳有之候事ニ候、

一十六日、内平養母病気ニ付御番御断申上、看病被致度旨届書被差出候処、御聞済之由ニ御座候、此段小倉士ゟ被申聞候、且又右養母方へ引越看病被致置候旨御届被申候処是迄町宅いたし居被申候処、御届被仰候ニ者平学養母町宅之届有之候哉答へ不申候、養母寄宿いたし居候処へ引越看病被致候事如何ニ候、彼是致吟味候而ハ手間取り候間、通ひニいたし看病可然哉と存候趣被仰候故、其通りニ相成り寄宿仮宅柘植清五郎方ニより通ひ看病致候、

一十七日、内平士養母養生不相叶被致死去候趣、小倉士ゟ廻状相廻り候、葬式者明後十九日御前通下立売下ル所ゟ西池村高讃山寺へ葬被申候由、右之通両組へも申遣し候、

一十八日、御頭ゟ呼ニ参、月番丹羽罷出候処、西御番所焼失之御道具并破損之分、東御番所御道具類破損之分、右追々御修覆有之候儀と存候、東西御番所御道具書付之内梯子上と申物有之候、如何様之形チ之物ニ候哉と御尋被成候、新次郎も不存候故老分衆へ相尋候所、いずれも存知不被申候故九郎右衛門江相尋候処、覚居不申候故、此通り之形チ絵図いたし差出申候、尤如何様ニ而も一寸形チ書付呉候様ニ被申候、

ツメノ長十五寸計角金ニシ而中ゴノ長サ
凡壱尺計

東御門附者損しも無く在之候事と存候と被仰候ニ付、此レも見当り不申候故、定而損シ候儀と存候、併金手ニハ若シ哉帳箱ノ底ニ入レ有之候儀も取計奉存候段申上候処、此節者東南之極ニ候間、南へ被仰遣御吟味可被成由被仰候、且又西御番所附者焼ヶ跡ゟ形チ出申候処、此レハ御破損方へ炭かき之節出候ヲ相渡し申候、金行燈も相渡し申候、此段も乍序申上置候、

一同日左之通書附御渡し被成候、即刻仲ヶ間へ相渡し申候、

越中守殿御儀、以来万端御補佐
被仰上候様被　仰出候、依之御月番ハ
不及御勤候旨御懇之
上意之上御差料之御脇差被下之候事、

三月

一十九日、今暁暮六ツ時前内平士方葬式有之、御役故小倉士罷出、月番関戸士筆末野条士者助番故渡部士出ル、都合三人也、供者銘々雇ひ、此節之儀故仲ヶ間家来借り合召連被申候、銘々家来遣候筈ニ候へ共無人旁ニ而候故、七人分之惣代として壱人家来遣し申候、

一廿日、南月番源左衛門（数右衛門）被参東御門附梯子上ヶ中子そんし、帳箱ニ為吟味入有之候故、致持参及見申され、直ニ南御頭へ差出被申候、依之此方ゟも御頭へ右梯子上ヶ出し候、北御頭へ申上候、

一廿日、夜九ツ半時失火、定之丞出ル、所者下立売り西辺ニ当り見候、又同夜七ツ前出火、定之丞出ル、無程消火、所不知候、

一廿一日、無別条、

一廿二日、南月番中川数右衛門被参、左之趣何角及相談被申候、

一御番所御道具御頭方へ御断申、南北月番立会相改、大破小破或者形チ無之分、少々之損シ有共委ク相改

前帳ニ記置御頭方へも御届申上置度旨被及相談候、尤御櫓并御番所間数并戸・障子・畳数等も是又委細ニ相改帳面を拵へ扣置度由被申候、

一△夏目小十郎組御支配之時分申出候△御門固メ為申候（一御氏附高帳御筒紙）（此レ占ヨミ出ス）節、同心鉄炮持出候得共、筒紮・火縄・玉薬等者無之候、ヶ様之儀も若哉御尋ニ而も有之候時者、先ツ不覚悟之様ニも相当り可申哉、前年△儀も有之候得共、其侭ニ而　相止ミ候、此レ等も及御相談御役所之御高帳御役附筒紮之儀相伺置候而も可然哉之事、

一御組由緒書并御足高願所司代御代り目ニハ差出候先例ニ御座候、及御相談此度も差出可然哉、前々差出候書附、兎角御頭ニ止り有之、二條へ者出不申候御文も有之候へハ、此度ハ右書付出候前ニ御頭へ右書付二條へ御出被下候哉之儀宜□□て置候上ニ而　出し申度趣被申候、尤此節ハ所司代高台寺ニ御寄宿候御事故、二條御役屋敷出来候上差出可然哉、又只今出し可申哉と被申候、

一廿三日、無別条候、

一廿四日、大雨雷鳴、

一廿五日、昨日終日大雨ニ付、今朝早々御預り場所見廻り候処、無別条、此段北御頭へ御届申上候、

一同日、禁裏御痘得済候ニ付、左之通書付を以被仰渡、惣代を以恐悦申上候様被仰渡、丹羽出ル、同心柘植清五郎出ル、

　去ル十三日御酒湯　被為召、弥御機嫌能
　被成御座候ニ付、同十八日御一門方并諸大名
　其外出仕有之候事、
　　三月廿五日

一同廿五日、昼過出火、両鐘相受先早速関戸罷出候処、所白川橋辺之由、無程致消火引取申候、

一廿六日、無別条候、

一廿七日、御役宅ゟ呼ニ参、関戸罷出候処、左之通書付を以被仰渡候、早速仲ヶ間へ及通達候、支配中へも同様書被相渡届呉候様被申、相達申候、

　随宜楽院宮薨去ニ付、昨廿五日ゟ明廿七日迠
　日数三日鳴物停止、普請者不苦候、明廿七日迠
　洞中御慎之支候、
　　三月廿七日

一同日、右書付御渡し被成候、次手ニ先達而拝借願、仲

ヶ間一統差出置候処、先月来南御頭方ゟ左之通願書御差出被成候由ニ而　案文御見セ被成候、則触取案紙及返上候案文、左之通、

此度当地大火ニ付、私共与力・同心并見習之者一統東西御門江相固候ニ付、家内老衰之者女子供抔着之侭立退候仕合ニ而、居宅者勿論家財等不残焼失仕、勤向着用之品其外差当り妻子厄介等之凌方ニ差詰り、猶更当分親類共又者　油縁を求借宅仕、必至与難儀仕罷在候、漸々御奉公取続相勤罷在候、小身者之儀御座候得者小屋懸等之儀も出来仕兼難渋仕候ニ付、私共組与力弐拾人、同見習壱人、同心拾五人何卒相応之御手当被下置候様奉願候、以来出情仕御奉公相勤候励ニ茂　相成、誠ニ御慈悲之儀於私共奉願候、則両組焼失人数別紙ニ奉申上候、以上、

申　三月

一廿八日、午刻過出火、早速関戸罷出候、無程及消火候、所者新町七条辺之由申候、

一廿九日、無別条候、

一晦日、明朝御礼相伺候処、惣代を以申上候様被仰渡候、此段支配衆へも及通達候、

一同日、月番仕舞届申上候、

一先月々番衆ゟ相詰願御頭江差出差出（中書）置可然御加筆も被下候様申置候処、前段ニ記有之候通御頭ゟ御差出被下候ニ付、御組ゟ差出置候中書御戻し被成候ニ付、月番箱へ入置候、

一先頃南組ゟ被申聞候東西御番所向御道具等改置度旨（之儀、御）被申聞（仲ヶ間へ）候及相談候処、差掛具々ニ改不致候共不苦間敷存候間、来月例年之御破損見分之節、一緒ニ下改候而も可然存候、御櫓并戸障子等も其次ニ追々改可然候、右改メも相済候ハヽ、其後御鉄炮筒糺御役附高張等之事も支配中被申合差戻候様ニも可然哉と藤田武兵衛抔噂有之候由也、先頃此儀ハ数右衛門次手ニ咄被申候通ニて宜敷及御相談候と申事ニ而　ハ無之候、此義ハ丹羽聞違ニ而御座候、

一大火之砌御番所弁当等両計同心中ゟ預セ話候ニ付、御仲ヶ間ゟ墨米壱俵金子百疋為挨拶送り申候、尤小頭清五郎・三郎兵衛小屋へ呼寄右之段申候、無札清五郎（引寄候て）・為之進両人為挨拶小屋近参候、

一同日、柘植清五郎・有馬為之進両人参り、此度御仲ヶ間御一統・御類続ニ付麁末之至ニ候得共、為御見舞手桶壱ツ宛進上し仕候由ニ而　右両人惣代として参候、此方ゟも月番仕廻届ノ序ニ月番壱人御仲ヶ間惣代として右両人方へ挨拶ニ参候近々御銘々も御透被成候節、人別御挨拶有之候事、

一表門番四郎兵衛大火之砌彼是働キ、其後寄合居候場所ニ而も彼是仕候ニ付、旁ニ而御仲ヶ間ゟ白米壱斗遣申候、御壱人前壱升宛取集候様廻状出置候事、

一大火之節西御番所火鉢火はし薬罐焼失ニ付、三朱ニ而壱人四百文ニ而南鐐ニ而調被申候ニ付、二ツ割七百文取集メ南鐐へ遣申候、

史料四　［天明八年月番帳］

（注記：天明八年三月と同冊綴、元は別冊、別史料として翻刻）

（表紙）

天明八戊申年七月 同十一月奥ニ記 月番帳 丹羽新次郎私記

天明八戊申年七月

一朔日、出礼、惣代関戸疋之丞罷出、南御頭江相勤候、

一同日、月番届申置候、

一同日、今朝ゟ西御門足代ロ取懸り北御頭へ御届申置候、

二日

一中川数右衛門・新次郎宅へ参被申、先日差出し候御組由緒書御頭方少々宛添削被成候而、（御下ヶ被成候）北御頭与致相談認直し差出し候様間宮孫四郎殿被仰渡、昨訴候願南へ申談書者戻し被成候者也、依之北御頭も同様ニ而昨日御戻し被成候事と存候故、及御相談分ニ而数右衛門被参候、此方ハ未何等之御沙汰も無之候、御沙汰有之候ハヽ其上ニ而可及御相談之旨御組ニ而もとく度（御相談）被成被置被下度段及返答置候、

一同日、数右衛門被申聞候者東御門櫓ニ有之候御番判形帳○（御頭被仰渡候而）先日ゟ南御組ニ而改相済有之候、右帳面月番罷出再改いたし番附いたし、一番ニ而何年ゟ何年迄何十何冊ニ而も候様段々両紙ニいたし巻紙ニ相認差出し候様南御頭被仰渡候由、依之北組月番も立会呉候様との儀ニ付致承知、九日九ツ過ゟ新次郎・定之丞罷出申候、南ゟ数右衛門・源五右衛門出ル、申刻過漸々相渡罷帰り候、前日共北御頭へ為届候、右書付差出候へ者御頭ニ而認直し帳箱へも入置、状箱外ニも張出可申との御事也、

東御門櫓ニ上り在之候西御組与力・同心
御番判形帳冊数左之通相認御頭江差出候

壱番之長持

一延宝六午年ゟ同九酉年迄　八冊

一天和弐戌年ゟ同四子年迄　拾弐冊

一貞享弐丑年ゟ同五辰年迠　三拾弐冊
右合五拾弐冊
弐番之長持
一元禄弐巳年ゟ同十七申年迠　百拾弐冊
一宝永弐酉年ゟ同八夘年迠　弐拾八冊
一正徳弐辰年ゟ同六申年迠　弐拾冊
右合百六拾冊
三番之長持
一享保弐酉年ゟ同廿壱辰年迠　八拾冊
一元文弐巳年ゟ同六酉年迠　弐拾冊
一寛保弐戌年ゟ同四子年迠　拾弐冊
一延享弐丑年ゟ同五辰年迠　拾六冊
一寛延弐巳年ゟ同四未年迠　拾弐冊
右合百四拾冊
四番之長持
一宝暦弐申年ゟ同十四申年迠　五拾弐冊
一明和弐酉年ゟ同九辰年迠　三拾弐冊
右合八拾四冊
五番之長持
一安永弐巳年ゟ同十丑年迠　三拾六冊
一天明弐寅年ゟ同七未年迠　弐拾四冊
右合六拾冊
壱番ゟ五番迠
惣合四百九拾六冊
申
七月
従延宝六午年
至天明七未年
両御組与力同心御番判形帳冊数覚　上書斯之通ニ候
半紙帳ニ仕立

一三日、無別条、
一四日、両御組御番帳冊数書付今日御頭江差出申候処、御世話ニ存候、慥致落手候との御事也、乍序被仰聞候との御事ニて、先月由緒書御差出被成候、其儀ニ付ちと掛御目御相談も申度儀有之候間、良左衛門殿明朝ニも一寸御出被成候様存度候との御事也、今日ハ昼番故明朝罷出可申旨申置候、
一五日、朝金原氏御頭江罷出候処、御頭被仰候ニ者由緒書之儀文言等不宜候処、今日致加筆候様被仰聞候得共、由緒書ニ加筆と申儀者無之事ニ候へ共、右之通御申事故乍失礼少々致添削候由被仰候而、由緒書中書御下ヶ被成候、尤両御頭へ御添削之由ナリ、其中于甲前立物之処之奥ニ奉守　上意伝来と申所壱ヶ所、前々者代御

番奉願候願書御頭へ差出、御頭ゟ二條へ御出、二條ゟ
江戸表へ御伺之上被　仰渡候と申壱ヶ所と弐ヶ所抜キ
候而差出可然由被仰候、前立物之所ハ上意と申所ノ前
ニ被　仰付と申文言有之候へ者同様之儀故、二タ度上
意と申文言入り申間敷由被仰候、又代御門番江戸表へ
伺候と申文言其侭差出、万一前々之通江戸表へ相伺候
様ニ相成り候て何角差支も可有之儀とも存候故、抜キ
候而可然哉と被仰聞候、此代御番之一ヶ条ハ南御頭へ
答ニ而、南組ニて決而抜候様ニ源次郎ニ申渡候由之趣ニ
承候と北御頭被仰候由也、猶とく度南北申合、両組ゟ
差出候書付一様ニ相成り候様可致旨被仰聞候、依之今
日先両支配衆金原氏月番寄合候而□□□致相談候、猶
近日南組と致相談候積りニ御座候事、

一六日、御礼相伺候処、御役宅間狭ニも候間、惣代ニ而
申上候様被仰渡候、此段支配衆ニも及通達候、

一七日、御礼惣代関戸定之丞罷出候、

一同日、七ツ半過御頭ゟ呼ニ参、関戸罷出候処、明後九
日ゟ西御門并御門台西御櫓御橋御橋台御修覆御取掛り
在之候、并御門〆切りニ相成候故、当番人北ノ御門ゟ
致往来候様被仰渡候、

一八日、御頭ゟ蝋燭五丁御渡し被成、御番所へ遣申候、

一同日、御頭ゟ呼ニ参新次郎罷出候処、明九日ゟ西御門
御橋御修覆御取掛り有之候付、西御門〆切りニ相成候
間、御番往来北ノ御門ゟ可被致候、夫ニ付北ノ御番所
へ無構是迠西御門致往来候心得ニ而可致往来候段被仰
渡候、

一同日、今日ゟ北御門致出入候ニ付北ノ御番所へ者構者
無之候得共、一通り及挨拶置候而可然旨南北同様ニ申
合候、右挨拶之趣者西御門并御橋御修覆御座候ニ付、
右御普請出来候迠拙者共西御門ゟ御番往来いたし候、度々御断
ハ不申入候、又臨時ニ代り合之儀も有之候、且又家来
共弁当抔持候而被致往来候、右等之儀も御断申置候、
此段被仰達被下候様致度旨及挨拶置候也、

一九日、矢橋ニ而武芸稽古いたし候事、矢場と届も同様之事ニ候先達而金原氏御
頭へ伺被置候処、御役宅貸切り置候事候故○御組断不申候而ハ九日不申候段被仰、其侭ニ而有之候処、○今日小倉士役用ニ而紙屋敷被出候
節、右稽古之儀被仰聞候者池田筑後守へ申聞候処、随
分不宜由申候得共公事抔聞被申候、邪魔ニ成り不申候
様随分朝早ク可致稽古由被仰聞、火之元者勿論浮察等
相慎ミ候様被仰聞候、

一十日、御役宅ゟ呼ニ参、関戸士罷出候処、十一日早朝ゟ山崎大隅守殿仮御役宅へ所司代松平和泉守殿公事聞ニ御越被成候付、右相済候迠御組ニ而も穏便ニ致し呉候様頼之候間、右相済候迠法事穏便ニ致呉候様弥兵衛殿被仰聞候ニ付、早速御仲ヶ間へ及通達候、且支配衆ニも此段及伝達候様被仰聞、是又早々相達し申候、

十一日、無別条、

一十二日、朽木和泉守殿御組へ取人田邊清右衛門殿御城中杖用候届被差出候、此段相心得候様被仰渡候、仍之早速仲ヶ間へ廻状出申候、

一同十二日、夜戌刻左之通被仰渡候、早速廻状差出申候、以手紙啓上仕候、然者明十三日四ツ時松平甲斐守様当　御城内為御一覧　御城入御座候、依之御番所御勤方先頃本多隠岐守様御城入之通可被成御心得候、此段御　悦得貴意候様被申付候得共、夜中之儀故書中を以得貴意候、以上、

七月十二日

八代宗左衛門

丹羽新次郎様

関戸定之丞様

尚々御支配之御方江別段ニ者不得貴意候、加番等とり格之通被仰合候様奉存候、

一火消御大名御城内御見置被成候ため御城入被成候儀、久敷中絶いたし在之候処、此度関東ゟ被　仰出、御城入之儀始り申候、久中絶之事故御番所勤方等しかと相知候かたく候ニ付、御目附御城入之節之通御心得相勤候様被仰渡候、先達而本多隠岐守殿御城入之節、北組東御番所ニて御鑓弐十筋、三ツ御道具両御道建之前ニ数手柄三ツ、たれ幕弐張、与力加番壱人当番も同様平服也、同心加番弐人對之羽織、同心当春も同服也、右隠岐守殿始メ之御城入故か与力加番替申候、其後被仰渡候者已後者与力者加番ニ及ひ不申、同心計り加番罷出候様被仰渡候、

一十三日、昨晩被仰渡候、今日甲斐守殿御城入勤方先頃本多殿御城入之節之通相心得候様と計宗左衛門手帋ニて被申越候故、与力加番之処、今少難分存候故今朝相窺候処、弥与力加番ニて及不申候段被仰候、

一同十三日、御番所煎条壱袋代百文紙張之ツリ手候付強候間御代五十六文、同つハおり壱朱十文右取集申候八文金代有之

一十四日、明十五日御礼相伺候処、例年之通惣代共ニ御

用捨ニ候、此趣仲ヶ間へ廻状出ス、
一十五日、今日御礼御用捨也、
一同日、左之通内藤市郎次ゟ届書被差出、上屋敷へ差出候処、御聞済ニ候、
私儀此間ゟ瘧相煩候処、未相済申候ニ付、明日之御番ゟ御断申上養生仕度奉存候、右之趣宜被仰上可被下候、以上、
七月十五日　内藤市郎次
丹羽新次郎殿
関戸定之丞殿
一同十五日、表門番四郎兵衛儀相応ニ相勤候ニ付、加扶持として御壱人前白米六合ツヽ被遣候様書付置候、相渡候、尤箒代三文ツヽ、此レも取集させ申候、
一同十六日、南組ゟ左之通書付被差越、此方も同様ニ相認差出置申候、
覚
西御番所御桃燈十張之内四張鼠喰破り、一向御用立不申候、非常御用之品ニ御座候間急々御修覆被仰付候様仕度奉存候、以上、
七月
右御桃燈当春新ニ弐ツ替在之候、十張之内替張ニ候哉と御尋ニ候故、致吟味候処、十張内五張、新ニ弐ツ替在之候、右新古十張内新壱張、古三張鼠くい破り申候、
一十七日、表門番四郎兵衛先達而ゟ病気ニ候処、養生不相叶今日八ツ時頃致病死候段届来候、仲ヶ間をも廻り筈、別ニ廻状出不申候、又白米五升出伺五百文御仲ヶ間ゟ遣可然存候ニ付、廻状差出御承知故取集メさせ申候、
一十八日、表門番四郎兵衛今晩野送りいたし候段届来り候、
一同日、此度西御門并御橋御修覆申候、西御門〆切りニ成り候故、升形勤候同心昼者参り候ニ及不申、夜分計平日之通弐人ツヽ遣候様被仰渡候、然ル処南御組ハ昼夜共同心壱人も参り不申候由ニ承り候、左候てハ南北勤方相通いたし候故御頭へ相伺可然存、小倉士へ及相談候処、頭ゟ被申渡候事故、先被申渡候通此方ハ相勤居候而何ニ而も頭へ月番用之序而有之候節、一寸申上置可然旨被申候故御仲ヶ間へも其趣及演述置、右之通ニ心得居候事、
一十九日、無別条、

一廿日、青山下野守殿火消鑑札下候様被仰越、金原氏下り番ニ差出被申候、

一廿一日、由緒書差出候ニ付、南北老分月番寄合在之、尤昨日南御頭ゟ御内意ニ而早ク差出候様被仰候ニ付、急々寄合申候、南ゟ支配藤井傳右衛門殿中川数右衛門来候、藤田武兵衛当番故不参、此方内平士・小倉士・金原氏・関戸勘兵衛丹羽宅へ被寄合候、談シ合之上何も相替候儀も無之、御頭方御添削之通りニ而差出候積りニ相決シ候、

一同日、此節西御門并御櫓修覆中御門〆切在之候故、其間者升形勤候心ㇾ同夜分計両人宛参候様小川氏被仰渡候、然ル所南組承合候得者、南ニ而ハ昼夜共壱人も不参候趣ニ付月番岡山源五右衛門へ相尋候処、やはり夜ハ弐人宛参候由申候故、甚紛敷候ニ付得度御聞合御糺シ之上承度候、品ニ寄頭へも届置申候躰ニ候趣申し置候処、右寄合之節被申聞候者、間宮孫四郎殿ゟ被仰渡候而昼○夜共遣し不申候由返答被申聞候、依之此趣北御頭へ来御頭へ御届申上候処、弥兵衛殿被仰候者、此儀者手前共了簡ニ而申渡候儀ニ而も無之、其節者手前月番中故、大御番頭衆へ及相談候上ニ而孫次郎へもとく度掛合置候事故、相違之儀可在之事ニ候者無之候、私同役相糺シ可申候間、此方ハ申渡候通相勤候様ニ被仰候、

一升形御道具奥御番所へ遣し置候故奥御番所御道具多候ニ付、万一非常之節者奥当番計ニ而者手廻り兼候間、其節者升形勤之同心両人共奥へ参り働キ候様兼而申渡置度旨小倉士存寄ニ相伺候処、尤ニ候間其通申渡置候様御頭被仰候間、此趣御一統へ及通達置候様小倉士被申聞候、致通達候、

一廿二日、左之通御触書御渡被成、早速相廻し申候、

　知恩院宮薨去ニ付、昨廿一日ゟ明廿三日迄日数三日鳴物停止、普請者不苦候、尤明廿三日迄洞中御慎之事、

七月

一同日、於氣政之進招候而関戸宅ニ而終日由緒書認させ申候、早ク出来候得者今日中差出候積りニ候処、日暮迄懸り候故、明朝差出候積ニ候、

一廿三日、御足高願書之印形今朝未明ゟ取ニ廻り候、

一同日、五ツ時過小倉士同道ニ而由緒書御足高願書差出申候処、相納り申候、此趣廻状出申候、

右之節用人を以被相聞候者、由緒書差出候儀致延引候訳者北組ニ而差支在之致延引候趣、南ゟ被申上候由被仰候故、小倉士被申候者左様ニ而(計)ハ無御さ候、寂初下書御下ヶ被仰候節、老分共寄合其上ニ而 早速寄合可仕段南へ申遣候処、差支候趣被申越致延引、三日頃欤申遣候処、又延引申越候、其後十七日南ゟ申越候へ共、此方も老分共御番等差支候旨頭申遣、十七日後者此方ゟ之断りニ而御さ候、此方計ニ而延引と申儀ニ而ハ無御さ候、且廿一日○(壱之事)代御番願書前々ハ江戸へ参候趣之文言除候而、相誤候〃文言一寸見せ候様北御頭被仰候付認差出候処、(下地)其文言之内実子養子無差別(願之通)御吟味之上代御番被仰付と申中、御吟味之上と申五文字除候様被仰候故、(此方ハ持出候ニ付)其儀廿一日晩手寄ニ而申遣候処、月番ゟ之返事ニ而老分共留守故此レゟ返答可申由ニ 而、廿二日昼過迠何之沙汰無之故、又々尋ニ遣候処、承知之旨申候、其節定之丞相尋候者 御由緒書今日御出被成候哉と尋候へ者、此方ハ○(由緒書出来致し在之候得共)明廿三日昼過ニ差出候様御頭被仰渡候付、明日昼過ニ出候由源五右衛門被申候、昨日も既ニ右之通之訳ケニ御さ候段申上候(趣も申上候)、右之趣小倉士江申上置候、

一廿六日、鉄炮見分在之、小倉士助番之儀内平士ゟ被申聞、金原氏・関戸此助ニ出勤也、

一同日、七ツ過御頭ゟ呼ニ参、明日南御頭鉄炮見分在之、御頭常式交代日ニ候得共、右見分ニ差支候間一日致延引段南御頭ゟ被仰渡候ニ付、差而指支も有間敷儀ニ存候故承知之旨返答いたし置候、組々差支も無之候哉、右之通り相心得候様被仰渡候、組へ無御相談御返答被成候後左之通被仰渡候儀、少し不相当候様存候へ共、頭之儀故即答も難申○(候間申事在之候ハ、)、追而折を以申候方可然由也、

一廿七日、今日常式交代、東組取ニ北組南組鉄炮見分故一日致延引候、

(後)一廿八日、今日東西御番所交代、東組取、

(前)一廿七日、松平甲斐守殿火消鑑札御頭ゟ御渡被成、西御番所へ差出置候、

一廿九日、八朔御礼之儀相伺候処、弥兵衛殿御末女此間御出生在之候故、御出候而もとても不掛御目候間、惣代ニ而申上候様ニとの事也、

一同日、月番仕舞無伺申上候、

一弥兵衛殿御末女此間出生有之候趣承候、弥兵衛殿ゟ御

沙汰ハ無之候得共、銘々勝手〳〵ニ御歓申上候事、
一由緒書御足高願書も相認候、種村紙拾壱枚代
御壱人前　宛取集申候
~~十月番用半紙無之候故十一枚調へ申候代　壱人前~~
宛取集申候
右之外別条無之候也
七月　丹羽新次郎
関戸定之丞

天明八戊申十一月
一朔日、出礼惣代関戸罷出、南北御頭相勤候、
一同日、当月々番届申上置、
一同日、七ツ時頃出火、両鐘、関戸出ル、無程消火也、
丸太丁寺町東入辺之由、
一例年御番所油証文七月ト極月ニ印形相願候処、当七月
ニ者沙汰無之候故、此方ゟも可致吟味処、可然其儀も
無之候処、御頭ゟ如何之儀ニ候哉、其侭差置極月ニ一
統ニ受取度段申候而も兼而記立テ無之候而ハ、其節ニ
相成り候儀も被致候、且此方も吟味不致候而ハ無念ニ
も今日致吟味候様ニと之御事故、早速呼ニ遣致吟味候

上左之通願書差出置候故、御頭へ差出置候、尤南へも
右願書差出候由也、右願書此方頭へ差出候段、南組へ
も及通達置申候、尤左之願文言之中五ヶ所之御番所と
申ハ何れニ候哉と御頭御尋ニ付、油や五兵衛致沙汰候
処、高麗御門・御番所御門・東西御門・三輪仙と五ヶ
所之由申故、其段又々朔日御礼之序ニ申上置候、願書
文言左之通、

乍恐奉願口上書
一当七月ニ例年之通御油証文差上可申候処、此度大
変ニ付右下書之儀も相知不申候間、五ヶ所之乍御
番所様来ル極月ニ御証文御一所ニ差上候様乍恐右
之通奉願申上候、右証文之儀も七月ニ御断奉申上
候筈ニ御座候処、私義遠方ニ相暮申候故延引ニ相
成り申候、此段偏ニ御用捨奉願上候、右之儀奉願
上度、如此ニ御座候、以上、
天明八年申十月　木屋五兵衛判
北御城番様御与力
丹羽新次郎様
関戸定之丞様

二〈
一同心藤林十介病気ニ付裏門清兵衛仕申度段同心ゟ申来

候へ共、一日計之事故仲ヶ間へ廻状も出不申候、
一三日、無別条、　一四日、無別条、　一五日、無別条、
一六日、八代子左衛門ゟ左之通申来候、
以手紙啓上仕候、然者御役宅引渡相済、
今日弥兵衛当御役宅へ引移り被申候、此段
為御承知如斯ニ御座候、以上、
十一月六日
右廻状出、追而書左之通認出ス
御頭へも長々御仮番ニ而も御無難ニ而、今日御引移り
被成候段、御頭として惣代・月番壱人罷出申候、御
銘々御相談ニも不及候へ共、日も決シ候故御支配衆
へ相談之上ニ而罷出申候、同心も壱人出候由ニ御座
候、
右惣代新次郎罷出ル、継上下、同心清五郎出ル、
南御頭ニも今日御引移り被成候ニ付、同様御歓ニ罷
出候也、
一七日、無別条、　八日、無別条、　九日、無別条、
十日、無別条、
一十一日、御頭ゟ小倉氏呼ニ参被出候処、金原氏支配之
儀内意被申聞候由也、金原氏辞退ニ付小倉氏又々御役
宅へ被出候、
一同日、明十二日小倉氏当番之頃役用ニ在之ニ付、助差
呉候様被申越候節、鈴木氏助候故申遣候、
一同日、両御番所竹箒代相願候付、書付いたし相渡遣候、
御壱人前八文ツヽ也、
一同十一日、明十二日支配月番同伴（金原氏）　同伴ニて四ツ時罷
出候様小倉氏へ被仰聞、小倉氏伝達在之、
一十二日、四ツ時（小倉・丹羽継上下、金原氏麻上下）小倉・金原・丹羽同伴ニ而御頭へ罷出
候、尤同心小頭柘植清五郎・大西八之丞（同心両人袴羽織）出ル、書院次
之間へ罷通、追付御頭被成御出、此度内藤平学跡役同
心支配金原良左衛門へ申渡候、諸事勤方○（之儀者）先役平八良
殿伝達可存候、諸事念入相勤候様之儀被申付候、右畢
り丹羽退出、小倉氏ハ別様ニ而残り被申、金原氏ハ取
手返シ御礼被申上候、
右支配被申付候段、小倉士ゟ御通達可有之事ニ候へ共、
早速廻状出、月番繰も左之通相認御頭へ差出ス、南月
番へも申遣、両門番へも書付相渡申候、
月番繰
十一月　丹羽新次郎
野條治左衛門

十一月　鈴木治左衛門
　　　　内藤清左衛門
十一月　内藤市郎次
　　　　渡邊杢三郎
十一月　藤田勝之介
　　　　関戸定之丞

紙ハ柳川上半切
半紙ニ而上包
上書月番繰ト計り

以上

右之通月番繰差出候趣廻状出ス、
朔日ゟ十二日迄　月番　関戸定之丞相勤
十二日ゟ　月番　野條観左衛門相勤

一十三日、無別条、

一十四日、明十五日出礼相伺候処、五ツ時惣代を以申上候様被仰渡候、此趣支配衆へも及通達候、

一同十五日、出礼惣代南北御頭へ罷出候、丹羽相勤、同心八之丞出ル、

同日、此間小倉氏御頭へ被出候、如斯心得ニ茂可相成候と存候故、相渡し候との御事ニ而、左之通書付被成候御渡候、仲ヶ間へ致通達候様ニとハ不被仰候へ共、廻し候様ニと小倉氏ゟ被差越相廻申候、

御自分方組与力・同心類焼ニ付、御手当願先達而被差出候、御自分方組与力弐拾人江金拾五両ツヽ、来酉ゟ来午迄拾ヶ年賦返納之積を以拝借被　仰付候間、此分御金出方之儀者二條御城内御蔵三輪市十郎預り金之内ゟ相渡、追而返納之度々右之口江戻入可申旨、同心拾五人江金三両宛被下切候間、此分御金出方之儀者大坂御金蔵ゟ相渡候筈之由、与力見習之者御手当願之趣者各不及御沙汰候事、

日附なし　名前なし
宛なし

一十六日、無別条、左之懸合今日被申聞、十七日ニ及廻答候、

一十七日、南月番村田善右衛門間タゟ懸合被申候者西御番所東之方ニ下地大乗定之候処、此度ハ表弐枚計之庇シニ相成候趣棟梁申候、左様ニ而ハ吹降り之節抔難儀ニ可在之候旨申立候而も可然哉と被及相談候故、仲ヶ間へ咄候上南ゟ被申立候ハヽ、此方も同様ニ可申立候間、下書見せ呉候様申置候、

一十八日、例年暮請取物書付御頭へ左之通差出置申候、

東御門御番所暮請取物覚

一薄縁　五枚
一莚　五枚
一椶梠箒　三本
一かいけ　四本
一竹箒　壱本
右之通ニ御座候、以上、
申
十一月十八日月番　丹羽新次郎
野條治左衛門

一此間御頭弥兵衛殿小倉氏へ極御内々ニ而御咄被成候者、西御門当春焼失ニ付此度仮御門ニ相成候故、下地御門と者至而麁末ニ候故、升形勤之同心共万一火事之節者大ニ可致難儀と存、常々難儀ニ可存候間、何とそ相成候ハヽ、仮御門之内計り成共奥御門之鍵此方へ預り置度趣御咄御聞候ニ付、小倉士先達而奥御門錠鍵損候ニ付新ニ出来、古錠鍵者御番頭ゟ此方両頭へ御預ヶ被成候旨噂申上候処、左様之儀在之候ハヽ手掛りニも相成可申候間、其節之御番頭名前等相立候ハヽ極内々ニ而見せ呉候様ニ付、左之通西御番所之帳面写候而懸御目申候、尤南当番中候故、関戸西御番所へ参内々ニ而帳面八冊借り参、右之趣見合申候、右帳面八冊十八日ニ定之丞東西当番出懸ヶニ西御番所へ返し申候、

西御門御番所覚帳写

安永八己亥年七月十一日九ツ過当御門御腋古海老錠鍵両御番頭ゟ両御頭へ御預りニ付、南北月番立会右御錠鍵箱入持参被差出候、尤右古錠鍵共御門御鍵同前大切ニ取計、交代之節念入申送り候様両御頭御立会両月番へ被仰渡候旨被申聞御封印壱枚持参、相改受取候様被申聞、則相改御封印付置候也、

右此時之御番頭　稲垣長門守殿
青木甲斐守殿

右之通ニ御座候、尤南御組当番中ニ而御座候、以上、

此方両御頭　北御頭　夏目小一郎殿
南御頭　間宮孫四郎殿

一十九日、無別条、

一廿日、内藤傳三次郎被参、私義当春大火之節類焼付、西ノ京御前通下立売下ル所隠居妙清居候借宅ニ同居仕候段御届申上、是迠右之所ニ罷在候処、居宅致出来ニ付明廿一日引移り申候由口上ニ而届来り被申候故、御

頭へ此段口上ニ而御届申上候様御承知ニ而御座候、仲ヶ間へ廻状出、

一廿一日、無別条、

一廿二日、夜戌刻過出火、野条出ル、早速消火也、

一廿二日、内市士七ツ過左之通届書被差出、御頭へ出候処、御承知ニ御座候、即刻廻状出ス、

口上覚

私従弟女伊藤栄三郎母今日死去仕候間、常式之忌服請申度奉存候、依之御届申上候、右之趣宜被仰上可被下候、以上、

十一月廿二日　内藤市郎次

丹羽新次郎殿
野條観左衛門殿

一廿三日、西御番所東ノ方大乗雪隠庇、西ノ方庇等其外藁屋部屋建足等其外小サくいたし候品々申立可然哉と両月番村田懸合被申候故、老分衆初御一統へ及相談候処、只今究おひし中チ故受取相済引渡し相済候上、常御破損へ申立候も可然由ニ候、且先日西奥仮御門御腋之義ニ付御頭へ申上候処、弥兵衛殿大ニ御共方之内ニ條表へ被仰立、別ニ御腋出来候様ニ相成候、左なく候而ハ大御門御扉ニ腋附筈ニ候、右之儀も有之候故、一ツ〱二條申立候も如何と北御頭答候故、先小さくいたし候事共ハ不申立、跡ニ而又々難儀之所も候ハヽ、一統ニ何角申立可然由被仰候、御頭右之通先日被仰候故、北ゟ○御相談申申立候事ハ弘致候南御組ゟ被仰立候事ニ候ハヽ、如何様とも相准し可申候由、南へ及返答候処、左候ハヽ、組ニ而申立候様ニ可致候事也、

一廿四日、東御番所張紙無之候間、調越候様南月番中ゟ被申越、半紙一枚遣し申候、弐十六文、

一廿四日、夜左之通内市士ゟ届書被差出、御頭へ差出申候、廻状も出ス、

口上覚

私従弟女忌引昨日限ニ御座候付、今日ゟ出勤仕候、依之御届申上候、右之趣宜被仰上可被下候、已上、

十一月廿五日　内藤市郎次

丹羽新次郎殿
野條観左衛門殿

一廿五日、右内市士ゟ被差出候届書御頭へ差出申候、御承知也、止旨内市士へ及通達候、

一廿六日、無別条候、

一廿七日、南同心ゟ使差越乍越之断申来候、金原・鈴木・内市・野条・内伝三へ廻状ニ而申遣候、
一御番所炭壱俵調遣、代四百弐十文、ハおり大壱抱同断代十二文
一廿八日、御頭御鑑札此度被成御改候ニ付、御組へ御渡被成分置候鑑札不残差出候様被仰越、則四拾三枚返上申候、内三枚者見習鈴木政之介分ニ而候、尤夜具・弁当・馬之節入用ニ候間、弐三枚今日早速御渡被下候様申候処、今日ハ出来不申、助一両日も御渡申候ニ浮入候間、先夫迠下地之鑑札用ひ候様ニ被仰候故、弐枚下地之鑑札受取帰、月番ニ壱枚宛差置、御仲ヶ間御入用之節者月番へ取ニ被遣候様廻状出、御頭用人手紙文言、左之通、
以手紙申上候、然者各様江兼而御渡被申達候御門出入印鑑札、此度印改被申候間、是迠之札不残御差戻し被成候様可申上旨被申付候、御取集御持参可被成候、以上、
十一月廿八日
川村半右衛門
川村勝右衛門
月番宛
但、下地用人八代宗左衛門ハ暇被遣候由ニ而代り用人川村勝右衛門と申者之由御座候、御頭ゟ何共不申承候故、廻状も出不申候、
一廿八日、戌刻頃南月番村田吉右衛門間夕逢度由申被参候処、池田筑後守殿御組西尾新太郎申越候者、明日廿九日九ツ過各様拝借金御渡被申候間、東御役所へ罷出候様申越候、尤北御組へも此旨致通達呉候様ニとの義ニ在之候由、依之南御組ゟ南御頭へ此段申上候処、北御頭へ者孫次郎殿ゟ御通達可被成由被仰、明日受取ニ参候節者南北月番壱人宛罷出候様被仰候旨、南月番ゟ被申聞候、尤受取ニ出候節者、供之者ハ若党壱人鑓物越為持可参由申聞候故、道具持セ候ニハ及申間鋪段申候へ共、南ハ何事ニよらす役所出候節者道具為持候故為持出候旨被申候故、此方計不為持候も如何ニ候故為持参候筈也、
一廿九日、昨日惣仲ヶ間之内へ御頭鑑札壱人弐枚改受被帰候、手当今朝交代ニ而壱人札弐枚ニ而ハ不足ニ候故、今弐枚受取ニ出候処寂早大方しらけ候而、少々裏ノ白キ在之候故弐枚受取帰り、裏ニ弐人ト此方ニ而相認相用申候、明日受取壱人札弐枚ハ今朝野條観左衛門返上

申候、

一同日、今日拝借金受取ニ御役所へ罷出候儀、今朝ニも御頭ゟ被仰渡可有之と存居候処、四ツ頃迄御沙汰無之候故伺ニ罷出候処、御頭右御金出候ニ付、御立会之趣ニ而御城入御留守故用人へ申置帰候、九ツ過罷出今日御金受取ニ罷出候儀如何可仕哉、御頭ゟ御沙汰無御座候故御伺申上候段申上候処罷出候様被仰候故、南月番村田申合罷出候、彼是いたし此方罷出候時刻八ツ頃ニ相成候、東御役所罷出、尤名札持参申込候而暫相待西尾新太郎罷出候故御頭方証文相渡、無程金子受取○七ツ前帰り、南御頭御月番故両人共南御役宅へ罷出金子三百両御渡申候処、内百五十両北月番へ被成御渡、北御頭へ御渡可申段被仰候故、北御頭へ百五十両御渡申候処、左之通之証文案紙被成御渡、案文之通相認連判いたし、支配月番継上下ニ而受取ニ罷出候様被仰聞候、尤当番も候へ共印形さへ被致候ハヽ、御渡可申由被仰渡候、御組ゟ御頭へ之証文左之通、

請取申拝借金之事　紙者西之内上包美の上書

合金百五拾両也

右者私共当春類焼仕候ニ付、為御手当壱人ニ付金拾五両宛拝借被　仰付、冥加至極難有奉存候、返納之儀者来酉ノ年より来ル午年迄拾ヶ年賦、一ヶ年拾五両宛無相違上納可仕候、其為仍而如件、

本一文字下り

天明八戊申十一月

筆末

内藤伊三次郎印

野條観左衛門印

渡邊杢三郎印

関戸定之丞印

藤田勝之助印

内藤市郎次印

丹羽新次郎印

鈴木伊左衛門印

金原次左衛門印

小倉平八郎印

年号半字下り

小林弥兵衛殿

右証文持参支配小倉、月番丹羽罷出候処、御頭継上下ニ而被成御逢、御渡被成候、尤用人継上下ニ而八寸ニ載せ持来ル、小倉殿受取、当番両人も御壱緒ニ御渡被下候様申上候段之断申上候、右金子請取候段南御頭へ御断ニ参り候様被仰候故月番壱人直ニ参申上候、御礼之

儀ハ明朔日一統罷出候様被仰候、尤麻上下也、当番上り懸ヶ、下り番ハ一統ニ出し候筈也、夫ゟ直ニ小倉士宅へ袴着用ニ而何れも参り配分候也、
一同日、明弐日御礼之儀相伺候処、惣代を以五ツ頃罷出候様被仰渡候、支配衆へも及通達候、来月番衆も申達候、
一同日、月番仕廻届申上候、
右之外別条無之候、
十一月　朔日ゟ十二日迄
丹羽新次郎
関戸定之丞
野條観左衛門

史料五　［文化七年月番帳扣］

（表紙）

文化七庚午年六月朔日

月番帳扣

丹羽氏望所持

一六月朔日、仲ヶ間為惣代丹羽左学・於氣政之進召連明日両御頭江当日御祝詞申上、其節当月御番姓名小頭ニ而及届候也、

一同上屋鋪より別紙之通到来、左之通、
　於らく御方御病気之処、御養生不相叶去月廿日死去、
　公方様　大納言様御機嫌被為　替候御儀無之、大納言様御定式御忌服被為　請候旨御老中方ゟ被仰進候由、今日巳刻酒井讃岐守殿御宅ニ而御機嫌可相伺候、
　一安　對馬守殿御病気之処、御養生無相叶去月廿三日卒去ニ付被及言上候所、御哀情之御事候旨御老中方より被仰進候由、右ニ付前同様御機嫌可被相伺候、

六月朔日　　牧　野大和守
　　　　　　小長谷和泉守
　　宛所

於らく御方死去ニ付今日より普請者五日、鳴物者十日停止候、

一安　對馬守殿卒去ニ付、鳴物者今日より三日、普請者不苦候、

右之段酒井讃岐守殿被仰聞候ニ付、此段調達候、以上、

六月朔日　　牧　野大和守
　　　　　　小長谷和泉守
　　宛所

右之通小長谷和泉守様牧野大和守様より御達ニ付、為御心得被相達候、夫々御達有之候様被申聞候、以上、

右之通達シ有之候ニ付、仲ヶ間一統江及演説、即刻染帷子朝上下ニ而両御頭江御機嫌為伺罷出、御書ニ而下り後被出候、他行当夜ニ而翌朝被出也、

一同六日、左之通上屋敷より到来ニ付仲ヶ間江廻文差出、
　以手紙啓上仕候、然者明六日四ツ時

松平美濃守様　御城内為御一覧
御城入有之候ニ付此段被相達候、尤加番
等之儀先格之通御取計可被成候、右ニ付
御談申度儀御座候間、御役宅江御出可被成候、
右可得貴意被申聞、如此御座候、以上、
六月五日　　田　中　又　八
宛名所
右ニ付藤田士上屋鋪江被罷出候所、鎊附之儀問合有之候也、尤御目附衆　御城中拝見之節者東御門御腋開有之候、火消大名　御城中御道筋拝見之節茂開候哉、用人田中又八相尋候ニ付、御目附衆之節者開之、火消大名衆之節者開キ不申候旨返答いたし候、
一右松平美濃守殿　御城入之趣、東当番之者及通達置候也、
一同六日、上屋敷より御番呼ニ参り候ニ付、藤田丈之助罷出候所、火消大名本多下総守殿印鑑壱枚被集御渡シ候ニ付、即刻東御番所江持参被致候事、
一同八日、先達而より老分衆方ニ而拝借之儀、両御頭方格別御所持ニ而町奉行衆江彼是御引取被成下候得共、差而申立之儀茂無之候ニ付、先出来不申候旨被仰渡候ニ付、仲ヶ間為惣代彼是思召之段厚キ処、御礼丈之助罷出申候、
一同九日、南御番藤田八兵衛伺より逢度申、早速左学罷出候所、今日大納言様御中喪為伺候儀御機嫌頭方二条御出有之、且先期之通一統罷出申来候、大納言様御中裳之儀是迠一向相覚不申、又御番帳ニ茂相見江不申候、其組者一統罷出候哉、又者御番計ニ而御出勤被成候哉、御問合申候、猶又老分共相談いたし返答申旨答置、早速関戸氏罷越シ相談いたし候処、何分未当組江者達シ無之候ニ付、南組々之通ヲ尋候様被申候ニ付古之趣南江及返答候処、旧記吟味いたし候所、寛政五年若各様御逝去之節茂停止等今度之通御座候ニ付、今度も古之振合を以一統罷出候様ニ御座候、
一同日、上屋敷左之通出来、早速仲ヶ間一統江相触、今朝南御組申合候通一統罷出申候、但シ染帷子朝上下也、当番翌朝罷出也、大納言様御中喪ニ付為伺御機嫌、明九日四ツ時酒井讃岐守殿御宅江可被相越候、以上、
六月八日　　牧　野大和守
小長谷和泉守
附箋
宛所

於らく御方御法号香琳院様与可祢旨、且香琳院様去月晦日御出棺、於東叡山ニ去ル二日より八日迠御法事有之候旨、御老中方より被仰達之由酒井讃岐守殿被仰聞［上、欠カ］候ニ付、此段相達シ候、以

六月八日

牧　野大和守
小長谷和泉守

宛所

（付箋）

一畳弐十弐畳惣躰大破
　内四畳西之方付休足所別而大破
一同所外者惣躰大破
一同所北ノ方物置屋根大破
一舛形切手番所屋根西之方損破

右之通小長谷和泉守様・牧野大和守様より御達しニ付、此段被相達候、先格之通御取計有之候様被申聞候、以上、

六月九日

猶々両御役宅江御手前様方同心中御越シ之儀茂御座候者、其之通御心附可被成候、以上、

一同日、上屋鋪江御出候所、松平美濃守殿火消印鑑壱枚被成御渡候ニ付、早速丹羽左学東番所持参差出置申候也、

一同日、裏門番喜兵衛小屋之畳四畳者大破ニ罷成候旨申達候ニ付、吟味いたし畳師江申付候、尤畳師者藤田へ出入いたし候者也、琉球表いたし、一畳ニ付手間込四百文宛也、〆壱〆六百文、畳師少し出来いたし候旨喜兵衛江届参り候、

口上覚

御室御所御太礼銀済方遅滞仕候ニ付、去月廿二日より廿日之間日延奉願、段々及対談候得者今少シ相調兼候ニ付、此上廿日之日延奉願候、以上、

六月十一日

御番　藤田丈之助
　　　丹羽左学

右之書附上屋敷江差出候処、被成御落手候也、昼後上屋敷より御番壱人罷出候様呼参り、即刻丈之助被罷出候処、今朝御差出申候御室御所日延之儀西御役所江差出候処、願之通日延御聞済被成候ニ付、此段御達シ申候、右之趣故仲ヶ間廻文差出ス、

一同日、南北境之東之方高塀先御番より申送ニ付、長七江申付修覆為致申候也、但杉皮二間代一口三拾四文、竹弐拾文、具幾三拾弐文

一同十三日、上屋敷より稲葉丹波守殿火消印鑑東御番所差出有之候、彼方より請取参り候付相下ヶ候様用人よ

り手紙を以申越シ候ニ付、早速左学東御番所江参り相下ヶ、上屋敷江差出申候也、
一同上屋鋪より松平紀伊守殿火消印鑑相下ヶ候様用人より手紙申越シ候ニ付、早速返事来差参り相下ヶ、上屋鋪江差出申候也、
一同十五日、仲ヶ間為惣代藤田丈之助・川勝栄左衛門召連両御頭江為嘉儀罷出申候、
一同十七日、上屋敷より左之通到来、
以手紙啓上仕候、然者明十八日酒井讃岐守殿五ツ半時御出門ニ而　御城入御座候ニ付、此段被相達候、加番之儀先格之通御取計可被成候、右被申聞、如此御座候、以上、
六月十七日　田中又八
支配両人
御番両人　宛
右之通申来候ニ付、早速右之趣十八日当番之衆江及通達、加番等茂差置候也、
一同夜、八ツ過時上屋鋪より左之通到来、
以手紙啓上仕候、然者讃岐守様殿御痛癪ニ付、明十八日御城入御延引之趣申来り候ニ付、此段被相達候、夫々御達シ有之様被申聞候、右可得貴意如此御座候、以上、
六月十七日　田中又八
支配両人
御番両人　宛
右之通申来り候ニ付、早速右之趣ニ付加番等茂出勤之旨及通達候也
一同十九日、御番藤田氏上屋鋪江罷出、内々用人又八江相談之儀者、雨天之節御蔵高塀下より水多ク参、別而昨年より高塀等破損ニ付、別而強水参候ニ付組内雨天之節往来いたし者甚難儀仕、且ハ組内雨後抔誠川等之様ニ相成候ニ付、何卒御蔵溝之内溝さらえ之儀御蔵奉行衆江御頭より右之趣御掛合被下候哉、又ハ仲ヶ間者共ゟ御蔵奉行衆江掛合候哉内々御尋申上候、用人申聞候而成程御尤之儀、私儀茂雨天後往来いたし候所、小倉高塀下抔誠ニ通兼大難儀いたし候、右之趣者何分書付を以御願被成候者、其御願を以御頭より奉行衆江掛合候旨申被居候、何分右之通返答有之候ニ付罷帰り、一統江御聞書付差出候積り也、
一同、左之通上屋敷より申来候ニ付仲ヶ間一統及演説、

早速一統御頭江恐悦江罷出候也、但シ染帷子麻上下也、

当月十二日

惇信院様五十回御忌御法事相済候旨

酒井讃岐守殿被仰渡候ニ付、右恐悦於二條申上

候、此段為心得相達候、

六月十九日　　壷井隼人

御番

与力中

一同、右之恐悦罷出候、当番・当病・他行抔爾来者申上候節罷出候様御取計、御用捨之儀用人掛合候処、委細承知之旨申、爾来ハ当番候当病候抔鳥渡半切ニ認呉候様申聞候、

乍恐御訴訟

東御霊堂前蒔絵屋町
訴訟人　木村屋勘九郎

壷井隼人様御組
与力
相手　金原仙左衛門
父　多門
右同断　野条佐五助
藤田丈之助

右相手金原仙左衛門殿儀者私兼々心易出入仕候処、御奉公向無拠要用有之旨ニ而銀子借用いたし度段先達而被聞仰候得共、何分私儀茂身薄候者ニ而可仕様茂無御座候ニ付御断申入候処、他借を以加吉取替呉候様無余儀御頼ニ付、私所持家屋敷沽券状引当ニ差入、米会所御用銀之内并其外銀子借り入、都合壱貫九百六拾目仙左衛門殿江用達置申候処、相対通返済無御座候ニ付五ヶ年以前寅年段々及催促候処、何［ムシ］崩済ニいたし呉候様御頼ニ付、無拠承知仕罷在候処、右相対通御渡無御座候ニ付、猶又去冬及対談候処、当午二月迠相待呉候ハヽ、皆済可仕旨旁被仰聞候得共埒明不申、私他借先ゟ者厳敷催促受難儀仕候ニ付、右之趣今以追々御掛合申上候処、当五月ニ者急度皆済可被成旨ニ而別紙之通連印一札御渡被成候得共、今以埒明不申難儀至極ニ奉存、下ニ而可仕様無御座候ニ付、不得止事乍恐御訴訟奉申上候、御慈悲ヲ以相手之御衆中御召出被成下、滞銀壱貫九百六拾目御相対通急々御皆済被下候様被為仰付被下候ハヽ、難有可奉存候、依之一札之写奉入御高覧、此段奉願候、以上、

文化七年午六月十八日

訴訟人
乍年寄
木村屋勘九郎印

五人組　太兵衛

御奉行様

借用銀之事

合銀壱貫九百六拾目也

右者我等御奉公向ニ付無拠入用之儀有之、其元江相頼二條御蔵御囲米代銀并其外銀子御請次被下借用罷在候儀無相違候、右口々銀子返済之儀一度ニ難調ニ付、追々崩済候迠被成下候得共相滞候ニ付、此度猶又御頼申候書面之滞銀高来ル五月御貸米頂戴之砌無相違皆済可申候、万一及遅滞候歟又者我等故障之儀有之候ハヽ、相残印形之者引請急度可致返済候、為後日仍而如件、

文化七年午四月

金原仙左衛門印

父　多門印

野条佐五助印

藤田丈之助印

木村屋勘九郎殿

右之趣東御役所江願出候ニ付、御頭江町奉行衆より用人罷出候様申参り候ニ付用人罷出候所、右之趣山田劔次郎申聞、今日より廿日切ニ付対談いたし候様申聞候ニ付罷帰被申候、早速御番江用人逢度申候ニ付左学罷出候所、右仙左衛門借財出入之儀ニ付今日東役所江罷出候所、今日ゟ廿日間対談いたし候様被仰渡候間、右之趣仙左衛門江申候様御頭御逢ニ而被仰渡ニ付、早速仙左衛門江申聞候様子被申合掛合之儀御頭江及返答候、是迠追々金子拾両余相渡、去冬金三両相渡、当二月壱朱昼飯相渡、此度願出候旨申聞候ニ付、五両相渡候旨願出不申候様対談いたし候得共、兎角皆済ニ而無御座候而者願出申候旨申度故不申願出候儀御座候也、

以手紙啓上仕候、然者明廿一日讃岐守様五ツ時御出門ニ而御城入御座候ニ付、此段被相達候、夫々御達可被成候、尤加番等之儀先格之通御取計有之候様被申聞候、右可得貴意、如斯御座候、以上、

六月廿日　　田中又八

支配両人

御番両人　宛

右之通上屋敷より御達シ有之候ニ付、早速明日御当番相達シ、加番渡部氏差置、尤右之趣仲ヶ間一統相達候也、

一同廿一日、所司代　御城入相済申候、但シ着用者與力染帷子麻上下、同心対羽織、加番与力壱人 加番同心五人

口上覚

私養父内藤久右衛門儀長病ニ付、為養生城州葛野郡西院村ニ所持屋鋪御座候ニ付、相越シ申度奉存候、此段宜御申上可被下候、以上、

六月廿三日　　内藤庄吉

藤田丈之助殿
丹羽左学殿

右之内内庄士より届書被差出候ニ付、藤田士早速上屋鋪江被差出候処、御落手ニ付、此段仲ヶ間廻文差出ス、但シ親類書出来ニ付一諸ニ差出ス、

一御蔵堀内之堀切りさらゐ之儀者年々御入用ニ而さらゐ有之旨、御蔵奉行衆御頭江御噂御座候候ニ付、御頭より右之趣御座候間左様心得候様被仰渡候、

一同廿七日、上屋敷暮前時呼ニ参り候ニ付、早速左学罷出候所、松平加賀右衛門殿明廿八日朝より明ヶ六ツ時御見廻被成候、御頭者矢張是迄之通御座候、右之段為心得相達シ、此段早速東御番所之儀談申遣ス、

一左之通上屋敷達シ有之候ニ付、音曲等不苦候旨仲ヶ間江廻文差出ス、

大納言様御月額被差遣、当月廿五日より御精進被為解、御日柄茂被為立候ニ付、御表江出御儀被遊候様ニて廿一日被仰進候旨、御老中方より被仰越候由酒井讃岐守殿被仰聞候ニ付、此段為心得相達候、以上、

六月廿七日　　牧野大和守
小長谷和泉守

宛所

今暁寅一懇新幸待句安産、一童子御誕生、御機嫌克被為成候旨、酒井讃岐守殿被仰聞、恐悦之御事ニ候、此段為心得相達候、以上、

六月廿七日　　牧野大和守
小長谷和泉守

宛所

右之通小長谷和泉守様・牧野大和守様より御達ニ付為心得御別紙写書被相達候、夫々御達シ有之候様被申聞候、以上、

六月廿八日　　田中又八

支配両人
御番両人　宛名也

西院薬町角東坊城殿亭ニ而一皇子御誕生之御事候、依之北者今出川東者河原切、南者西洞院迠惣而物騒鋪無之様相心得、猶又火之元無油断入念可申旨可相触為

もの也、
午六月廿七日
西院薬町角東坊城殿亭ニ而　二皇子御誕生之御事候、依之下鴨田中村・吉田村・百万遍東堤守ニ并御庄家近辺寺町筋之寺々出火并川筋出水之節、早鐘・早太鼓容易ニ打申間敷候、拍子木抔ニ而　為相知可申候、兼急火之節者　格別遠火ニ而右ニ准可申候、此旨右町々年寄并方角之寺々在方江可相触もの也、
午六月廿七日
猶々別紙触書差出候間為心得写弐通相達シ候、已上、
右之通申来候ニ付、仲ヶ間廻文差出ス、
一同廿九日、御番仕事届申上来候、御番姓名届置也、
一十月朔日、仲ヶ間為惣代藤田丈之助小頭川勝栄左衛門召連罷出、御頭江当日御祝詞申上奉畏、当月御番姓名相届候也、
一同三日、藤田八兵衛当御番之処、出産有之候ニ付産褥引籠候間、来ル九日迠藤井靭負助御番相勤候ニ付、南御番より手紙を以案内申来候也、
一同六日、御切米相渡申候、
一同日、御室御所日延之日限ニ相成候ニ付、金原士・内庄士西役所被罷出、今日廿日切奉願候処、願之通御聞済相成候、
以手紙啓上仕候、然者　徳川虎千代様御儀御病気之処、御養生不相叶去二日御死去、鳴物停止三日、普請者不苦候、此段御達申様申聞候、以上、
十月十日
―――
―――
右之段早速仲ヶ間江及演説、即刻両御頭江御恐悔ニ罷出、尤鳴物停止之趣御門番江申渡、服者　麻上下服紗小袖也、
一同十五日、仲ヶ間為惣代丹羽左学同心小頭代青木左源太召連、両御頭江為嘉儀罷出候、
以手紙啓上仕候、然者明十六日五ツ時ゟ御弓矢其外御道具等出候ニ付、西御門御断例之通御弓奉行様ゟ御達シ有之者、明日御当番江　御通達被成候様被申聞候、以上、
十月十五日　蓮沼清吾
御番宛
右之通申来候ニ付、明日当番鈴木士・野条士江通達い

たし候也、
一同夜出火、半鐘相聞罷出候処、戌亥之方ニ火之手相見、尤遠火之様子有之、無程及消火候、
一同十八日、御番所蝋燭遣切候ニ付、此段頭江申入候処、御承知ニ而早速御番宅蝋燭弐拾挺被差越候ニ付、請取置、御番所江指出置候、
以手紙啓上仕候、然者東西御番所放手桶并升形御番所畳者為見分、明廿一日御取締掛り被相越候由、尤畳候ハヽ引返し之積、右段御破損奉行様ゟ御達ニ付被申達候、御承知罷成、御当番へ御通達可被成候、以上、

十月廿日　　蓮沼清吾

藤田丈之助様
丹羽左学様

右之段御達シ付、早速明日当番鈴木士・野條士江相達申候、
一同廿二日上屋鋪左之通御達御座候ニ付、御番所江及通達置候、
以手紙啓上仕候、然者加納大和守殿御組深津半左衛門殿御城中杖御断有之候旨御達シ御座候間、被相達候御序ニ御番所江御通達被成候様被申聞候、以上、

十月廿二日　　蓮沼清吾

御番宛

一同廿六日、出火、早鐘相聞承合セ候所、上辺之由相聞、無程及消火候、
一同晦日、御番仕舞届藤田士上屋鋪江も罷出、其節来候御番姓名被届候事、
一二月朔日、仲ヶ間為惣代丹羽左学同心小頭法貴三郎助召連両御頭江罷出、当日御祝詞申上、其節当御番姓名相届也、
一同三日、初午ニ付例之年之通矢場切戸開之置申候、
一同日、御頭より例年之通饅頭・伊具与餅等取交エ都合三百三拾弐為持被下、内百五拾同心江拝分いたし、残此方仲間江拝分いたし候也、即刻帰り候士上屋鋪江同心召連御礼罷出也、
一同四日、破損見分之節南北与力立会見分いたし来候処、此度南組与相談之上爾来同心両人召連罷越シ申様取極メ置申候、
一同八日、仁和寺宮日切ニ相成候ニ付、為日延願西御役

所江野條士・渡辺士被罷出、願之通相済申候ニ付、仲ヶ間江廻文出ス、
一同十一日、上屋鋪ゟ左之通到来ニ付、明十三日当番関戸士江及通達、

以手紙啓上仕候、然者明後十三日天気にて御座候ハヽ、御目附衆様方御殿御見分并御道之御拝見有之候ニ付、為心得此段御達シ被申候、右可得其意如斯御座候、

二月十一日　　蓮沼清五郎

御番両名宛

猶々明日御番所内急掃除中間差遣候間、乍御世話御差図可被下候、其節幕捲上候間御当番之御方御通達可被下候、以上、

一正月御番ニ而四月御交代前破損所見分被致候ヶ所書付、南組御番より差越し候ニ付、今十三日ニ御頭江差出候旨治定ニ而、御書付藤田士上屋鋪江差出被申候、

覚

一畳弐拾弐畳惣躰大破内四畳西之方休息所別而大破、
一同所根駄　惣躰大破
一同所北之方物置屋根大破
一舛形切番所屋根西之方板庇破損

右御番代前急々御修覆御座候様仕度奉存候、以上、

二月十三日　　御番名前

一同五日、当日為嘉儀仲ヶ間為惣代左学小頭同心法貴三郎助召連両頭江罷出、
一正月御番より調有之候、此度東西御番所并舛形御番所附御道具鉄炮類大破相成候ニ付、御修覆申立之儀相談いたし候処、南組御番より雛形拵両組ニ而懸合有之存寄茂有之候者加筆いたし呉候様申来、老分江相為見相談いたし候処、存寄有之段南組江返答いたし候、

右之掛合談書左之通

東御門番所附御道具破損覚

一御金弐拾両　一御鉄炮弐拾挺内 一金物不足損四挺 一台木損五挺合拾挺御座候 一かるか損壱挺
右惣躰損御座候
一御紋附御筒乱弐拾挺内一こはせ損シ壱ツ一鎊釼之向十筋損御座候、
一早合弐拾但シ玉焔賄入右惣躰損年久鋪儀故鉛賄不足仕候、
一口薬入弐拾但シ右薬御座候、
此度古道具不残御引替御座候様仕度奉存候、

未二月　　御番両名

西（御門）御番所附御道具破損覚

一御鎗弐拾筋　　一御鉄炮弐拾挺 一金物不足損七挺 一台木損五挺　合拾弐挺損御座候、
右惣躰損御座候　　右之内かるか損壱挺
一御紋附御筒乱弐拾内劔拾筋損御座候一口薬入弐拾但シ右薬御座候、
一尺八合弐拾但シ筒薬御座候、右尺八合不残損御座候、
一玉入革巾着拾　一同紺布巾着拾
合弐拾　球数弐百　右巾着年久鋪儀故古ひ申候、
此度右御道具不残引替御座候様仕度奉存候、已上、
未二月
御番両名

覚

東御番所之向
一早合数四拾四　一玉数八拾五　一口薬入三ツ　右不足
西御番所之向
一口薬入弐ツ不足
右不足之儀表向難申立、且又年久鋪吟味窺ニ付、此度之与力・同心惣躰御取揃置申度段、御組御老分様江老分共より御相談仕置候ニ付、私旁治定之儀先者尋被下、尚又得度相談仕候処、前以御掛合仕通惣掛りニ而取揃置申度旨治定仕候、尤存候儀者双方同心中片組ツヽニ而直段為積下直之方江申付候事、
一西御番所附玉薬球数弐百、筒薬目方四百目、口薬四拾目候歟、右者御引替之節御櫓より落シ差出シ不申候而者全躰尺八合廿夫々入有之趣之儀故、引替之節夫々入り被仰候儀茂難計、其節此方より上「ム　シ」不足之儀有之候而者不念ニ茂相成候間、此度頭衆江も申込ミ諸道具破損吟味序ニ御座候得者御封茂有候品ニ御座候得者、為念改メニ置申度、自然不足御座候節者前文不足ヲキナイ者一統江申付候ハヽ、可然歟ニ奉存候事、
右等之儀者宜様御評儀之上御答可被下候、已上、
二月
藤田八兵衛
村田源左衛門
一右ニ付拵方之儀、老分衆与同心江被申付積書所々ニ而下直之処味ゝ吟いたし候書付差出候様被申付候処、書付差出、甚上直ニ御座候付南組与相談いたし候処、南組茂積書同様儀故、左之内ニ而六匁八分之処江申付候様相談いたし候治定ニ付、其段老分衆江掛合置候、尤早合抔拵之儀者手細工ニ茂出来いたし品ニ御座候ニ付、早合玉抔半「ム　シ」候ニ而同心江申付候様治定、
一十軒屋鋪同心藤木庄次郎同心小頭方江参り承り候者、御組御番所向之鉄炮御修覆之儀被仰達候様承知いたし候、此方ニ茂御修覆御座候鉄炮御座候ニ付、弥被仰達

候儀候者、御一緒ニ相成候者大ニ御都合茂宜御座候旨、右結殿ニ茂左様内々ニ而掛合申候様被申付ニ付被仰達候日限之儀承り申度候申参り候、左様ニ候江者先此方ニ茂御組江被仰達候迠見合セ候ニ付、同様之儀聞度旨申候趣老分衆被申聞候ニ付承知いたし、南御組御番江茂掛合置候也、

一同廿二日、先達而より相願居候表門安兵衛小屋畳大破相成ニ付、畳師呼寄積ニ候処、四畳之内三畳表替、壱畳者床はめ直シ表替いたし弐貫百文之由申居候ニ付、則申付候、

一同廿八日、御室御所日延日限ニ相成候ニ付、藤田・野条西御役所江日延之儀願ニ罷出候処、御聞済有之候ニ付、仲ヶ間廻文差出候、

一同廿九日、藤田士上屋鋪御番仕舞届被罷出、来月月三日仲ヶ間届被置候、

右之外別条無御座候、

一三月十六日より助御番相勤、尤内庄士御番之処忌引ニ付代、

一同日、表門安兵衛忰病死之旨届来り、両三日遠慮いたし候様申候旨、其段仲ヶ間為心得廻文出ス、

一南御番より談書左之通、

御談書

東西御番所者定式交代之節、別紙書取申送有之候所、塗板相認片面者北御組片面南組与相定置、交代迠其侭差置候者其節隙取不申込入候儀者口談ニいたし、一通り之儀者塗板認置候ハヽ、相間夕日々申送り迚茂宜鋪御座候様存付候間、此段御相談如斯御座候、

右之振合申送り品々相認候事

或日北組ニ交代 一飛脚出入 一御番所御修覆 頭より申渡類 有之

一東西御番所役屋鋪水汲込之儀隔月北南御番申立、月ニ一度ツヽ汲込有之候ハヽ、格別之損無之、非番之節用心ニも相成候事、

一東西御番所掃除是又月々申立候ハヽ、幾日ニ申立候段御番所ニ認置度、此儀者頭江両組より此度申立候而可然、

右二ツ者頭江申立儀、尚又御談合申上候、

右之通談書を以佐治間より掛合候ニ付、尚跡より仲ヶ間相談之上返答いたし段申置、早速仲ヶ間江評儀及候処、

何茂存寄無之候也、
一同廿七日、西御門冠木御門南之方柱根朽損シ、根巻金物離レ候段、舛形御番所切手番噂有之候付、則当番見分之上左之通上屋鋪御番所差出候、

口上覚

一西冠木御門南之方柱根朽損シ、根巻金物離レ候ニ付此段御届申上候、以上、

三月廿七日　　　月　番

一同日、南組月番城熊次郎間より逢及申聞候ニ付左学罷出面会いたし候処、先達而御談申置候、塗板所々ニ而承合候処、弐枚ニ而ぬく程之由申聞被申付哉申尋申候、宜早格別相違無御座候而、乍面倒御一統ニ御申付被下様願置、其節御一統御談申度御番所放手桶被改置、并掃除之儀、今日書付を以上屋鋪江御差出置、□来月番ニ而御組より御差出被下候様いたし度段、宜敷有之候ニ付、承知之段返答いたし置候、
一同廿九日、仁和寺宮日切日限相成候ニ付、金原士・藤田士西御役所江日延ニ被罷出候処、願之通日延ニ相成候ニ付仲ヶ間江廻文差出候、
一同日、月番仕舞届ヶ左学上屋鋪江罷出、其節来月月番姓名届置候、
右之外無別条候、以上、
一五月朔日、仲ヶ間惣代為嘉儀両御頭江藤田丈之助同心小頭川勝常左衛門召連罷出、其節当月月番姓名相届置申候、
一御番所江去冬頭江相渡候金子之内ニ而日向巻弐百枚相調差出、残り月番箱入置候、
一同四日、端午御礼刻限之儀頭江伺ニ罷出候処、明六ツ半時一統罷出候様仰被出、仲ヶ間江廻文出ス、
一同日、頭より御庭之枇杷壱台仲ヶ間一統同心一統江被下置候ニ付、早速同心小頭召連為御礼罷出、
一同六日、上屋鋪より左之通到来、

以手紙啓上仕候、然者明日天気候ハヽ、九ツ半時両御番頭様　御殿見分并御道具拝見御座候趣、御弓奉行様より御掛合御座候ニ付、此段被相達候明日之御当番へ御通達可被成候、右可得貴意御座候、以上、

五月六日　　　　蓮　沼　一　学

月番両人宛

右之趣当番名早速案内いたし候、

一同十日、仁和寺宮日切ニ相成候ニ付、為日延野条士・渡邊士西御役所江被罷出候処、願之通今日ゟ廿日切被申渡候ニ付、此段仲ヶ間江為心得廻文出ス、

一同十二日、内久士新家一件ニ而丹羽宅ニ而寄合有之候、

一同十四日、南月番ゟ掛合先達而より御番所御鉄炮御修覆申立儀兼而十軒屋鋪承知いたし居候ニ付、又者南月番御催促ニ高梨八左衛門参り、寂早彼方三四日之内ニ申立候由、右之日限之内ニ申立候様申参り、夫ゟ怪候ハヽ、御引替等之儀茂大ニ延引ニ可相成由内々申聞候間、右ニ付御番付急々差出度儀ニ御座候得者不足分今以出来不致候ニ付、早々岩井七郎兵衛方江催促いたし呉候様申候ニ付老分衆江掛合之趣申、同心小頭江被申渡候様申込置候、早速岩井江同心被遣候所、廿日迠出来候旨書付差越シ候ニ付、此段南月番江及返答候、

一同十五日、仲ヶ間為惣代嘉儀、左学同心小頭三郎助召連両御頭罷出候、

一同十八日、上屋鋪ゟ左之通到来書付、

植宮昨十七日薨去ニ付、来ル十九日日数三日鳴物停止、尤普請者不苦候、酒井讃岐守殿被仰聞候間、此段相達候、以上、

五月十一日

小長谷和泉守

牧野大和守

右之通申来り候ニ付、早々仲ヶ間廻文出ス、

一同十九日、此度申立ヶ所再見分并東御門御櫓ニ上ヶ有之候東西玉薬相改度段被申候ニ付、此段御頭江相伺候処、相改候様被仰渡、且此方御頭茂見分被成度被仰渡候ニ付、南北月番両人ツヽ、同心小頭南北弐人、平同心弐人召連相改メ候処、別条無御座候、

一同廿日、南組月番間より逢度旨申候ニ付、罷出面会いたし候処、昨日御立会相改候玉薬箱爾来者思召無之候者目張いたし置度段申、尤此節者彼是等申達等茂いたし候事、去年重り候故来月公用中御風入之節月番目張いたし置度候ニ付、御一統江相談いたし呉候様申聞候、早速一統相談いたし候処、存寄無之候段及返答候、

一同廿一日、東西御道具破損所書付上屋鋪江差出、此方者西当番ニ付、西御道具之分差出、南者東御道具之分差出ス、左之通、

東御門番所御道具

一御数鎗弐拾筋右惣躰損御座候、

一御鉄炮弐拾挺内一金物不足損四挺一台木損五挺一うるか損壱挺

合拾挺損御座候

一御紋附御筒乱弐拾内　一こはせ損壱　一硝劔之向十筋損御座候并御筒乱惣躰古申候

一早合弐百、但シ玉焔硝入　右惣躰年久鋪儀故焔硝不足仕候

一口薬入弐拾　但シ薬少々御座候、

一右鎗弐拾筋右年久鋪儀故不残損御座候

一玉　但シ三匁五分　数四百　一筒薬四百目　一口薬四拾目

但シ箱壺等入御取納御座候ニ付不足無御座候故御引替ニ及不申候、

右御道具年久鋪候故惣躰工合等悪鋪相成候ニ付、此度不残御引替御座候様ニ仕度奉存候、已上、

五月日

月番
藤田八兵衛
村田源左衛門

南御門番所御道具破損覚

一御数鎗弐拾筋右惣躰損御座候

一御鉄炮弐拾挺内一金物不足損八挺一台木損五挺右之内うるか損壱挺

合拾四挺損御座候

一御紋附御筒乱弐拾内　硝劔之向十筋損御座候并御筒乱惣躰古申候

一口薬入弐拾　一尺八合弐拾　右年久鋪儀故不残損御座候、

一玉入単巾着拾一玉入紺布巾着拾合弐拾古巾着年久鋪儀故不残古申候

一玉　但シ三匁五分　数四百　一筒薬四百目　一口薬四拾目

右御道具年久鋪儀故惣躰工合等悪鋪罷成候ニ付、此度不残御引替御座候様ニ仕度奉存候、已上、

右之通上屋鋪江書付差出候処、御鑓弐拾筋とも損候哉今一応再見分いたし、且右之向申立之儀難被成旨被仰渡候、

五月日

月番
藤田丈之助
丹羽左学

一同廿二日、金原氏借財一件ニ付栄法寺願書上屋鋪差出候処、用人ゟ手紙差添御番江右栄法寺被差遣候処、則丈之助面会いたし、此段金原氏江及通達候、

一同廿三日、御道具再見分とし而南北月番　藤田八兵衛　村田源左衛門

藤田丈之助　丹羽左学　同心月番　井上儀右衛門　永野庄作　小野太四郎　法貴三平　召連罷出相調左之通相認、上屋鋪江差出ス、

東御門番所御道具破損覚

一御数鎗弐拾筋　右鉢請惣躰或者崩破レ太刀打損連輪銅輪石突請釘抜金物中ニ記御座候

一御鉄炮弐拾挺内一金物不足損四挺一台木損五挺一うるか損壱挺

合十挺損御座候

一御紋附御筒乱弐拾内一劔損拾　右之内ニこはせ損三ツ

一早合但シ玉焔硝入弐百内一損之分八拾　尤焔硝不足仕候

一口薬入弐拾内劔損シ拾

一木絹大縄弐拾筋内一損之分壱筋

右御道具破損仕分、此度不残御引替被下候様仕度奉存候、已上、

西御門番所御道具破損覚

一奥御番所御数鎗拾筋　右惣躰中り者或者鉢請踏破太刀打損連輪銅輪相返石突等之金物中ニ記御座候
一同所御鉄炮弐拾挺内一金物損シ四挺　一台木損三挺
　右之内うるか損壱挺　合七挺損御座候
一同所御紋附御筒乱拾内一こはせ損壱ツ
一同所口薬入拾内一紐損七ツ　右之内せん損六ツ
一同所尺八合拾但玉入単巾着附内尺八合干破レ八本
一舛形御番所御数鎗拾筋　右惣躰中り者或者鉢請踏破太刀損連輪銅輪相返石突等之金物中ニ記御座候
一同所御鉄炮拾挺内一金物不足損四挺一台木損弐挺
　合六挺損御座候
一同所御紋附御筒乱拾　右惣躰紐損シ并こはせ損弐ツ
一同所口薬入拾内一劔損四ツ
一同所尺八合拾但玉入紺巾着附内尺八合干破レ損六ツ
　玉入巾着惣躰損シ御座候
右御道具破損仕候分、此度不残御引替御座候様奉存候、
已上、

月番
藤田丈之助
丹羽左学

　但シ右之通相認小頭江差出シ置候事
一同廿七日、西御番所草取掃除并数手桶水汲込候儀、丈之助上屋鋪江罷出申込置申候、
覚
一弐拾七匁五分　口薬入五ツ　一壱匁九分八厘　早合四拾四
此銭弐〆九百四拾壱文　此銭弐百四拾弐文
一六匁九分五厘　玉九拾七　三匁五分玉
目方弐百七拾八匁　三口〆九百壱文南北與力同心
此銭七百四拾四文　惣割　六惣割壱人分六拾弐文取集ル
右者先達而東西御番所御道具修覆申立候積ニ付見分ニ参り候処、右之通不足ニ付南北申合セ、與力同心ニ而取揃置申候也、
一同廿九日、月番仕畢御届申上、其来月番姓名相届申上候、
一九月朔日、為仲ヶ間惣代嘉儀、丈之助小頭栄左衛門召連両御頭江罷出候事、
一同三日、平岩右膳殿御組同心此間御引替有之候、御鉄炮御筒乱為見分罷越シ候段、上屋鋪より御達シ有之事、
　但シ月番江者無之候得者御番所御見廻之節、御達シ有之也、
一同夜、藤田士宅ニ而寄合有之、右者此度御引替請取渡し之儀ニ付、其時御伺書上屋鋪ら為心得為見被置写、左之通、
此度東西御番所附御鑓鉄炮御筒乱其外小道具類損引替之儀伺之通被仰渡、則平岩右膳江申談、去月十六日御道具引替請取渡、其節御届申上候右道具請取渡有之儀

者所々御門番所先格御品請取損御道具引替相渡候仕来ニ而、右之趣組與力同心共迠も先格之通請取渡仕候積ニ相心得罷在候処、御鉄炮奉行ニ而者損御道具ヲ先江請取之上引替相渡候先格之趣右膳被聞候、左候得者私共心得方両組与力・同心共被扱候先格ニ相違仕、御番所之御道具先江相廻シ候儀仕兼候趣申談候所御鉄炮奉行之先格崩候儀、達而難相成旨申聞候ニ付相考、御道具引替差延伺之上請取渡可仕候得共、差懸り右膳与申不申候様ニ茂相聞、同御支配ニ而申合不行届之趣ニ付可被為聞召哉と奉恐入候ニ付、其節ハ右膳申聞候通任セ請取渡可仕段相答、乍去西御門之儀者人出入有之御番所見張、勤方茂何々組之者江申付置候事、尤非常之儀在之候而も御道具用候程之儀者（以下記載なし）

一同四日、上屋鋪より左之通

明日御目附青山半太夫・堀内蔵助上京

御城入有之候ニ付、例之通当番・加番等相心得候様ニ可申達候、且又別紙書付心得ニ進置候、

九月四日　　　　壺井隼人

月番
与力中

御目附上京候得者　御城入有之候ニ付、加番等之儀者先格之通被取計候様存候、

一初而　御城入　御城出之砌、惣下座致候趣ニも相見候得者、是者全ク間違之筋与被存候、此方者同道ニも無之候ハヽ、初発与仕来之通半下座之儀も可被相心得候、舛形ニ而惣下座致候儀も可有哉と被存候得者、主人之親類抔ニ候得者陪臣者下座致事も可有之候、舛形ニ伺かひ不申候輿御番所ニ規矩立候様ニ致度候、尤南組とも致評儀区々ニ不相出候様可被申合候、以上、

未
九月

右之通上屋鋪より申来り候ニ付、老分衆江懸合之上左学上屋鋪江罷出相伺候事、右之下座之儀ニ付御番所を以被仰渡承知仕候、右ハ御目附　御城入之節惣下座与御頭様方御番所際迠御出ニ付、下座仕候儀ニ御座候、左様ニ而も不及下座候者矢張被仰渡候通半下座仕候哉、此段御伺之上矢張左候而も不苦、半下座候様被仰渡候、半下座申候者与力当番・加番三人ニ而、半下座之與力弐人ニ而宜哉、又者壱人ニ而宜哉伺候処、当番之者壱人ニ而同人弐人半下座候様是又被申渡候、此段仲ヶ間一統江

演説かよひ事候、南組月番江連候段頭ゟ参候書付為相
見置申候処、承知之旨返答有之候、
一同八日、左学上屋鋪江罷出、重陽出礼刻限之儀相伺候
処、明六ツ半時一統罷出候様被仰渡候、其節用人申聞
候、当十日ゟ舛形御番所御修覆御取掛り有之、東御番
所御塀損奸塀是又同日より御修覆御取掛り有之旨被聞
候、已後一統ニいたし廻文差出、
一同十五日、為仲ヶ間惣代嘉儀、左学小頭栄左衛門召連
両頭罷出候、
一同十六日、関戸士泉州境表江此度境御鉄炮御修覆ニ付、
台筒打様為見届小頭川勝栄左衛門召連、明暁七ツ時出
立ニ付、為仲ヶ間惣代左学表門迠見送罷出候也、

史料六［勤方規則］

1［起請文前書］

起請文前書

一御為を第一奉存聊　御後闇儀不仕、無油断御奉公相勤、万事以悪心諸傍輩申合一味仕間鋪事、
附り、自然以計策悪事を相頼族於在之者、不移時刻急度可申上事、

一従跡々被　仰出候御法度之趣堅相守、於御番所ニ茂不作法無之様急度相嗜可上申候、并自今以後被　仰渡候御條目是又違背仕間鋪事、

一相組中善悪之儀於御尋者、親子兄弟知音之好又者雖為中悪敷者無贔屓偏頗有様ニ可申上事、

右條々雖為一事於致鋳犯者

［裏書］与力

2［勤方覚］

覚

一両組與力同心御番之外私用ニ而致　御城入候者頭ゟ焼印札相渡可置候間、以来者右印札ヲ以西御門出入可致事、

一両組與力同心并此方家来其外御城使之者、小者使又者町人等ニ至迄致　御城入候面々御番所当番代り合之節、跡番之者江逐一申送可致事、

一東当番朝五ツ時出番之者同心壱人先江　升形御番所江差遣、與力同心姓名口上ニ而相届、并臨時代り合之節上り番之者相届候様被仰渡候、

一東西御番所ゟ注進仕候節者　使之同心切手番江届可申候、切手番不承知候得者御番頭用人江　相届出入可致候様被仰渡候、

一就御用月番之與力　御城入仕候節茂御印札ヲ以出入可仕之旨被仰渡候、

一当番與力同心夜具其外弁当躰之物風呂敷包ニ不限、当番之者　御城外江　差出候物者　切手相認、升形御番所江差出可申之旨被仰渡候、

右之通御書付ヲ以此度新ニ被仰渡奉承知、畏入奉存候、然ル処、両御組與力共之儀者　最初慶長七壬寅年当二條御城御天守伏見ニ御座候節被　召出、於伏見御城番被仰付相勤罷在候処、
大猷院様御代寛永元甲子年伏見　御城　御天守当二條江被為　移候ニ付、翌乙丑年其節之頭春日左衛門ニ相副三十騎之與力共当表江引越、当御城東追手御門御番所

勤番可仕之旨被　仰付、則東追手御門ゟ出入勤番仕候処、頭左衛門長病ニ付引篭被居候故、其節之御所司代板倉周防守様被　仰渡候者、左衛門永々病気之儀ニ有之候間、快復被致出勤候迠者組中当番之與力共北御門ゟ出入可仕旨被　仰渡、則北御門御番所江御張紙出テ、無札ニ而　御門出入勤番仕候、其以後元禄十二己夘年御組分被　仰付、東西御門御番所両組無差別勤番可仕旨被　仰渡、此時ゟ両御頭方無御差別御門番之頭与被仰出、右元禄十二年ゟ者　西御門ゟ出入仕、于今連綿仕、西御門ゟ無札ニ而　東西御番所勤番仕来候、前段ニ申上候通御組最初者東追手御門ゟ出入仕、其以後北御門ゟ出入仕、惣而無札ニ而出入仕候儀者寛永年中元禄年中ゟ之先格ニ而御座候、然ル処此度東御門当番之節者與力同心姓名升形切手御番所江同心ヲ以口上ニ而相届出番可仕候、又者私用ニ而　御城入仕候節者御頭方焼御印札ヲ以出入可仕之旨被仰渡奉畏候、其外被仰渡候御箇條之内両組與力同心并御頭方御家来其外　御城使之者・小者使又者町人等ニ至迠致御城入候面々逐吟味、当番之者代り合之節跡番之者江逐一申送交代可仕之旨御書付ヲ以被　仰渡、是亦奉畏候、御城使之者・小者使等之儀者諸向先々江御頭方ゟ御掛合被下、先方ゟ御番所江相届候様仕度奉存候、若又先方ゟ御番所江　相届不申候節者其段当番ゟ相糺承届差通候様ニ仕度奉存候、御新例之儀ニ御座候得者先方ゟ意得無之儀を相尋候儀御座候得者、間々応諾不仕候者茂有之候而者御番所勤番之躰茂如何ニ奉存候間、此儀者諸向御役人方ゟ　御城使可有之御方江者　御掛合相済候上被仰渡候様仕度奉存候、全躰於升形御番所御改相済来候上奥御番所ニ而　御届座候御儀、二重ニ茂相成候様ニ可被思召上候得共、此度別而厳重ニ被仰付候ニ付、地御役人方始御番衆方惣躰升形御番所江　届有之候分奥御番所江茂届御座候様仕度奉存候、尤町人共之儀者毎日度々出入仕候儀故書留候計ニ而者無覚束奉存候間、両御頭方御印札御渡被成、奥御番所江置札為仕、罷出候節相渡候様仕度候、惣躰於奥御番所抜目無御座候様仕度奉存候間、此段御勘弁被成下、何分間違無之、当番之者者安心勤番仕候様御下知可被下候、此段被仰渡候御新例数多御座候得者、猶又御勘弁之上御番所勤番之躰茂宜、相滞不申候様奉願候、両御組同心共茂右之趣一統奉願候、以上、

3【勤方心得記録】

（表紙）

文化二乙丑年十月二日写し

勤方心得記録

氏（花押）

覚

一万一御城近辺出火ニ付火消御大名衆并御家来御城入有之節、持鎗　御城外ニ差留候事并其外地御役人方并御組、是又御城中ニ御預り場所御座候方々ニ而茂持鎗差留候儀ニ相心得罷在候得者、非常之儀私共愚意難相分儀共茂御座候ニ付、此段改奉窺候、

　御城中出火之節諸役人ゟ火消持鎗之儀者差留候様被仰渡候、

一御番所前地御役人其外御番衆方杖御届相済方々杖被用候節差留可申哉、

　御座禿衆御番所等杖等御用ヒ之儀御断無之分者名前承り置御頭江注進申上候様被仰渡候、

一俄病人有之、肩ニ掛り出入仕候節、舛形より茂届無之節如何可仕候、

　差留候様被仰渡候、

　右者其節切手番江掛合候ハヽ相分可申候、手負躰ニ茂無之候ハヽ、敢而差留候ニ者及間鋪候、

一万一大御番頭御帰り之節、六ツ撃切之節又者撃延ニ相成候節、御頭様江出勤迠御差留可申候、

　御番頭者　格別之儀故差掛り一応御留申候上不苦、御城入被成候旨被御聞候者其侭ニ而御通シ申候様被仰渡候、

　右御番頭衆　御城入之儀者自分共不罷出候共差留候儀如何之事ニ候、滞無之様取計早々自分共ニ其

段可申聞候、

一六ツ撃切候節、又撃延ニ相成候節出入有之候者御注進可申上候得共、万一両御頭様共御出勤難相成儀ニ御座候節者御組より御指図仕候計ニ而差通可申哉、

両御頭共遠方江 御出之儀者無之候間、注進次第御下知可有之、万一御病気等ニ而 御出勤難被成候而御橋固計ニ而茂差通シ候事故、其通ニ相心得候様被仰渡候、

一御城中平日夜中大御番頭より急御用ニ付、万一御城外江御使等被差出候様之儀茂有之候者、御番頭より御切手御番所江被差出候者御頭様江御届不申上差通シ可申候、

但御届申上御下知次第差通シ可申哉、

大御番頭衆より我等共江届無之候而者不相成候事、

一常職人之外町人之小者脇差相用候節、差留可申候事、

書面之通被仰渡候、但御番頭別段ニ御頼之儀茂有之候者格別之事故、左様之節ニ者別段ニ其時々ニ可被仰渡由ニ御座候、

一御破損掛り之者、并北御門江通り抜相成候面々之外晴天菅笠并日傘持入候節差留申候事、

右菅笠者江戸表ニ而茂御構無之候間、御直参ニ而無之候而茂身分之者ニ候者不苦、併町人・中間躰之者者差留候様被仰渡候、日傘者御直参ニ而茂決而不相成趣被仰渡候、

右者差留候ニ及間鋪候、相用候ハヽ急度承糺可申候、

一公儀御日柄之節、中間・町人等魚鳥類持候而出入仕候節差留申候事、

○但シ町人者持入候儀不相成候、

右者御番頭之御心ニ而御差免シ之事故、此方之差構候事者無之旨被仰渡候、

一棟梁御番所前下駄相用候節差留メ申候、

右弘化三年十二月板井手帋被失候事

書面之通被仰渡候、

一御直参之外 御城中江杖持入候事、并町御奉行組役人之供棟［ム シ］御城入差留申候、但落杖者格別之事ニ御座候、

断無之分者差留候様被仰渡候、

右御直参之外杖断り申儀者曾而無之事ニ候、但陪臣ニ而茂番頭衆家来等 御城外ニ而杖用候［ム シ］持出候事と存候、是等差留候筋ニ者有之間鋪候、

却而為持候而已ニ而相用ヒ不申候ハヽ、不苦事ニ候。、
　○但シ町人者持入候儀為相成候事、
一御詰米御払米之節奥御門大扉開キ御座候節、御直参衆
　了簡違ニ而大御門より御通行有之節差留申候事、
　　書面之通被仰渡候、
一御道具等大御門より出入之節前々者宰領御徒より出入
　仕候所、中奥者宰領共大御門より差通シ候様相成候事、
　何れニ而茂不苦候事、○但シ宰領共差通シ候様治定、
一張弓出入共相咎メ来候事、
　　但シ袋又者風呂鋪等覆候得者差通シ申候、
一中間不相応之衣類着用仕出入仕候得者差留候事、
　　右至而目立候ハヽ、主人之名承可申候、差留致吟味
　　候者切手番之当所ニ而可有之候、
一迎礼町人・小者脇差之儀是迄相番来候者迎礼者格別之
　儀ニ茂候間、無構差通候様被仰渡、当時右之心得ニ罷
　在候事、
一何ニ不寄御腋より出入難相成品稀ニ有之候節者差掛り
　御番所前混雑仕候儀故、切手番所より断有之候得者、
　大御門より差通シ、其段退番之節御届申上候心得ニ而
　罷在候事、

一病人并死人　御城外江被差出候節者　御番頭より御切手
　出不申候得者差留申候事、
　　右者其節切手番江掛合候ハヽ、埒明可申候節手間取
　　候者如何之事候、
一東御番之節御破損奉行衆・御鉄炮奉行衆并組共西切戸
　江通り抜之節者前々より断御座候処、近来者区々之儀茂
　有之、如何之儀ニ奉存候、
一右区々ニ而者差支之儀茂有之候ハヽ、其段可被申聞候、
一御預り場所ニ而無之見通シ之場所ニ而茂火元等不安心之
　儀共見当り、如何ニ奉存候、
　　右者以後見当り候ハヽ、退番之節可被申聞候、此方
　　より主人江可申談候、
一外より使之者又者醫師等　御城入仕候而者無程暮六ツ撃
　切　御城中ニ居泊り候節者、御番頭より御番所江　御断
　之切手被差出、翌日御番所より御届申上候、
一四月御番代大代り之節御目附御勝手ニ而　御居残り被成
　候儀、近来者毎度之儀ニ御座候得共前々者甚稀之儀ニ而、
　万一左様之儀御座候節者　御頭様江御下知之上内外警固
　加番等引取、并当番御番所江上り出入往来之者差通候
　儀ニ御座候処、近来区々罷成候故、兼而奉窺度奉存罷

在候処、此度都而勤方心得之儀書附を以奉申上候様被
仰渡候ニ付、此儀茂箇条ニ奉申上候、
　右之儀以前者無之由勿論之事ニ候、火災後仮建ニ而
小屋内混雑ニ候故、其間見合被申候儀ニ候、右躰
之儀者臨時見計之事ニ候間、以後共区々ニ可有之
候、
　○但シ御番代相済候而茂固メ引取被申内者往来差
　　留候事、并固メ引取候得者御頭より御下知
　　無之候而茂当番加番之者御番所上り候事、
　　以上
子五月
　右之通可被相心得候事、
寛政七夘年六月内堀ニ而水死人在之、暮六ツ時打延ニ
相成、以後為心得左之通被申渡候、
一暮六ツ時打延ニ候節者御番所詰者早速通達茂有之候得
者、其節御門通行之儀ニ付打延ニ相成候哉、又御門出
入等茂無之事哉、切手番詰者承り糺御門出入等有之由
ニ御座候ハヽ、御番頭より頭共江御通達被下候様切手
番詰申聞候様との事也、尤御門出入無之由候ハヽ、切手
番江懸合ニおよはす、則御番所江参り候書付を以此方
江被通候様被申渡候事、

史料七　［与力・同心歎願書］

1［歎願口上書］

（表紙）

奉歎願口上書

元城番組家族取締
小倉弥平次
中川万次郎
有馬剛三郎

奉歎願口上書

私共同局旧臘坂地江罷越候後、未立帰もの共之家族之者儀、手職仕或者家財等売払又者親類抔之助力等を以漸此節迠細々取凌罷在候得とも、何分職業も捗々敷出来不申追々難渋ニ相成、信儀を不失様親類よりも成丈ヶ救合候得共、局中一統之難渋ニ而難行届、此上之活計無覚束及場合、此姿ニ而者差迫万一心得違いたし候もの出来候而者第一奉恐懼候、右之趣御慈察格外之以御仁憐御救助被成下候得者、家族一統広大之
聖慮、実以難有可奉感裁候、依之先達而より御救助頂戴仕候小嶋激太方家族之ものハ相除キ、〃〃〃〃別紙家族〇人（居残罷在候〇）数書差上、此段謹而奉歎願候、以上、

慶応四辰年五月

元城番組家族取締
有馬剛三郎印
中川万次郎印
小倉弥平次印

岩倉殿御執事
山本復一郎殿

辰
五月廿四日夕御直候別事ニ在之候、右ニ付廿五日一統京都府江罷出候処、長谷殿御出座ニ而被仰渡候、何れも難渋不便ニ被思召候旨を以及御扶助、与力江五人ツヽ《ブチ（扶持カ）》、被下置候旨、尤追而御用被仰付候迠之処之旨ニ被仰渡候、其砌御達し書青山小三郎被申仁読被聞候、

右者別巻ニ在之候事、

五月廿九日三輪氏ゟ呼ニ参罷出候処、先月小嶋激太（差出候五月之）家族御扶持東之証文取計局ニ而見失ひ候旨ニ付、今

一応認候而差遣、各々様被申聞候被相認、夫々印形
いたし、三輪氏へ差出置申候事、

（表紙裏貼紙）

申渡
金原嘉傳次

右願之通御暇可
申渡旨河津伊豆守殿
被仰渡候間申渡之
後
四月十一日

（添付書簡1）

（表書）「家族困窮ニ付奉願上口上書
元城番組」

小嶋激太儀旧臘下坂仕未帰京不仕候処、
兼而困窮仕候ニ付、家族之者差向飯米
難相調必至難渋ニ差詰罷在候間、何卒
出格之御憐愍を以御救助被下置候様偏
奉願上候、以上、

卯
二月
惣代
藤田武一郎
鈴木重兵衛
小倉弥平

三輪嘉之助殿

（添付書簡2）

御用之儀有之候間、
別紙名前之御方明
廿五日半時常服ニ而
京都府江被罷出候様
府中ゟ被相達候ニ付、
此段御達申上候、以上、

五月廿四日　草間剛五郎
砂川健次郎
三輪嘉之助

元城番組
　与力中
猶以　御用出候御方并
病気之者ハ名代被差出、
当病之者ハ後日被　仰渡候趣
ニ御座候、右ニ付名代被差出候
者ハ別紙名前書江御書入、
明朝六ツ半時迠ニ嘉之助・徳次郎
宅之内ゟ御返却可被成候、以上、

2庚午十二月（明治三年）［府藩縣貫属達書］

［達書］

近時粗暴之徒往々大言縦行ヲ以自ラ是トシ、乱酔気ヲ使ヒ街上放歌、動モスレハ抜刀シテ路人ヲ恐嚇《カク》シ、獣畜ヲ斬殺スル等狂悖《ホツ》之所業尠ナカラス、衆庶保護之御趣意ニ背キ以之外之事ニ候条、向後右様之所業於有之者其罪之軽重ニ随ヒ、屹度可被及御処置旨被　仰出候事、

　庚午十二月

別紙之通被　仰出候条、府藩縣貫属末々至迠　御趣意貫徹候様篤与相示可申候、万一心得違之者於有之ハ厳重処置可致候、此旨相達候事、

　庚午
　十二月　　太政官

野村七郎
饗庭習吉
木の村庄次郎
小倉米次郎
岡田又一

伏見出張所附属助働御申付相成候事、

　庚未正月十七日

其見張所江諸品請取并遣拂書記帳壱冊御渡申候間、交代之節々右帳面見改メ諸品日数之通無御取調、若不足之品於有之ハ其当直之方ゟ償可有之候様御談判可被成候、且向後他組与場所交代之節ハ、一層厳重御所置可被成候事、

　正月十八日　　組長

猶々本文帳面者両三日之内ニ御渡しニ相成候也、

正月廿一日
達し　本文見張所肝要之事

別紙人相書御達相成候間、及御達候ニ付迅速御順達可
被成候、尤も各御手扣御持場中宿屋止宿人并遊所等疑
敷見込之者有之候節ハ、篤与御取糺可被成候様、此段
及御達候事、
組長

一年齢三十才位
一鼻高キ方
一色白キ方
一小男ニ而痩タル方
一口尋常
一歯并宜布小万き方
一言舌肥後風ニ而尻上り
一眉毛濃キ方
一眼少シ垂タル方
右

一年齢廿四才五才
一面色白キ方
一垂眼ノ方
一鼻筋通し
一口細キ方
一耳前ニ向ク
一惣髪但髷ノ穂長キ方
一中背ち少シ高キ方
一刀脇太刀作り
右

朱書ニ而
宿屋遊所有之持場ハ篤与取糺候様御用掛りち談之事、
正月廿日

警固方一同江印鑑紙御渡し相成候ニ付、一両日之内銘
々印形持参為請取、組長詰所江向出頭可被致候事、
正月廿八日

過日御達在之候警固方一同実名署差出候様御達相成居
候処、右者相署ニ不及候間御達直し相成候間、此段及
御通達候也、
但本文之義ニ付最早御差出済之方々ニ拙者ち御返
布可致候事、
正月廿九日
組　長

安井東次郎
野田千左衛門
福田順三郎

右鞠獄掛り附属御用出等ニ而無人ニ付、不取敢両三人
差出呉候様鞠獄掛ち達有之候ニ付、三人差出相成候事、
正月廿二日
組　長

尚府官員并捕亡方・警固方等ハ印鑑所持候ニ付、御用
向応接之節ハ右印鑑見改候上無滞相弁可申、万一府官
員抔与唱へ印鑑所持セさるもの有之ハ留置候而、速ニ

可申出候事、
右之通山城国中江無洩相達者也、
辛未正月　京都府

在官輩是迄苗字官相署来候処、自今官・苗・実名相署可申事、
但非役有位之輩同様位・苗・実名相署可申事、
辛未十二月　太政官

在官并有位之輩名称之義、自今官位・苗字・実名相用候様御達相成候得共、平日往復文書等ニ者是迄之通略式相用候義不苦候事、
但同苗字同官位之者有之候得者実名相加へ区別可致事、
庚午十二月　太政官

右之通被　仰出候条、左之通可相心得候事、
書式
官名姓部名　位姓部名
右上表其外重立候事件ニ可署候事、
官苗字名　位苗字名

右願・伺・届等ニ可署事、
右平日往復私事者勿論、公事ト雖も他官省官員等江之文通ニ可署事、
右之通華族・士族・卒江無洩相達候者也、
辛未正月　京都府

後嵯峨天皇法追祭被　社寺掛り
仰出候ニ付、右法祭事可相候事、
辛未二月　京都府

来ル十七日
後嵯峨天皇六百年法祭於嵯峨之御陵被為執行候ニ付、
火ノ元格別可入念候事、
右之趣山城国中無洩相達候者也、
二月十日　京都府

右五ノ伍安藤左仲組合江新入組
吉郇貞次郎

右六ノ伍笹井作次郎組合江新入組　山田政之助
右及御通達候事、
二月十二日
組長
（下略）

3［坂地ゟ未帰還につき歎願書］

奉歎願口上書

私共同局旧臘坂地江罷越候後、未立帰もの共之別紙家族之もの共儀、手職仕或者家財等売払又ハ親類抔之助力等を以漸此節迠細々取凌罷在候得共、何分職業も捗々敷出来不申追々難渋ニ相成、信義を不失様親類よりも成丈ヶ救合候得共、局中一統之難渋ニ而難行届、此上之活計不覚束及場合、此姿ニ而ハ差迫万一心得違いたし候もの出来候而ハ、第一奉恐懼候、右之趣御慈察、格別之以御仁憐御救助被成下候得者、家族一統広太之聖慮、実以難有可奉感戴候、依之先達而より御救助頂戴仕候塩津善之助外弐人家族之ものハ相除、別紙家族人数書差上、此段謹而奉歎願候、以上、

慶応四辰年正月
元町奉行組家族取締
村山冨右衛門印
森　善右衛門印
飯室一郎印
岩倉殿御執事
山本復一郎殿

4［慶応四辰年五月在京之者歎願書］

［歎願書］

慶応四辰年五月
奉歎願口上書
在京之者一巻
留守宅之者家族向一巻
合而三巻ニ而差出候処、矢張壱巻ニ而可差出旨山本被申候ニ付、壱紙ニいたし差出候叓、

奉歎願口上書

私共局中奉蒙
御仁徳冥加至極難有仕合奉存罷在候、然ル処追々疲弊仕必至難渋ニ相成、此姿ニ而者活計ニ拘り候及場合、実以困苦仕候ニ付、何卒格外之処、
御仁憐御救助被成下候得者、広大之

聖慮、誠以一統難有可奉感裁候、依之謹而奉歎願候、
此段宜御執成可被下候様偏ニ奉願上候、以上、

元城番組與力　小倉弥平次方　三人
同　藤田武一郎方　七人
同　鈴木十兵衛方　六人
同　中川万次郎方　壱人
同　佐治武兵衛方　四人
同　林田勝太郎方　四人
同　須賀井発之丞方　五人
同　岡山録之助方
同　渡辺時之進方　弐人
同　藤田九郎兵衛方　弐人
同　関戸波三郎方　弐人
同　丹羽紀五郎方　五人
同　内藤音三郎方　五人
同　内藤捨一郎方　三人
同　城才吉方　五人
同　早苗可郎方　壱人
同　藤井鉚弥方　三人
元城番組同心　山田順八郎方　四人
同　原田喜八方　七人
同　井上郁之助方　三人
同　小原金吉方　弐人
同　山崎直之助方　壱人
同　山本兜太方　三人

同　田辺教次郎方　五人
同　細井国之助方　三人
同　木寺専造方　壱人
同　川勝栄左衛門方　四人
同　法貴次郎兵衛方　四人
同　有馬剛三郎方　弐人
同　法貴次五郎方　三人
同　大西政吉方　四人
同　永野篤三郎方　壱人
同　安井佐右衛門方　四人
同　大西政之助方　四人

当主之者

人数〆百四拾九人
内　三拾四人

百拾九人　家族之者

右之通御座候、以上、

元城番組惣代
鈴木十兵衛印

慶応四辰年五月
藤田武一郎印
小倉弥平次印

岩倉殿御執事
山本復一郎殿

5［岩倉殿へ建白］

［岩倉殿へ建白］

御書面之通岩倉殿江建白相済候由候、致一読候、

元所司代方
元町奉行方
元御附方
元城番方
元御殿方
元御鉄炮方
元御蔵方
元御茶園方
元火之見方
元地組

徳川家臣其外悔悟勤
王迠事奉願上候者并御当地江罷止罷在候家族人員等取

締御書付

印　三輪嘉之助
印　砂川健次郎
印　草間剛五郎

去月廿三日私被為
召、徳川家臣共其外今般之
聖諭奉感伏、兼而在京又者坂地ゟ立帰悔悟憤発勤
王之赤心を以奉歎願候者 并坂地ゟ未帰もの之家族者別
ニ（ママ） 思召も被為在候間、人員等終始事実ヲ相糺、
乍併近年屢変革ニ而、或者文官ゟ武官相成、随而秩禄
高下仕候類者姑ク不論、二百年来流布仕候与力・同
心等与唱呼秩禄江復古仕取調可奉申上旨被 仰渡、向
々ゟ差上願書類捨御下ヶ候ニ付、御趣意之通局々ニ
而為取調候処、別紙帳面　冊之通御座候、
依之人物・品格・才芸之有無等奉申上候得者、其器
ニ応し御採用可被　成下候哉、
御内命追而 相考候処、右取調者 実ニ不容易、私共微
力ヲ以難行届恐怪仕候間、更ニ他江被命候様仕度奉
存候、左候迚数多之人物を探索仕候ニ者 竟外之日月
経過可仕候、流浪仕候もの共或者其間窮ニ迫り万一
謬而身を果し候者抔出来候而者今般之奉対
御仁徳恐怪至極ニ奉存候間、可相成御儀ニ御座候得者、
何茂勤
王之歎願者速ニ御聞届被成下、聴訟断獄要路之地御人
撰者格別御奉公奉願候者共是迠勤馴候筋ニ候、先御
職被属正邪智託者 其長管適当仕、一同感復可仕哉与
奉存候、依之局々より差出候帳面　冊分、人員類分
帳壱冊相添、此段奉申上候、以上、

卯二月

三輪嘉之助
砂川健次郎
草間剛五郎

6［尾張殿旧領引渡相勤につき覚］

尾張殿旧領岩倉殿へ引渡相勤ニ付覚

今般尾張殿御領私共儀去ル十五日岩倉殿江御引渡相成
候処、勤
王相励尽微忠候赤心之趣奉願置候得者、万一心得違之
者有之候而者恐入候儀ニ付再応御糺御座候間、猶又得与
取調候処、反復二心之者一切無御座候間、為後証一統
連印仕、此段申上候、右之趣御執成宜御申上可被下候、

以上、

慶応四辰年正月

在京之者 野條作右衛門(印)
同 藤田武一郎(印)
同 鈴木重兵衛(印)
同 渡邊時之進(印)
同 村田勝太郎(印)
同 佐治武兵衛(印)
同 丹羽紀五郎(印)
同 内藤捨一郎(印)
同 藤井鉚弥(印)
同 関戸波三郎(印)
同 木寺専造(印)
同 井上郁之助(印)
在京之者 法貴弘太郎(印)
在坂之者 中川萬次郎(印)
同 小倉弥平(印)
同 岡山録之助(印)
同 原田喜八(印)
同 山田順八郎(印)
同 川勝□左衛門(印)
同 大西政吉(印)
同 永野篤三郎(印)
同 藤田武一郎悴 見習 藤田嘉助(印)
同 鈴木重兵衛悴 同 鈴木専之助(印)

三輪嘉之助殿

7 [再勤歎願書](下書カ)

(表紙)

再勤歎願書 元二條城番組

私儀共○元京都二条城番組○同心ニ而、弐百有余年土着之者ニ御
座候処、此夘年病気ニ付退勤奉願養生仕罷在候処、此
節病気全快仕候処（罷在候処、今度）、絶言語候形勢ニ相成候、就而者　素
来累代
皇都生産之者ニ而勤
王之御奉公相励尽微忠候儀者勿論之儀ニ付、今般恐入候
御触流之趣奉承伏候、私共未熟之者ニ者　御座候得共、
再勤相応之　御用向被　仰付被下置候者重々難有可奉
存候、右願之趣、其
御筋江急速御執達被成下候様奉願上候、以上、

慶応四辰年正月

元城番組　小原弥太郎印　当辰四十八歳

右同断　山田森之丞印　当辰五十歳

三輪嘉之助殿

右本紙美濃紙巻物上包半紙
下書半紙巻物上包なし

8［快気届廻章］

廻章
早々御廻し被下候

一大西政之助殿快気届并小嶋激太殿家族難渋歎願書共弐通差出候処、右扣壱通も明日可差出候旨兵議所ニ而被申聞候、
一見習之者尚取調、過日差出候通之願書可差出旨、同所ニ而被申聞候、
一土肥傳兵衛殿・並河啓太郎殿両人者勤ニ罷出候付、平松殿御預り之事、
一右外一同未勤ニ不罷出向者、矢張　岩倉殿御預り之段被相達候事、
一臼杵旅宿之義ハ明廿八日返書有之旨被申聞候、
右之通今日御兵議所出之被相達候、付而者　見習之者并未勤之方願書差出方被入ニ付、今夕歟明早朝御一同様御評儀御決定として、組内屯所江御寄可被下候、已上、

屯所当番

廿七日

南北元与力中御一同様
同　元同心一同様

9［御扶助につき書付］

［書付］

御扶助被下ニ相成候者之内ニ而隠居罷在候者出勤志願之者名前差出候様御沙汰在之間、明十三日午刻迄ニ兵隊御用掛詰所へ可被差出候事、

九月十二日

兵隊
御用掛

惣代
三人宛

右只今被達候付入御覧之

渡邊様　関戸様
丹羽様　藤田様
内藤様　金原様

10［歎願書］

（表紙）

歎願書

元二條城番組與力同心

私共儀者元京都二條城番組ニ而、弐百五拾有余年土着之者ニ御座候処、旧冬大坂御下坂之趣ニ付御供仕罷下候処、当春不容易奉恐入候形勢ニ相成、素ゟ勤王之赤心ニ御座候ニ付、坂地退散、今日立所迷十方ニ暮罷在候処、厚　御憐政之趣奉仰帰京仕候迚も御用立候者無御座候得共、当今急務之　御用ニ茂被　召仕被下置候者抛身命国家之御為　奉竭微忠度、悔悟之条々以神偽之儀無御座候、以　御慈憐願之趣被聞召候様御披露奉願候、恐々惶々謹言

慶応四辰年正月

内藤音三郎
藤田九郎兵衛
須加井發之丞

城　才　吉
早　苗　可　郎
有　馬　剛　三　郎
田　邊　教　二　郎
小　嶋　激　太
藤田九郎兵衛忰見習
藤　田　春　次　郎
有馬剛三郎忰見習
有　馬　繁　太　郎
安　井　佐　右衛　門
山　本　兜　太

高現米六拾壱石三斗五升
一釼術目録
元二條城番組與力
内藤音三郎
当辰三十四歳
宿所二條城西門前組屋敷住居仕候
嘉永三戌年八月ヨリ慶応四辰年迠拾九年相勤申候

高右同断
一釼術免許
一弓術目録
一馬術
少々相心得申候
右同断
藤田九郎兵衛
当辰四十七歳
宿所右同断
天保八酉年十二月ヨリ慶応四辰年迠三十弐年相勤申候

高現米六拾壱石三斗五升
一釼術免許
一炮術目録
一馬術目録
元二條城番組與力
須加井發之丞
当辰三十六歳
宿所二條城西門前組屋敷住居仕候
嘉永四亥年三月ヨリ慶応四辰年迠拾八年相勤申候

高右同断
一釼術目録
右同断
城才吉
当辰十八歳
宿所右同断
文久三亥年正月ヨリ慶応四辰年迠六年相勤申候

高右同断
一釼槍術
少々相心得申候
右同断
早苗可郎
当辰十八歳
宿所右同断
文久三戌年正月ヨリ慶応四辰年迠六年相勤申候

高四拾俵
一炮術
少々相心得申候
右同断同心
有馬剛三郎
当辰四十三歳
宿所右同断
安政五午年十一月ヨリ慶応四辰年迠六年相勤申候

高現米拾石三人扶持
一釼炮術
少々相心得申候
元二條城番組同心
安井佐右衛門
当辰三十四歳
宿所二條城番西門前組屋敷住居仕候
文久二戌年六月ヨリ慶応四辰年迠七年相勤申候

高右同断
一釼術
少々相心得申候
右同断
山本兜太
当辰弐十三歳
宿所右同断
慶応元丑年二月ゟ慶応四辰年迠四年相勤申候

右私共儀者往古ゟ京都住居仕候、素ゟ

帝都御守衛之心得ニ而二條城番相勤罷在候処、旧臘十二月十二日下坂仕候、今般不容易形勢ニ而奉恐入退散仕候、何れ茂勤

王之赤心ニ付帰京仕候、何卒御憐愍を以宜御取成、偏奉願上候、猶追々帰京次第急速御届申上候、以上、

史料八　［元与力・同心人数・家族書付］

1［家族人数書］

（表紙）

慶応四辰年五月

家族人数書

元町奉行組家族取締
飯室弥三郎
森　吉右衛門
村山冨右衛門

元町奉行組与力
田中佐次郎方
弐人
田中七助方
人

同　同心
栗山庄蔵方
弐人
田村清八方
人

〆家族　人

右之通御座候、以上、

辰五月

2［元二條城番与力同心人数書］

［元二條城番与力同心人数書］

案帋
元二条城番組与力
同心
十五才ゟ三十才迄人員

〆六人

・与力
・内藤捨市郎
・岡山録之助
・早苗可郎
・城才吉
・藤井錙弥
九郎兵衛悴
藤田春次郎

・同心
・山崎直之助
・大西政之助
病中ニ御座候
大西政吉
小原謙吉
山本鼎太
田邊教二郎
剛三郎悴
有馬繁太郎
友助悴
高梨兵次郎
源之助厄介弟
三浦伝三郎

多三郎厄介兄
磯野千次郎
儀平太厄介弟
服部健三郎

〆ーーー人

右之通相違無御座、相洩候ものも無御座候、乍併右之内誰々儀此節病気ニ付容体書取之奉差上候、雪病又者当分之不快を取飾申上候儀ニ者無御座候、以上、

元城番組惣代
ーーーー　印

辰二月十九日

ーーーー　印

本帋美の
扣　半紙　帳

3［元二條城番組姓名帳］

（表紙）

元二條城番組性名帳

（付箋）「与力与同心与之間一行あケ
可認、以下同断」

元二條城番組

現米六拾壱石三斗五升取拾九人

元二條城番組

五十表壱人四拾俵取拾三人

拾三石
六斗取
十四人

現米拾石三人扶持取廿三人

屋敷二条城西口前城番組

（付箋）「見習勤者無之
屋敷二條城門前組屋敷」

与力（この上に付箋）

（上ニ付箋）「病気ニ付」下坂不仕分

与力
内藤捨一郎
生年廿八歳

一剱・馬術少々心掛罷在候

（上ニ付箋）「同心」

同心
喜多共助
生年廿五歳

（付箋）「此者役儀
鷲尾殿御預りニ相成り候」

木寺民之助 生年拾四歳

〆三人

與力（この上に付箋）

下坂仕立帰候分

居合嗜罷在候

与力
渡邊時之進
生年五拾壱歳
一剱術少々心掛罷在候
旧臘十二日下坂、同十五日立帰在京

与力
藤田武一郎
生年六拾五歳
一剱・槍術少々心掛罷在候
砲術少々心掛罷在候
右同断

与力
丹羽紀五郎
生年三拾六歳
一馬・剱術少々心掛罷在候
右同断

与力
鈴木重兵衛
生年六拾歳
一馬術嗜罷在候
弓・槍術少々心掛罷在候
旧臘十二日下坂、同廿日立帰在京

与力
佐治武兵衛
生年四拾七歳
一槍術少々心掛罷在候
右同断

与力
村田勝太郎
生年五十一歳
一剱術少々心掛罷在候
旧臘十二日下坂、同廿四日立帰在京

与力
藤井鉚弥
生年廿一歳
一剱・砲術少々心掛罷在候
右同断

与力
関戸波三郎
生年四十一歳
一剱槍術少々心掛罷在候
旧臘十二日下坂、同廿日立帰、同廿七日再下坂
正月五日立帰在京

与力
中川萬次郎
生年五拾歳
一剱・砲術嗜罷在候
弓術少々心掛罷在候
旧臘十二日下坂、正月九日立帰在京

与力
小倉弥平
生年六拾一歳
一槍術少々心掛罷在候
旧臘十二日下坂、同廿日立帰、同廿七日再下坂
正月十一日立帰在京

与力
岡山録之助
生年廿九歳
一剱術少々心掛罷在候

旧臘十二日下坂、正月十日立帰在京
奥之○印此所へ
一剱・槍術少々心掛罷在候　藤田武一郎忰見習勤　藤田嘉助　生年三十二歳
旧臘十二日下坂、同十五日立帰同十八日再下坂
正月十日立帰在京
一馬・槍術嗜罷在候
剱術少々心掛罷在候　鈴木重兵衛忰見習勤　鈴木守之助　生年三十二歳
旧臘十二日下坂、同十五日立帰同十八日再下坂
正月十三日立帰在京
奥之△印此所へ
同心（この上に付箋）
○一剱・砲術少々心掛罷在候　同心　木寺専造　生年五十三歳
旧臘十二日下坂、同十五日立帰同十八日再下坂
同廿四日立帰在京
○一剱術嗜罷在候
砲術少々心掛罷在候　同心　井上郁之助　生年三十二歳
旧臘十二日下坂、同廿四日立帰在京
○一剱・砲術少々心掛罷在候　同心　法貴弘五郎　生年三十四歳
右同断

○一剱・砲術少々心掛罷在候　同心　原田喜八　生年三十一歳
旧臘十二日下坂、同十五日立帰同十八日再下坂
正月十日立帰在京
○一剱術少々心掛罷在候　同心　小原湊吉　生年廿六歳
旧臘十二日下坂、正月十日立帰在京
○一剱・砲術少々心掛罷在候　同心　山田順八郎　生年四十歳
旧臘十二日下坂、同廿四日立帰同廿九日再下坂
正月十三日立帰在京
○一剱術少々心掛罷在候　同心　川勝栄左衛門　生年三十一歳
旧臘十二日下坂、同十五日立帰同十八日再下坂
正月十五日立帰在京
○一剱・砲術少々心掛罷在候　同心　大西政吉　生年廿九歳
旧臘十二日下坂、同十五日立帰同十九日再下坂
正月十四日立帰在京
○一剱・槍術少々心掛罷在候　同心　永野篤三郎　生年三十二歳
旧臘十二日下坂、同廿四日立帰同廿七日再下坂

正月十四日立帰在京

〆弐拾弐人

○

一剱術嗜罷在候　与力　内藤音三郎　生年三十四歳

旧臘十二日下坂、同十五日立帰同十八日再下坂

正月廿日立帰在京

一剱・槍術少々心掛罷在候　与力　藤田九郎兵衛　生年四十七歳

旧臘十二日下坂、正月十八日立帰在京

一剱術・砲術嗜罷在候
馬術少々心掛罷在候　与力　須賀井發之丞　生年三十六歳

旧臘十二日下坂、同廿一日立帰同廿二日再下坂

正月十日立帰在京

一剱術少々心掛罷在候　与力　城才吉　生年十八歳

旧臘十二日下坂、正月十七日立帰在京

一剱・槍術少々心掛罷在候　与力　早苗可郎　生年十八歳

旧臘十二日下坂、正月十八日立帰在京

一　野条守　生年廿三歳

旧臘十二日下坂、同廿四日立帰在京

中川万次郎忰見習勤　中川登代蔵　生年十九歳

△

一右同断

一剱・槍術少々心掛罷在候　藤田九郎兵衛忰見習勤　藤田青次郎　生年十六歳

旧臘十二日下坂、正月十九日立帰在京

○一剱術少々心掛罷在候　同心　田邊教三郎　生年廿一歳

旧臘十二日下坂、正月廿日立帰在京

○一同断　同心　安井佐衛門　生年三十四歳

旧臘十二日下坂、同十五日立帰同十九日再下坂

正月廿三日立帰在京

○一同断　同心　山本兜太　生年廿三歳

旧臘十二日下坂、同廿六日立帰在京

○一剱術少々心掛罷在候　同心　有馬剛三郎　生年四十三歳

旧臘廿六日下坂、正月廿一日立帰在京

○一柔術嗜罷在候
剱術少々心掛罷在候　同心　小島激太　生年廿五歳

旧臘十二日下坂、同廿四日立帰同廿七日再下坂
正月十四日立帰在京

○一剱・槍術少々心掛罷在候
有馬繁太郎
有馬剛三郎忰見習勤
生年十六歳

〆拾四人
旧臘十二日下坂、正月廿一日立帰在京

（挿入貼紙）
下坂仕未帰京不仕分（付箋）「法貴次郎兵衛外七人可書入」
渡邊鱗三郎
渡邊時之進忰見習勤
生年
佐治武造
武兵衛忰見習勤
小倉米次郎
弥平忰見習勤
金原万蔵
傳次郎忰見習勤
木寺朝吉
専造忰見習勤
〆拾三人

與力（この上に付箋）
当人並見習勤之忰共下坂仕家族而已
居残罷在候分

金原嘉伝治
漢学心掛罷在候
妻
次男金原伝治
生年十四歳
三男
四男

高梨儀助
妻
次男高梨太次郎
剱術心掛罷在候
生年十五歳
娘壱人

当人下坂仕家族而已居残罷在候分

鈴木為之助
祖母

三浦源之助
父三浦織右衛門
生年
母
弟三浦信三郎
剱術心掛罷在候
生年廿三歳
妹壱人

柘植哲三郎
父柘勇之進
剱術少々心掛罷在候
生年六拾歳
妻
忰柘植壽太郎
生年弐歳

妹壱人

漢学心掛罷在候

宮川牧太
父宮川柳助
生年
母
妻
娘　壱人
妹　壱人

漢学心掛罷在候

林経蔵
母
弟林菊四郎
生年十一歳

（付箋）
此菊四郎儀幼年ニ付
御憐愍之儀奉願上候

細井孝三
母

砲術嗜罷在候

中島拡三
父中島平吉
生年五十一歳
母
妹　壱人

剱術心掛罷在候

山田治兵衛
妻
忰山田徳之助（付箋）
生年十三歳
娘壱人

（付箋）
此徳之助儀幼年ニ付
御憐愍之儀奉願上候

永野辰之助
妻
忰永野栄之助（付箋）
生年十五歳
娘　壱人

（付箋）
此栄之助儀智ニ付
御憐愍之儀奉願上候

土肥忠平
母

桐原要作
妻
忰桐原寛次郎（付箋）
生年六歳
娘　三人

（付箋）
此寛次郎儀智ニ付
御憐愍之儀奉願上候

剱術心掛罷在候

磯野太三郎
母
兄磯野千次郎
生年廿二歳

漢学剱術心掛罷在候

服部儀平太
父服部良右衛門
生年

山田忠三郎　　母

小原万五郎　　妹　壱人

漢学心掛罷在候　　於氣幾太郎

妻　養悴於氣健六　生年十六歳

（これより合冊分別綴）

一劔術少し心掛罷在候　（付箋別綴）

旧臘十二日下坂同廿四日立帰在京申候、

（付箋別綴）

大	現米六拾壱石三斗五升取拾九人
二	現米拾三石六斗取拾四人
圣	現米拾石三人ふち取廿三人
機	見習勤者無是　拾石三人ふち
局	屋敷二条城西御門前組屋敷
控	

一槍術嗜罷在候　前　与力佐治武兵衛　生年四十七歳

旧臘十二日下坂同廿日立帰在京申候、

一槍劔術少し心掛罷在候　与力　関戸傳三郎　生年四十一歳

旧臘十六日下坂同廿日立帰、同廿七二日再下坂立帰在京申候、

一馬槍劔術少し心掛罷在候（砲）　与力　丹羽紀五郎　生年三十六歳

旧臘十二日下坂同十五日立帰在京

一劔砲術嗜馬術少し心掛罷在候　与力　須加井亮之丞　生年三十六歳

旧臘十二日下坂同廿一日立帰、同廿二日再下坂、正月十日立帰り在京

一劔術嗜罷在候　与力　内藤音三郎　生年六十四歳

旧臘十二日下坂同十五日立帰、同十八日再下坂、正月九日立帰在京

一劔術嗜罷在候　後　与力　岡山弥之助　生年二十九歳

旧臘十二日下坂、正月十日立帰り在京

~~一劔馬術心掛罷在候~~　~~前~~　与力　~~内藤捨一郎~~　~~生年二十八歳~~

~~右下坂御座候~~

~~下……仕候~~

一槍劔術少し心掛罷在候　与力　早苗可郎　生年十八歳

旧臘十二日下坂、正月十八日立帰在京

一劔術少し心掛罷在候　与力　城才吉　生年十八歳

旧臘十二日下坂、正月十七日立帰在京

一剱砲術少し心掛罷在候　与力　藤井柳治　生年二十一歳

旧臘十二日下坂、同廿四日立帰在京

一槍剱術少し心掛罷在候　武一郎忰見習勤　藤田嘉助　生年三十二歳

旧臘十二日下坂、同十五日立帰、同十八日再下坂、正月十日立帰在京

一馬槍嗜剱術少し心掛罷在候　十兵衛忰見習勤　鈴木森之助　生年三十六歳

旧臘十二日下坂、同十五日立帰、同十八日再下坂、正月十六日立帰在京

一剱砲術少し心掛罷在候　九郎兵衛忰見習勤　藤田春次郎　生年十六歳

旧臘十二日下坂、正月十九日立帰在京

〆~~二十人~~
十九人

下坂仕未帰京不仕分

一　弥兵衛忰見習　小倉米次郎

一　時之進忰見習　渡辺辨三郎

一　武兵衛見習　佐治武造

一　嘉傳治見習　金原万蔵

~~右四人旧臘十二日下坂~~

〆四人

下坂不仕分

一剱砲術少し心掛罷在候　同心　法貴次郎兵衛　生年四十五才

一同断　同　土肥傳吾　生年五十五才

一同断　同　並河啓太郎　生年三十五才

一同断　同　山崎直之助　生年廿才

一同断　同　大西政之助　生年廿弐才

〆~~七人~~
六人

青木左源太　生年四十四才

下坂仕立帰候分

一剱砲術少し心掛罷在候　同心　木寺専造　生年五十三才

旧臘十二日下坂同十五日立帰、同十八日再下坂
同廿四日立帰在京

一同断　　　　同　細井五之助　生年三十九才
旧臘十二日下坂十月朔日立帰在京

一同断　　　　同　山田順八郎　生年四十才
旧臘十二日下坂同廿五日立帰、同廿九日再下坂、
正月十三日立帰在京

一同断　　　　同　原田喜八　生年三十一才
旧臘十二日下坂同十五日立帰、同十八日再下坂、
十一月十八日立帰在京

一劒砲術少し心掛罷在候　　　　同　大西政吉　生年廿九才
旧臘十二日下坂同十五日立帰、同十九日再下坂、
正月十四日立帰在京

一劒術嗜心掛罷在候
砲術少し心掛罷在候　　　　同　井上郁之助　生年三十二才
旧臘十二日下坂同廿四日立帰在京

一劒術嗜罷在候　　　　同心　小原湊吉　生年廿六才
旧臘十二日下坂、正月十日立帰在京

一劒砲術少し心掛罷在候　　　　同　法貴弘五郎　生年三十四才
旧臘十二日下坂、同廿四日立帰在京

柔術嗜罷在候
一劒術少し心掛罷在候　　　　同　小島激太　生年廿五才
旧臘十二日下坂同廿四日立帰、同廿七日再下坂
正月十四日立帰在京

一劒砲術少し心掛罷在候　　　　同　有馬剛三郎　生年四十三才
旧臘廿六日下坂、正月廿一日立帰在京

一同断　　　　同　安井佐衛門　生年三十四才
旧臘十二日下坂同十五日立帰、同十九日再下坂
正月廿三日立帰在京

一同断　　　　同　山本兜太　生年廿三才
旧臘十二日下坂正月廿六日立帰在京

一同断　　　　同　田邊敬一郎　生年廿一才
旧臘十二日下坂正月廿日立帰在京

一劔槍術少し心掛罷在候
同
永野篤三郎
生年三十二才
旧臘十二日下坂同廿四日立帰、同廿七日再下坂
正月十四日立帰在京

一劔砲術少し心掛罷在候
剛三郎倅見習勤
有馬繁太郎
生年四十六才
旧臘十二日下坂、正月廿一日立帰在京

〆拾五人

下坂仕未帰京不仕分
専造倅見習勤
木寺朝吉
儀助倅見習勤
高梨克之助

江府江罷越未帰京不仕分
堅十郎倅見習勤
柘植禎次郎

〆三人

当人并見習勤之倅共下坂仕、家族而已居残り罷在候分

与力
金原嘉傳治
漢学心掛罷在候
妻
次男金原傳治
生年十四才
三男金原健蔵
生年九才
四男金原彦蔵
生年三才

同心
高梨儀助
劔術心掛罷在候
妻
次男高梨兵次郎
生年十五才
娘壱人

当人下坂仕、家族而已居残罷在候分

与力
鈴木松之助
継母

同心
三浦源之助
劔術心掛罷在候
父隠居三浦掛右衛門
生年五十九
母
弟三浦信三郎
生年廿三才
妹壱人

同
柘植哲三郎

父　隠居　柘植勇之進　生年六十才

妻
悴　柘植壽太郎　生年三才

劔術心掛罷在候

同　宮川牧太
父隠居宮川柳助　生年五十才
母
妻
娘　壱人
妹　壱人
漢学心掛罷在候

同　林経蔵
母
弟林菊次郎　生年十才
漢学心掛罷在候

同心　服部儀平太
父隠居服部良右衛門　生年五十一才
母
弟服部健三郎　生年廿三才
妹壱人
漢学劔術心かけ罷在候

於氣幾太郎

妻

山田忠一郎
父　隠居　山田森之丞　生年五十才
妻
母
劔砲術少し心掛罷在候

同　小原万五郎
父　隠居　小原弥吉郎　生年四十八才
母
妹　壱人
劔砲術心掛罷在候

小原激太
母
妹　壱人

同心　柘植堅十郎
母
妻

当人并見習勤之悴共江府江罷越、家族而已居残り罷在候分

〆
男　廿一人　十九人
女　三拾六人

右之外四人者鷲尾殿御預りニ相成候ニ付、
名前相除置申候、
右之通私共ニ而正合相違無御座候、且当組者従来二条
城東西番所勤番職掌ニ御座候、以上、
辰
正月

右之外三人者鷲尾殿御預りニ相成、壱人者三輪
嘉助支配ニ付、名前相除置申候、
右之通私共ニ而正合相違無御座候、且当組者従来二条
城東西門番所勤番職掌ニ御座候、以上、
辰
正月

覚

□□未勤者姓名

柘植三郎父
柘植勇之進　当辰六十才

中島拡三父
中嶌平吉　当辰五十一才

山田忠三郎父
山田森之丞　当辰五十才

小原万五郎父
小原弥太郎　当辰四十八才

金原嘉傳治二男
金原傳治　当辰十四才

磯野太三郎兄
磯野千次郎　当辰弐十弐才

三浦源之助弟
三浦信三郎　当辰二十三才

服部儀平太弟
服部儀三郎　当辰十五才

山田次兵衛悴
山田徳之助　当辰廿二才

高梨儀助二男
高梨兵次郎　当辰十五才

林信蔵弟
林菊次郎　当辰十才

4［姓名書］

（表紙）
此分岩倉殿江差出置候処再調帳差出候付返却ニ相成　正月十一日

姓名書

元二條御門番組
與力
同心

覚

元与力
野條作左衛門
々
藤田武一郎
々
鈴木重兵衛
々
渡邊時之進
々
村田勝太郎
々
佐治武兵衛
々
丹羽紀五郎
元与力
内藤捨一郎
々
藤井鉚弥

右者坂地ゟ帰京罷在候

々
関戸波三郎
元同心
木寺専造
々
井上郁之進
々
法貴弘五郎
々
喜多共助
々
木寺民之助
野条作左衛門忰
見習
野条守
中川萬次郎忰
見習
中川登代蔵

右者京地ニ居残候

元与力
中川萬次郎
々
小倉弥平
々
岡山録之助
元同心
原田喜八
々
小原讃吉
藤田武一郎忰
見習
藤田嘉助

元与力　須加井發之丞
元同心　山田順八郎
々　大西政吉
々　永野篤十郎
渡邊時之進悴
見習　渡邊鱗一郎
鈴木重兵衛悴
見習　鈴木専之助

右者坂地ゟ退散罷在候

元与力　早苗可郎
々　城才吉
々　金原嘉伝次
々　藤田九郎兵衛
々　鈴木為之助
元同心　内藤音三郎
々　宮川牧太
々　高梨儀助
々　林経蔵

々　田邊教二郎
々　細井季之
々　山本兜太
元同心　中嶌拡三
々　山田治兵衛
々　永野辰之助
々　土肥為平
々　小原志賀蔵
々　小嶌激太
々　相原要作
々　磯野太三郎
々　有馬剛三郎
々　三浦源之助
々　服部儀兵衛
々　鈴木幾太郎
々　川勝栄左衛門
々　柘植哲三郎

々 安井佐右衛門

佐治武兵衛倅
見習 佐治武造

金原嘉伝治倅
々 金原万蔵

藤田九郎兵衛倅
々 藤田春次郎

小倉弥平倅
見習 小倉米次郎

有馬剛三郎倅
見習 有馬繁太郎

木寺専造倅
見習 木寺朝吉

弐拾人 元与力

九 人 同見習

三拾壱人 元同心

弐 人 同見習

〆六拾弐人

右之通御座候、以上、

辰
正月

5［家族立退場所書付］

（表紙）

家族共立退場所書付
元二條御城御門番組
京住
見廻組

家族共立退場所

一大将軍村内百姓七左衛門　木寺専造
一中立売浄福寺東江入西光寺　早苗可郎
一大津円満院御宮内内河村喜間太　岡山禄之助
一帋屋川町百姓権兵衛　城才吉
一小北山村百姓半兵衛　渡邊時之進
一千本通下立売上ル大黒屋かね　中嶋擴三
一下立売千本東へ入玉屋やゑ　山田治兵衛
一出水通七本松角慈眼寺　小原萬五郎
一右同断　林経蔵

一下久世村医師中川順蔵　須ヵ井發之丞
一妙心寺南門前赤沢常柏　鈴木重兵衛
一右同断　佐治武兵衛
一物集女村中山武左衛門　村田勝太郎
一西院村米屋与助　藤田武一郎
一岡崎村笠原　藤井鉚弥
一下久世村医師中川順蔵　中川萬次郎
一丹劦元尾村医師宮川柳助　宮川牧太
一北山薬師山百姓山村勘兵衛　高梨儀助
一西院村米屋与助　小原鑚吉
一岩上四條上ル津田　田邊教次郎
一上長志町日暮東へ入　原田禎之助
一聖護院村　山田順八郎
一中立売日暮　山本兜太
一堅木原西長野新田木屋善兵衛　井上敬之助
一西院村百姓巳之助　金原嘉伝次
一御前通下立売下ル丹波屋弥兵衛　丹羽紀五郎
一御前通大将軍突当り橘屋又吉　藤田九郎兵衛
一小北山村百姓半兵衛　関戸波三郎
一西七条油屋源助　内藤音五郎

一等持院村明清寺　小嶋激太
一右同断　磯野太三郎
一等持院村枝郷伊之助　永野篤三郎
一山之内村百姓新左衛門　服部儀平次
一梅ヶ畑平岡村惣助　法貴弘五郎
一新シ町御池上ル高田隠居　於氣幾兵衛
一一条通千本西へ入一條殿御内服部主膳　三浦源之助
一嵯峨角倉家中九里文治　大西政八郎
一北山薬師山百姓山村勘兵衛　相原要作
一麩屋町二条下ル上野儀三郎　有馬剛三郎
一千本下立売東へ入丹波屋要助　内藤捨市郎
一富小路竹屋町下ル若狭仁兵衛　両替　南　鈴木為之助
一紫野大徳寺上野村上田又四郎　小倉弥平
一下立売御前通東へ入冨田屋　細井季三
一松屋町出水上ル尾張屋徳兵衛　永野辰之助
一大将軍御前通下ル尾嵜金吾　柘植哲三郎
右者非常立退場所ニ頼置候間、自然御吟味之筋有之候節、右家族共狼狽不致様仕度、此段奉願候、以上、
辰正月十日　肝煎　木寺専造

（付箋）
四日
屯所　木寺法貴

第二部　丹羽家系譜記録

史料一　丹羽家系譜

丹羽家「　ム　シ　」

一美濃国岩村城主丹羽和泉守源ノ氏音ト号シ壱万九千五百石ヲ知行「ム　　シ」、然ル所ニ近年少々家中ノ異論有レ之、依テ「ム　シ」是ヲ吟味遂ルトイヘトモ内々ニテ埒明不レ申故、公儀江訟ヘラレケレハ元禄十五年壬午六月廿二日和泉守ヲ召セラレ、御穿鑿ノ上領知壱万九千五百石ノ内九千五百石ヲ召上ラレ高一万石ヲ被下、追テ所替仰付ラレヘキ旨被仰渡ケル、同七月十八日濃州岩村ノ城地ヲ被召上、越後国頸城へ移シ壱万石ヲ領ス、去ハ岩村ハ其先四代以前ノ祖丹羽古式部少輔氏信寛永十五年ヨリ取来ル所、元禄十五年迠其間六十五年也、既ニ古式部少輔氏信・同氏定・同氏純・氏房マテ四代、氏音トモニ五代十「ム　シ」今如レ此領知減「ム　シ」ルコ「ム　シ」ウタテカリケル由皆人申ケル也、

丹羽氏ハ「ム　シ」シレ「　ム　　シ　」郡ノ内
拾六ヶ村、土岐郡ノ内拾「ム　　シ　」村都合一万九千石
餘別帋事「ム　シ」訖、全可領知者也、仍如件、

寛文四年四月五日　御朱印

丹羽式部少輔トノヘ

目録

美濃国

恵奈郡之内　拾六ヶ村

「ム　シ」　漆原村　上　村　「ム　シ」
馬場山田村　佐々良木村　「ム　シ」　永田村
飯羽間村　冨田村　阿木村　飯沼村
藤村之内　澤井村　下　村　岩　村

高壱万九百六拾石四斗五升六合

土岐郡之内　拾三ヶ村

柿野村　西野村　駄知村　川合村
肥田村　定林寺村　神□□村　猿子村之内
浅野村之内　中野村　久須見村　竹折村
東田村

高八千五拾弐石九斗六升三合

都合壱万九百拾三石四斗二升三合

右今度被□上郡村之帳面相改及　上聞被成下、依被
仰付、執達如件、

寛文四年四月五日　永　井伊賀守
小笠原山城守

丹羽式部少輔殿

丹羽先祖并勘助働子孫代々之事

一夫丹羽氏ハ其先清和帝ノ流ヲ汲テ、八幡太郎陸奥守義家ゟ源足利陸奥新判官義康ヨリ四代尾張守泰氏トテ斯波足利石塔一色等ノ鼻祖タリ、泰氏ノ四男一色宮内卿・律師阿闍梨法印公深ハ始テ一色氏ノ祖トナシテ、其子太郎頼行次男二郎範氏嫡男一色左京太夫光嘉度二年ニ病死ス、子孫ニ至リ一色ヨリ秋山・金丸・土屋氏ニ別ル、範光弟一色左京亮直氏、其子勘次郎氏宗嫡子氏明尾劦丹羽郡ニ居住シケルハ始テ丹羽半三郎ト号シ、自レ夫代々尾劦ニ在リ、丹羽若狭守氏清ノ時岩崎ノ城ヲ築、以此ニ住ス、永禄二年七月廿二《壱》日卒去寿七十五歳、氏清三子アリ、一ハ右近太夫氏識、二ハ新三郎氏征、三ハ勘兵衛氏光也、氏識ノ男右近太夫氏勝ハ初織田信長ニ仕フトイヘトモ、信長父子明智カ為ニ没シテ後ハ家康公ニ奉レ仕忠勤ヲ励ス、其子丹羽勘助氏次モ亦始メ同父信長ニ随フトイヘトモ、明智弑スルノ後御当家ニ奉レ属シ、天正十二年羽柴秀吉ト織田信雄（信長次男）ト不和ニメ、既ニ兵ヲ尾州長久手小牧山ノ両所ニ是ヲ出サレ互ニフセキ戦フ叓獅子ノ勢ニテ未タ勝負決セサル処、猶及武勇ヲ励ス時ニ秀吉ノ家人池田勝入父子家康公方永井・安藤カ為ニ討死タリ、去ハ氏次ノ舎弟次郎助氏重岩崎城ニテ戦死、其後秀吉信雄扱ヒニナリ無事氏次家康公ノ命ニ依テ再ヒ信雄ニ仕ヘ、勢州ニ於テ七千石ヲ領ス、斯テ慶長五年関ヶ原ノ刻　家康公ニ属シ奉リテ忠勤致スノ間、三州伊保ニ於テ一万石ヲ下サレ翌六年三月卒去、其子勘助氏信代元和三年式部少輔ニ被レ任、寛永十五年　家光公ノ命ニ依テ一万石ヲ被レ加、三州ヨリ岩村ノ城ヘ得替、氏信嫡男式部少輔氏定家督之時二万石ノ内千石弟丹羽権兵衛尉氏春ヘ千石配二分之一ナリ、氏定ノ男式部少輔氏純延宝三年九月廿七日死去、其子勘助氏房家督ヲ継テ後天和二年十二月廿七日朝散太夫ニ任セラレ、長門守ト号ス、勤使程ナク貞享三年二月廿九日病死、于時二十歳、氏房嗣子ナキニ依テ、同名権兵衛尉氏春ノ嫡子庄之助氏音ヲ以養子トナシ遺跡ヲ令レ継、後元禄五年十二月十八日従五位下越中守ニ叙任セラレ、其後和泉守ニ改メ、右之仕合トナリ、今又権兵衛尉氏長之男伊之助氏埼家督ト云々、

［別紙］
「一養祖母　由緒不相知
一実　父　林土佐守殿御方ニ家老役仕罷　中山　五左衛門
　　　　　在先年病死仕候、
一実　母　菅沼織部正殿家中ニ馬廻り仕　丹　羽善太夫娘
　　　　　罷在、先年病死仕候、
一養　父　筧晋太郎殿御支配之節承応三　丹　羽学　兵　衛
　　　　　年甲午ゟ当御組江罷出、元禄
　　　　　五壬申年曲渕市太夫殿御支配
　　　　　之節組頭役御申付、己夘年御
　　　　　組分ヶ以後柘植三丞殿御支配
　　　　　之節同心支配御申付、庚辰年
　　　　　迠四拾七年相勤、三丞殿御支
　　　　　配之時分隠居仕、元禄十四辛
　　　　　巳年病死仕候、
一養　母　筧晋太郎殿御支配之時分寛永　河　野　勘兵衛娘
　　　　　十七庚辰年当御組江罷出、鈴
　　　　　木長左衛門殿御支配之時分病
　　　　　死仕候、
一姉　　　　　　　　　　　　　　　　私手前ニ罷在候　壱　人
一妻　　　御当地町醫師仕罷在候　堀　元　就娘
一子　　　　　　　　　　　　　　　　私手前ニ罷在候　丹羽熊右衛門
御代々御朱印地養父木村藤左衛門領知仕来候
一弟　　　養父木村藤左衛門儀　　実父丹羽学兵衛
　　　　　御朱印地　御代々領知仕城𠮷　木　村　金　吾
　　　　　淀ニ住居罷在候
一妹　　　江戸町人ニ而罷在候　　中西才兵衛妻　木津屋庄三郎妻
一甥　　　　　　　　　　　　　　　中　西　辰之介
一甥　　　片桐帯刀殿ニ近習相勤罷在候　父深海角兵衛　深海角右衛門
　　　　　縁者妻
一舅　　　御当地町醫師仕罷在候　堀　元　就
一舅女　　御当地町醫師仕罷在候［ムシ］　堀　［ムシ］
　　　　　病死仕候
一小舅　　　　　　　　　　　　　　父元就手前ニ罷在候　堀　元厚
　　　　以上
　右之外［ムシ］親類縁［ムシ］座候、
享保元丙申年九月　　　丹羽金右衛門（花押）
　六辛丑年五月　四代目　角兵衛
　　　　　　　　　　　　　　　氏　喜
［ムシ］左衛門殿」

史料二　丹羽家由緒書

1［由緒書］

○入
甲ノ前立物金輪抜
指物二幅四半地花色自分紋御組最初被為
仰付、至唯今奉守　仰傳来仕候、

一現米六拾壱石三斗五升　本国参河 生国丹波　丹羽次郎兵衛 当申六拾九歳

私儀秋山吉右衛門殿御支配之節、享保二十卯年正月父丹羽熊右衛門代御番被　仰付、金田仁十郎殿御支配之節、宝暦七丑年同心支配役被申付候、明和二酉年迠三拾壱年御奉公相勤申候、然ル処病気ニ付同年九月浅原又右衛門殿御支配之節悴丹羽可左衛門江代御番奉願、当御支配安永二午年迠拾ヶ年御奉公相勤、病気ニ而御番難相勤、私江再勤之儀奉願候処、願之通被　仰付［　］迠御奉公相勤申候、高祖父丹羽○一三右衛門儀春日左衛門殿御支配之節、寛永二丑年最初御組江被　召出候而承応二巳年十二月迠弐拾九年相勤隠居仕候、高祖父丹羽学兵衛儀筧新次郎殿御支配之節、承応二巳年十二月父丹羽三右衛門代御番被　仰付、曲淵市太夫殿御支配之節元禄五申年組頭役被　仰付、同十二卯年御組分後柘植三之丞殿御支配之節同心支配役被申付、同十三辰年九月迠四拾八年御奉公相勤隠居仕候、○二最初寛永二丑年高祖父御組江被　召出、曾祖父・祖父・父・悴・私六代ニ而当申年迠再勤共都合百五拾三年御奉公相続仕候、

［付紙］「私儀当御支配安永六酉年六月父丹羽次郎兵衛代御番被　仰付、御奉公相勤罷在候、申候、
元祖丹羽三右衛門○一」

親類書

○二
一曾祖父　丹羽覚兵衛
柘植三之丞殿御支配之節、元禄十三辰年九月父丹羽学兵衛代御番被　仰付、曲淵十左衛門殿御支配之節、享保四亥年同心支配役被申付、同八卯年十二月迠弐拾四年御奉公相勤、相願隠居仕候、~~同十四酉年九月死去仕候、~~

一［祖母］除　○~~本多武~~兵衛娘
○一越前福井松平兵部大輔殿京都留主居役相勤罷在、先年死去仕候、祖母儀茂先年死去仕候、

一祖父　丹羽熊右衛門

秋山吉右衛門殿御支配之節、享保八卯年十二月父丹羽
覚兵衛代御番被　仰付、同二十卯年正月迠拾三年御奉
公相勤、病身ニ付相願隠居仕候、延享元子年死去仕候、

一　祖母　竹垣庄蔵姉
羽州御代官被　仰付相勤罷在候、母儀者享保十五戌年
三月死去仕候、

一　実祖母　中澤勘右衛門娘
実母儀悴小川伊兵衛手前ニ罷在候、勘右衛門儀者先年
死去仕候、

一　父

一　養母　山本善兵衛姉
江州[ムシ]村居住仕候、

一　悴兄　丹羽可左衛門
明和二酉年九月□□浅原又右衛門殿御支配之節、父丹
羽次郎兵衛代御番被　仰付、安永三午年迠拾ヶ年御奉
公相勤、病気ニ而御番難相勤、悴幼年代御番難奉願、
父丹羽次郎兵衛江再勤奉願候通被　仰付[ムシ]仕候、
同八月二日

一　悴○除　十弟　丹羽新次郎
紀州様御家中相勤罷在候、
此度代御番奉願者ニ而私手前ニ罷在候、

一　庶兄　木村藤左衛門
御朱印御知行頂戴仕、代々城州淀住居仕候、

一　弟　乾要蔵
紀州様御家中相勤罷在候、

一　孫　甥　丹羽犀次郎
丹羽可左衛門悴ニ而私手前ニ罷在候、

一　弟伯父　小川伊兵衛
丹州国分村ニ住居仕候、

一　妹伯母　小川傳左衛門妻
右同断、

（貼紙）「一　妹同　丹州馬路村ニ住居仕候、人見大五郎母」

一　同　福井新兵衛妻
紀州加茂谷ニ住居仕候、

一　同　中澤権右衛門妻
丹州亀山餘部村ニ住居仕候、

一　伯父　丹羽去留
悴丹羽半左衛門手前ニ罷在候、隠居仕罷在候、

一　叔父　竹垣庄蔵
前段ニ書記仕候、

一　甥従弟　小川和三郎
父小川伊兵衛手前ニ罷在候、

一　同　小川仁吾
丹波国分村ニ住居仕候、

一　同　小川傳五
父小川傳左衛門手前ニ罷在候、

一　同　小川馬之助
右同断、

一　同　乾要助
紀州様御家中相勤罷在候、

一同　丹羽勘助家来、　丹羽常太郎
一同　丹波馬路村住居仕候、　人見大五郎
一同　△二ヘ　丹波餘部村ニ住居仕候、　中澤権八郎
一〇姪　従姉女　兄小川仁吾手前ニ罷在候、　弐人
一同　父中澤孫右衛門手前ニ罷在候、　壱人
一同　当御組与力相勤罷在候、　渡邊五左衛門妻
△ニ入同
一従弟　丹羽勘助家老役相勤罷在候、　丹羽半左衛門
一同　所司代御組与力相勤罷在候、　岡田藤兵衛
一同〃　右同所、　小川貞五郎
一同〃　前段ニ書記仕候、　中澤権右衛門
右之外近親類縁者無御座候、以上、

2 親類書

（表紙）

親類書
七代目　丹羽新次郎

甲前立物金輪貫
指物二幅四半地花色白紋九本骨檜扇
自分紋御組最初被　召出候節為
仰付、至唯今奉守　仰傳来仕候、

本国参河
生国紀州　丹羽新次郎
当午四拾六歳

現米六拾壱石三斗五升

私儀御所司代土居大炊頭殿御在役、夏目小十郎殿御支配之節、安永四未年見習勤被　仰付、所司代同御在役御頭同御支配之節、安永六酉年六月父丹羽次郎兵衛代御番被　仰付、御奉公相勤申候、先祖丹羽三右衛門儀春日左衛門殿御支配之節、寛永二丑年最初御組江被　召出候而、承応二巳年十二月迄弐拾九年相勤隠居仕候、高祖父丹羽学兵衛儀寛新太郎殿御支配之節、承応二巳年十二月父丹羽三

右衛門代御番被　仰付、曲渕市太夫殿御支配之節元禄五申年組頭役被　仰付、同十二卯年御組分後柘植三之丞殿御支配之節同心支配役被申付、同十三辰年九月迠四拾八年御奉公相勤隠居仕候、曾祖父丹羽覚兵衛儀柘植三之丞殿御支配之節、元禄十三辰年九月父丹羽学兵衛代御番被　仰付、曲渕十左衛門殿御支配之節、享保四亥年同心支配役被申付、同八卯年十二月迠弐拾四年御奉公相勤隠居仕候、寛永二丑年元祖御組江被　召出、高祖父・曾祖父・祖父・父・兄・私ニ至七代ニ而当午年迠都合百七拾四年御奉公相続仕候、

親類書
養方

一祖父　丹羽熊右衛門死
秋山吉右衛門殿御支配之節、享保八卯年十二月父丹羽覚兵衛代御番被　仰付、同弐拾卯年迠拾三年御奉公相勤、病身ニ付相願隠居仕、延享元子年二月病死仕候、

一祖母　羽州御代官相勤申候　竹垣庄蔵死姉死

一父　丹羽熊右衛門死養子　丹羽次郎兵衛死
秋山吉右衛門殿御支配之節、享保二十卯年二月父丹羽熊右衛門代御番被　仰付、金田仁十郎殿御支配之節、宝暦七丑年同心支配役被申付、明和二酉年迠三拾壱年御奉公相勤、同年九月浅原又右衛門殿御支配之節忰丹羽可左衛門江代御番奉願候、可左衛門儀夏目小十郎殿御支配之節安永二午年迠拾ヶ年相勤、病気ニ付父丹羽次郎兵衛江再勤代御番奉願候通被　仰付、同六年酉六月迠四ヶ年相勤、老衰仕候ニ付相願隠居仕、天明六午年七月病死仕候、

一母　善兵衛儀江州和迩高城村ニ住居仕候、　山本善兵衛死姉

一兄　丹羽可左衛門死
明和二酉年九月浅原又右衛門殿御支配之節、父丹羽次郎兵衛代御番被　仰付、安永三午年八月迠拾ヶ年御奉公相勤、病気ニ付御番難相勤、忰幼年ニ而代御番難奉願、父丹羽次郎兵衛江再勤代御番奉願候通被　仰付、八月病死仕候、

一妻　本多隠岐守殿家中　勝間十郎兵衛娘

一娘　弐人　私手前ニ罷在候、

一伯父　丹州国分村ニ隠居仕候　父丹羽次郎兵衛死実弟　小川長太夫

一伯母　丹州餘ル部村ニ住居仕候　父丹羽次郎兵衛死妹　中澤権右衛門死妻

一甥　御朱印知行頂戴仕、代々城州淀住居仕候、　私兄木村又左衛門死忰　木村藤左衛門

一従弟　私父小川長太夫忰　木村犀次郎　父長太夫手前ニ罷在候、

一従弟　私父小川長太夫次男　木村賢蔵　父長太夫手前ニ罷在候、
一従弟　丹州馬路村ニ住居仕候　私伯母聟人見善六死悴　人見代五郎
一従弟　丹州国分村ニ住居仕候　私伯父小川團四郎死悴　小川團蔵
一従弟　右同断　私伯母聟小川傳左衛門死悴　小川正次郎
一従弟　丹州餘ル部村ニ住居仕候　私伯母聟中沢権右衛門死悴　中沢勘右衛門
一従弟　江州和迩高城村ニ住居仕候　私伯父山本善兵衛死悴　山本善兵衛
一従弟女　私伯父小川團四郎死娘　小川團蔵妻
一従弟女　私伯母聟中沢権右衛門死娘　中沢勘右衛門妻
一従弟女　私伯父小川長太夫娘　壱人　父長太夫手前ニ罷在候、

実方

一父　紀州加茂ニ住居仕候　福井新兵衛死
一母　紀州加茂ニ住居　谷本勘八死娘
一弟　紀州様御家中相勤罷在候　私実父福井新兵衛死三男　乾要助
一妹　右同人娘　壱人　私甥福井伊太郎方ニ罷在候
一甥　紀州加茂ニ住居仕候　私実兄福井文左衛門死悴　福井伊太郎
一甥　紀州加茂ニ住居仕候　右同人次男　福井楠太郎　兄伊太郎手前ニ罷在候
一甥　紀州様御家中相勤罷在候　私実弟乾要助悴　乾為十郎
一姪　私弟乾要助娘　壱人　父要助手前ニ罷在候、
一従弟　元所司代御組与力相勤罷在候　養父岡田藤弥死　実父私叔母聟安野文兵衛死　岡田藤兵衛

右之外近親類無御座候、以上、

寛政十戊午年三月　丹羽新次郎（花押）
氏苗

中根仁左衛門殿

3［新次郎系譜・親類書］

由緒書

此所一字ケツ
二條○御城御門番之頭
中根仁左衛門組与力

本国参河
生国紀伊　丹羽新次郎　此名今少シ下ケ
当戌五拾歳

御切米
現米六拾壱石三斗五升

兜前立物金之輪　指物ゟ又上ヘ上ル　指物二幅四半地花色白紋ニ自分紋御組

最初被被　召出候節為　仰付、至唯今奉守　仰傳来仕候、

惇信（俊明）院様御代私儀安永四乙未年十二月御所司代土居大炊頭殿御頭夏目小十郎殿支配之節見習勤申付、同六丁酉年迠三ヶ年相勤、同年六月父丹羽次郎兵衛代御番被仰付、当戌年迠見習勤共弐拾九年御奉公相勤罷在候、

丹　羽　傳　藏（後金右衛門与改名仕候）

一元祖

右傳藏儀、当時丹羽式部少輔殿先祖右近太夫氏識《アキラ》十三男ニ御座候処、慶長七壬寅年被　召出、伏見御城番春日下総支配ニ而伏見御城御番相勤罷在候処、寛永元甲子年伏見御城御天守当二條江被為移候ニ付翌二乙丑当二年條江引越、春日左衛門支配ニ而御城東追手御番相勤罷在候処、病気ニ付同年忰丹羽三右衛門江代御番御願申上、引退勤仕候、寂初ゟ今丑年迠弐拾四年御奉公相勤申候、正保四丁亥年十一月病死仕候、寂初被　召出候節之月相知レ不申候、

一二代　丹　羽　三左衛門

大猶院様御代寛永二乙丑年御所司代板倉周防守殿御在役頭春日左衛門支配之節、父丹羽傳藏代御番被　仰付、承応二癸巳年十二月迠弐拾九年御奉公相勤、病身ニ付奉願退勤仕、寛文七丁未○年七月病死仕候、代御番被仰付候月相知レ不申候、

一三代　丹　羽　学　兵　衛

厳有院様御代承応二癸巳年十二月御所司代板倉周防守殿御在役頭筧新太郎支配之節、父丹羽三右衛門代御番被仰付、元禄五壬申年曲渕市太夫支配之節組頭役被○仰《ケツ》付、同十二己夘年組分ケ後頭柘植三之丞支配之節同心支配役申付、同十三庚辰年九月迠四拾八年御奉公相勤病身（気）ニ付引退（奉願）退勤仕、同十四辛巳年七月病死仕候、

一四代　丹　羽　覚　兵　衛

常憲院様御代元禄十三庚辰年九月御所司代松平紀伊守殿御在役頭柘植三之丞支配之節、父丹羽学兵衛代御番被仰付、享保四己亥年頭曲渕十左衛門支配之節同心支配役申付、同八癸夘年十二月迠弐拾四年御奉公相勤、病身（気）ニ付奉願御奉公引退（退勤）同十四己酉年九月病死仕候、

一祖父　丹　羽　熊右衛門

有徳院様御代享保八癸夘年十二月御所司代松平伊賀守殿御在役頭秋山吉右衛門支配之節、父丹羽覚兵衛代御番被　仰付、頭同支配之節、同二十乙夘年正月迠拾三年御奉公相勤、病身（気）ニ付奉願御奉公引退（退勤仕）、延享元甲子年

二月病死仕候、

一父　後次郎兵衛ト改名仕候　丹羽又五郎

有徳院様御代享保二十乙夘年正月御所司代土岐丹後守殿御在役頭秋山吉右衛門支配之節、父丹羽熊右衛門代御番被　仰付、宝暦七丁丑年金田仁十郎支配之節同心支配役申付、明和二乙酉年迄三十壱年御奉公相勤、病身気二付奉願退勤仕候、退勤仕候、

一兄　丹羽可左衛門

凌明院様御代明和二乙酉年八月御所司代阿部飛騨守殿御在役頭浅原又右衛門支配之節、父丹羽次郎兵衛代御番被　仰付、安永三申年八月迄拾ヶ年御奉公相勤、病気二付父丹羽次郎兵衛江再勤奉願、同月病死仕候、

一父　丹羽次郎兵衛

凌明院様御代安永三申年八月御所司代土井大炊頭殿御在役頭夏目小十郎支配之節、丹羽可左衛門病気ニ而　御奉公難相勤、再勤代御番奉願、同六年丁酉年迄四ヶ年再勤御奉公相勤、老衰仕ニ付悴丹羽新次郎江代御番奉願退勤仕、天明六丙午年七月病死仕候、

元祖丹羽傳藏慶長七壬寅年被　召出私迄八代、当戌年迄都合弐百壱年御奉公相続仕、罷在候、罷在候、以上、

享和二壬戌年十二月　丹羽新次郎　此名ハ下けい一はい

4［次郎左衛門系譜・親類書］

（表紙）

天保二夘年五月松平市右衛門殿差出候扣月番箱入置也
天保十亥年九月三輪清左衛門殿差出候扣張紙ニ而

親類書扣

八代目
丹羽次郎左衛門

兜前立物金之輪貫
指物二幅四半地花色白紋九枚骨檜扇
自分紋御組最初被為　仰付、至唯今
奉守　仰傳来仕候、

高現米六拾壱石三斗五升　本国尾張　生国山城　丹羽次郎左衛門　当亥五拾六歳

私儀御所司代稲葉丹後守殿御在役、御頭中根仁左衛門殿御支配之節文化二丑年九月見習勤被　仰付、御

所司代阿部播磨守殿御在役御頭壷井隼人殿御支配未御参府ニ付、南御頭松平加賀右衛門殿仮御支配之節、文化五辰年十一月父丹羽新次郎代御番被　仰付、文政十一子年十月御頭西井孫太夫殿御支配未参府ニ付、南御頭石渡亀次郎殿仮御支配之節同心支配役被申付、見習勤共三拾五年相勤罷在候、当御組元祖丹羽金右衛門儀慶長七寅年與力被　召抱、伏見御城番春日下総殿御支配伏見御城御番相勤、寛永元子年伏見御城御天守当二條江被為移候ニ付同二丑年当二條江引越、春日左衛門殿御支配ニ而御城東追手御番相勤、同年迠二拾四年相勤隠居仕候、二代目丹羽三右衛門儀御頭春日左衛門殿御支配之節、寛永二丑年月日不知父丹羽金右衛門代御番被　仰付相勤、承応二巳年十二月迠二拾九年相勤隠居仕候、三代目丹羽学兵衛儀御頭覚新太郎殿御支配之節、承応二巳年十二月父丹羽三右衛門代御番被　仰付、御頭曲渕市太夫殿御支配之節元禄五申年組頭役被　仰付、同十二卯年御組分後御頭柘植三之丞殿御支配之節同心支配役被申付、同十三辰年九月迠四拾八年相勤隠居仕候、四代目丹羽角兵衛儀御頭柘植三之丞殿御支配之節、元禄十三辰年九月父丹羽学兵衛代御番被　仰付、御頭曲渕十左衛門殿御支配之節享保四亥年同心支配役被申付、同八卯年十二月迠二拾四年相勤隠居仕候、五代目丹羽熊右衛門儀御頭秋山吉右衛門支配之節、享保八卯年十二月父丹羽角兵衛代御番被　仰付、同二拾卯年迠十三年相勤隠居仕候、慶長七寅年元祖御組江被召出、私ニ至八代ニ而当亥年迠都合二百三拾八年御奉公相続仕候、

親類書

養方

一祖父　丹羽次郎兵衛死

秋山吉右衛門殿御支配之節、享保二拾卯年二月父丹羽熊右衛門代御番被　仰付、御頭金田仁十郎殿御支配之節、宝暦七丑年十二月同心支配役被申付、明和二酉年病気ニ付忰丹羽可左衛門江代御番奉願相勤候処、安永三午年八月病気ニ付再勤代御番奉願候処、願之通御頭夏目小十郎殿被　仰付相勤、同六酉年六月迠三拾五年相勤隠居仕候、

一祖母　江州和迩高城村住居　山本善兵衛死娘死

一父　丹羽新次郎死

夏目小十郎殿支配之節、安永四未年十二月見習勤被
仰付、同六酉年六月父丹羽次郎兵衛代御番被　仰付、
御頭小林弥兵衛殿御支配之節、寛政四子年十一月同心
支配役被申付、文化五辰年十一月迠見習勤共三拾四年
相勤隠居仕候、

一母　先本多隠岐守殿家中　勝間十郎兵衛死娘死
一妻　丹羽新次郎死娘死
一後妻　北野天神侍　神部勇治姉
一弟　南御組與力　丹羽新次郎死二男　内藤佐兵衛養子　内藤新三郎
一悴　苗氏五郎
一弟　私手前可在候　内藤新二郎
一同　本多下総守殿家中　養母実弟　向坂次郎兵衛
一従弟　紀刕加茂郷士　養母実兄福井文左衛門死悴　福井伊太郎
一同　紀伊中納言殿家中　同断弟乾要助死悴　乾為十郎
一同　本多下総守殿家中　実兄加藤佐太夫死悴　加藤左太夫
一同　右同断　同断弟向坂次郎兵衛悴　向坂諫
一同　右同断　叔母聟金子勘助悴　金子小三郎

実方

一祖父　先当地町奉行西組與力　上田権右衛門死
一祖母　無御座候
一父　先当地町奉行西組與力　上田源右衛門死
一母　先本願寺家来　林左治馬死娘死
一弟　当地町奉行佐橋長門守殿組與力　実父上田源右衛門死四男　前田廣蔵
一甥　右同断　実兄上田憲十郎死悴　上田権次郎　実者弟続ニ件之兄憲十郎准養子ニ付別ニ相認
一同　右同断　右同人悴　上田守次郎　権次郎准養子
一甥　右同断　実弟前田廣次郎悴　前田源之助
一姪　右同人娘　弐人　父手前罷在候
一伯父　当地町奉行本多筑前守組與力　石嶋三郎
一伯母　当地町奉行佐橋長門守組與力　手嶋葉次郎方祖母
一従弟　伯父不破伊左衛門悴　不破伊左衛門
一同　当地町奉行佐橋長門守組與力　右同人四男　下田定平
一同　先所司代組與力　叔母聟戸田三十郎悴　戸田三左衛門
一同　伯父石嶋五郎悴　石嶋益太郎

一同　当地町奉行本多筑前守組與力　右同人二男　田中鷲之助
一同　（抹消アリ）
（以下四人抹消アリ）
十一日落し　当地町奉行佐橋長門守組與力　手嶋葉次郎方祖母
従弟母
一同　右同断　叔母聟下田庄佐衛門死娘　下田定平妻
右之外親類無御座候、以上、
天保十亥年八月　丹羽次郎左衛門（花押）
三輪清右衛門殿

5［健次郎系譜・親類書］

（表紙）

親類書
九代目　丹羽健次郎

兜前立物金之輪貫
指物二幅四半地花色白紋九枚骨檜扇
自分紋御組最初被為　仰付、至唯今
奉守　仰傳来仕候、

高現米六拾壱石三斗五升　本国参河 生国山城　丹羽健次郎　当辰拾九歳
私儀御所司代酒井若狭守殿御在役御頭三輪清右衛門
殿御支配之節、天保十五辰年四月父丹羽次郎左衛門
代御番被　仰付相勤罷在候、当御組元祖丹羽金右衛
門儀慶長七寅年與力被　召抱、伏見御城番春日下総
殿御支配ニ而伏見御城番相勤、寛永元子年伏見御城
御天守当二條江被為移候ニ付同二丑年当二條江引越、
春日左衛門殿御支配ニ而　御城東追手御番相勤、同年
迠弐拾四年相勤隠居仕候、二代目丹羽三右衛門儀御
頭春日左衛門殿御支配之節、寛永二丑年月日不知父
丹羽金右衛門代御番被　仰付相勤、承応二巳年十二
月迠相勤隠居仕候、三代目丹羽学兵衛儀御頭筧新太
郎殿御支配之節、承応二巳年十二月父丹羽三右衛門
代御番被　仰付、御頭曲渕市太夫殿御支配之節、元
禄五申年組頭役被　仰付、同十二卯年御組分後柘植
三之丞殿御支配之節同心支配役被申付、同十三辰年
九月迠四拾八年相勤隠居仕候、四代目丹羽覚兵衛儀
御頭柘植三之丞殿御支配之節、元禄十三辰年九月父
丹羽学兵衛代御番被　仰付、御頭曲渕十左衛門殿御

支配之節享保四亥年同心支配役被申付、同八卯年十二月迄弐拾四年相勤隠居仕候、五代目丹羽熊右衛門儀御頭秋山吉右衛門殿支配之節、享保八卯年十二月父丹羽覚兵衛代御番被　仰付、同二十卯年迄拾三年相勤隠居仕候、六代目丹羽次郎兵衛儀御頭秋山吉右衛門殿御支配之節、享保二十卯年二月父丹羽熊右衛門代御番被　仰付、御頭金田仁十郎殿御支配之節宝暦七丑年十二月同心支配役被申付、明和二酉年月日不知病気ニ付、悴丹羽可左衛門江代御番奉願相勤候処、安永三午年八月病気ニ付再勤代御番奉願候処、願之通御頭夏目小十郎殿被　仰付相勤、同六酉年六月迄前後三拾五年相勤隠居仕候、慶長七寅年元祖御組江被　召出、私ニ至九代ニ而当辰年迄都合弐百四拾三年御奉公相続仕候、

親類書
養方

一祖父　丹羽新次郎死
夏目小十郎殿御支配之節、安永四未年十二月見習勤被　仰付、同六酉年六月父次郎兵衛代御番被　仰付、御頭小林弥兵衛殿御支配之節、寛政四子年十二月同心支配役被申付、文化五辰年十一月迄見習勤共三拾四年相勤隠居仕候、

一祖母　先本多隠岐守殿家中　勝間十郎兵衛死娘死

一父　丹羽次郎左衛門
御頭中根仁左衛門殿御支配之節、文化二丑年九月見習勤被　仰付、御頭壷井隼人殿御支配未御参府ニ付、南御頭松平加賀右衛門殿仮御支配之節、文化五辰年十一月父丹羽新次郎代御番被　仰付、文政十一子年十一月御頭西井孫太夫殿御支配御参府ニ付、南御頭石渡亀次郎殿仮御支配之節同心支配役被申付、天保十五辰年四月迄見習勤共四拾年相勤隠居仕候、

一母　北野天神侍　神部勇次姉

一伯父　当御組與力相勤　祖父丹羽新次郎死二男　内藤作兵衛養子　内藤新三郎

一同　当地町奉行田村伊豫守組與力　祖父上田源右衛門死四男　前田泰次郎死養子　前田忠次郎

一伯父　当地町奉行田村伊豫守組與力　祖父上田源右衛門死五男　上田権次郎

一従弟　右同断組再勤　伯父上田原忠十郎死悴　上田権次郎准養子　上田良蔵

一同　前田忠次郎悴　前田邦之丞

一従弟女　右同人娘　三人
一従弟　実方　右同断組再勤　棚橋長三郎死五男　内藤新三郎養子　内藤捨市
一祖父　先町奉行西組與力　下田庄右衛門死
一祖母　典薬寮医師　川越佐渡守死娘死
一同　町奉行西組與力　祖父不破伊左衛門死四男　祖父下田庄右衛門養子　下田定平
一母　下田庄右衛門死娘
一兄　右同断組并勤　下田定平倅　下田耕助
一同　右同断　右同人二男　三浦義右衛門養子　三浦鍗次郎
一甥　下田耕助倅　下田扇太郎
一姪　右同人娘　壱人
一伯父　町奉行西組與力　祖父不破伊左衛門死倅　不破伊左衛門
一伯母　稲荷社司　羽倉摂津守妻
一姉　町奉行西組與力　下田定平娘　手嶋柔次郎妻
一従弟　右同断組并勤　伯父不破伊左衛門倅　不破兕太郎
一同　先町奉行西組再勤　伯父手嶋平七郎死倅　手嶋幽竈
一同　酒井若狭守殿組與力　右同人二男　冨田作太郎　柔次郎手前ニ罷在候
一同　右同人三男　手嶋清記　柔次郎手前ニ罷在候
一従弟女　羽倉摂津守娘　壱人
一同　伯父不破伊左衛門娘　下田耕助妻
一同　典薬寮医師　右同人娘　杉山日向介倅　杉山嘉蔵妻
一甥　手嶋柔次郎倅　手嶋常太郎

右之外近親類無御座候、以上、

天保十五辰年五月　丹羽健次郎（花押）

三輪清右衛門殿

6［紀五郎系譜・親類書］

（表紙）

親類書

十代目　丹羽紀五郎

兜前立物金之輪貫
指物二幅四半地花色白紋九枚骨檜扇
自分紋御組最初被為　仰付、至唯今
奉守　仰傳来仕候、

高現米六拾壱石三斗五升　本国尾張　生国山城　丹羽紀五郎　当戌十八歳

私儀御所司代内藤紀伊守殿御在役御頭三輪清右衛門殿御支配之節、嘉永三戌年十一月養父丹羽健次郎代御番被　仰付相勤罷在候、当御組元祖丹羽金右衛門儀慶長七寅年與力被　召抱、伏見御城番春日下総殿御支配ニ而伏見御城番相勤、寛永元子年伏見御城御天守当二條江被為移候ニ付、同二丑年当二條江引越、春日左衛門殿御支配ニ而　御城東追手御番相勤、同年迠弐拾四年相勤隠居仕候、二代目丹羽三右衛門儀御頭春日左衛門殿御支配之節、寛永二丑年月日不知父丹羽金右衛門代御番被　仰付相勤、承応二巳年十二月迠二拾九年相勤隠居仕候、三代目丹羽学兵衛儀御頭覚新太郎殿御支配之節、承応二巳年十二月父丹羽三右衛門代御番被　仰付、御頭曲渕市太夫殿御支配之節元禄五申年組頭役被　仰付、同十二卯年御組分後柘植三之丞殿御支配之節同心支配役被申付、同十三辰年九月迠四拾八年相勤隠居仕候、四代目丹羽学兵衛儀御頭柘植三之丞殿御支配之節、元禄十三辰年九月父丹羽学兵衛代御番被　仰付、御頭曲渕十左衛門殿御支配之節享保四亥年同心支配役被申付、同八卯年十二月迠弐拾四年相勤隠居仕候、五代目丹羽熊右衛門儀御頭秋山吉右衛門殿支配之節、享保八卯年十二月父丹羽覚兵衛代御番被　仰付、同二十卯年迠拾三年相勤隠居仕候、六代目丹羽次郎兵衛儀御頭秋山吉右衛門殿御支配之節、享保二十卯年二月父丹羽熊右衛門代御番被　仰付、御頭金田仁十郎殿御支配之節宝暦七丑年十二月同心支配役被申付、明和二酉年月日不知病気ニ付、忰丹羽可左衛門江代御番奉願相勤候処、安永三午年八月病気ニ付再勤代御番奉願候処、願之通御頭夏目小十郎殿被　仰付相勤、同六酉年六月迠前後三拾五年相勤隠居仕候、七代目丹羽新次郎儀夏目小十郎殿御支配之節、安永四未年十二月見習勤被　仰付、同六酉年六月父次郎兵衛代御番被　仰付、御頭小林弥兵衛殿御支配之節、寛政四子年十一月同心支配役被申付、文化五辰年十一月迠見

習勤共三拾四年相勤隠居仕候、慶長七寅年元祖御組
江被　召出、私ニ至十代ニ而当戌年迄都合弐百四拾九
年御奉公相続仕候、

親類書

養方

丹羽次郎左衛門

一祖父
御頭中根仁左衛門殿御支配之節文化二丑年九月見習
勤被　仰付、御頭壷井隼人殿御支配未御参府ニ付、
南御頭松平加賀右衛門殿仮御支配之節、文化五辰年
十一月父丹羽新次郎代御番被　仰付、文政十一子年
十一月御頭西井孫太夫殿御支配御参府ニ付、南御頭
石渡亀次郎殿仮御支配之節同心支配役被申付、天保
十五辰年四月迄見習共四拾年相勤隠居仕候、

一祖母　北野天神侍　神部勇次姉

一父　丹羽健次郎
御頭三輪清右衛門殿御支配之節、天保十五辰年四月
父丹羽次郎左衛門代御番被　仰付、嘉永三戌年迄七
ヶ年相勤隠居仕候、

一母　無御座候

養方

一祖父　当地西町奉行組與力　曾祖父不破伊左衛門死四男　曾祖父下田庄右衛門死養子　下田定平

一祖母　下田庄左衛門死娘死

一伯父　下田定平悴　下田耕助

一同　下田定平二男　三浦義右衛門養子　三浦鍗次郎

一従弟　下田耕助悴　下田扇太郎

一同　右同人二男　下田悌次郎

一甥　右下田定平娘死　手嶋敬之助悴　手嶋常太郎

一同　右同人二男　手嶋貫次郎

実方

一祖父　当地元西町奉行組與力　棚橋八兵衛死

一祖母　右同断　棚橋八兵衛死悴　棚橋猶右衛門死娘死

一父　右同断　棚橋長三郎死

一母　西院村住居　中井道閑死養女死

一継母　植松殿家中　榎本官次郎死姉

一兄　当地西町奉行組與力　父棚橋長三郎死悴　棚橋傳之助

一同　伏見組與力　棚橋慎平養子　棚橋金四郎

一姉　当地西町奉行組與力　父棚橋長三郎死娘　砂川健次郎妻
一弟　棚橋朝之助
一同　内藤新三郎養子　内藤捨市
一妹　壱人
一甥　砂川健次郎忰　砂川督太郎
一同　右同人二男　砂川知三郎
一同　棚橋金四郎忰　棚橋延太郎
一姪　砂川健次郎忰　壱人
一従弟　当地西町奉行組與力　棚橋八兵衛死娘死　野村鉄三郎
一従弟女　南御組與力　右同人娘死　岡山源之助妻
一従弟　伯母聟三浦義右衛門二男　棚橋八兵衛死娘死　三浦得三郎

右之通御座候、以上、

嘉永三戌年十二月　丹羽紀五郎（花押）
氏義

三輪清右衛門殿

7［丹羽紀五郎系譜・親類書雛形］

［丹羽紀五郎系譜］

元二條城番組與力
丹羽紀五郎　巳三十七歳
御扶助五人扶持

二條御城西御門前組屋敷住居

明治元辰年五月廿五日御扶助被下置、同年八月十日平安隊入隊、明治二巳年七月四日警固方入組被仰付候、

一祖父　元二條城番組與力　丹羽次郎左衛門死
一祖母　北野天神侍　神部勇次姉
一父　元二條城番組與力　丹羽健次郎
一母　無御座候
一妻　営繕司調役　池上幸太郎姉
一忰　私手前ニ罷在候　丹羽義之助
一次男　同断　丹羽官次郎
一娘　同断　壱人

父実方

一祖父　元京都町奉行組與力　下田定平死
一祖母　同断　下田庄左衛門死娘死
一伯父　父方　同断　下田耕助
一従弟　同　警固方伍長　下田平蔵

同 一同　引退罷在仕候　手嶋貫次郎
同 一従弟　警固方伍長　中川登代蔵
一同　警固方　草間六蔵

実方

一祖父　元京都町奉行組與力　棚橋八兵衛
一祖母　同断　砂川猶右衛門死娘死
一祖父　西院村郷士　中井道栄死
一祖父　元町奉行組與力　深谷省甫死
一祖母　同断　深谷一寛死娘死
一父　同断　棚橋長三郎死
一母　同断　深谷省甫死娘死
一継母　元植松殿家来　榎本官次郎死姉死
一兄　元町奉行組與力 当時鞠獄司監察　棚橋傳之助
一兄　警固方　棚橋金四郎
一弟　同断　内藤捨市郎
一姉　元町奉行組與力 同断京都府御預り調役 当時無役　砂川健次郎妻
一妹　京都府御玄関取次役 木村与三郎悴　木村立太郎妻
母方 一叔母　同断　深谷平左衛門妻

〃 一同　元二條城番組與力　野条佐左衛門妻
一甥　京都府筆生　棚橋朝蔵
一同　御手前ニ罷在候　棚橋寿三郎
一同　同断　棚橋栄之丞
一同　警固方御用掛り助役　砂川督太郎
一同　警固方　山田周四郎
一同　健次郎手前ニ罷在候　砂川象三郎
一姪　傳之助手前ニ罷在候　棚橋傳之助娘　壱人
一同　同断　砂川健次郎娘　壱人
一同　同断　木村立太郎娘　三人
父方 一従弟　元町奉行組與力 華頂宮御内　野村主計
同断 一同　警固方御用掛り助役　三浦得三郎
母方 一同　京都府御玄関取次役　深谷平左衛門
同断 一同　元二條城番組與力 京都府捕込方　野条牧三郎

継母方

一祖父　元御附組與力　榎本官蔵
一祖母　元御附組與力　榎本専右衛門死娘死

一叔父　元植松殿家来　榎本官次郎 死

母方

一叔母　曼珠院宮内　榎本次郎妻

外近キ親類無御座候、以上

右之通御座候、以上、

明治二巳年八月廿五日出ス　丹羽紀五郎㊞

京都府

雛形

史料三　丹羽氏年譜

1［分家以後系譜］

［本分家訳書・系譜］

天明四辰年十月従本家分之訳
依尋ニ左之通認遣ス書面之扣
氏識様十二(十三カ)男傳藏改後
　禄高弐百石丹羽金右衛門氏俊
慶長年中ゟ伏見御城春日丸ニ勤番仕候、冣初罷出候節記
録者相知不申候、
　正保四丁亥年十一月廿二日死去
　　法名　源渓道本
　　禄同断丹羽三右衛門氏明
寛永二乙丑年、伏見　御天守二條江被為移候ニ奉附京都
江引越、与力相勤申候、
　寛文七丁未年七月廿八日死去
　　法名　角譽宗羽
　　禄同断丹羽学兵衛氏種
元禄十四辛巳年七月十五日死去
　　法名略
　　氏種惣領丹羽儀太夫氏孝
氏純様御代ゟ罷出奉仕
　元禄十丁丑年二月十二日死去
　　法名　性譽覚心
　宗門者浄土宗ニ而知恩院末寺勝岩院従先祖代々之寺ニ而
　御座候、
右之趣西之物紙二ツ切ニ相認、上包美濃紙熨斗包、
　此方ゟ返書左之通遣ス、
十月廿七日附之貴札当月十八日ニ到着致拝見候、如貴教
之寒気之節ニ御座候処、各様弥御堅勝ニ被成御勤珍重奉
存候、拙者乍老衰無事ニ凌罷在候、乍慮外貴意易思召可
被下候、然者往古相分之儀御尋被下候、氏識様ゟ分候系
ニ書記伝来仕候、去留佐御先祖四郎兵衛殿抔と同分ニ御
座候、其後各様御家と縁談被組之書記無御座候、尤先達
而去留佐、毎再御上京御家岩村以後御家中之御物語承候
処、丹羽半兵衛殿御家筋ハ余程古キ御分之由迠承候得共、
縁被組之儀ハ承不申候、此方三代目丹羽学兵衛惣領悴丹
羽儀太夫・氏孝
氏純様御代ゟ罷出奉仕候、其後有無之書記相見江不申候、
則御尋之訳相認入御覧候、段々続之書記御座候得共、長
文ニ相成、結句御披見も御面倒旁致略書候、万一相違も

御座候ハヽ、有無之訳再便之節被仰下度奉頼候、前段之通
去留佐御見談之節、此方伝記も御目ニ懸候儀も御座候、
先以御尋之用文計壱報致文略候、恐惶謹言、

丹羽了阿
氏方（花押）

十一月廿五日

丹羽半左衛門様
丹羽次郎三郎様

尚以甚寒之砌御座候間、随分各様御壮健ニ可被成御勤、
老屋之儀故相違前後難計奉存候、私儀淀木村藤左衛門方
江罷越久々滞留仕、当廿二日ニ致帰宅御紙面拝見仕候故、
貴報延引仕候段御用捨可被下候、以上、

2〔丹羽氏系図〕

清和天皇十三代泰氏七男一色太夫法印公深《タツヤス》九代後胤

丹羽和泉守氏従 ─ 氏員《サタ》号新介 ─ 氏與《トモ》号平左衛門

氏清若狭守 ─ 氏識《アキラ》右近太夫

元祖
丹羽右近太夫氏識十三男
丹羽金右衛門当家元祖 ─ 二代目 三右衛門 ─ 三代目 学兵衛

四代目 角兵衛 ─ 五代目 熊右衛門 ─ 六代目 次郎兵衛（朱筆）「実生国丹劦国分村小川家ゟ熊右衛門　養子也、享和三亥二月廿三日七十才ニ而卒」
室

次郎兵衛
室

次郎兵衛
室

可左衛門
新次郎
室

次郎左衛門
室
娘
新三郎
好
後ニ後妻

娘
氏五郎
友三郎
健次郎
次郎左衛門後妻

紀五郎
室

娘俗名おこん
早世

新次郎
室

次郎左衛門
室
娘
新三郎
後妻

可左衛門「可左衛門儀者次郎兵衛実子也、然ル所病死也」
江劦和迩高城村山本善兵衛娘也、八十三才ニ而卒実名不知レ

七代目 新次郎「右可左衛門病死ニ付次郎兵衛養子也、実性紀劦加茂村福井氏ゟ当家江相続ニ来也、六十九才卒」

室
膳所家中向坂氏ゟ当家江嫁候人也、実名

娘
新次郎実惣領次郎左衛門妻
廿四才ニ而卒、実名孝

娘
右同断十六才ニ而卒、実名せい
「朱ニ而書入分」

新三郎
右新次郎三男、少年ニ付当組内藤作兵衛養子トナリ姉考ニ養子ニ入致当家相続スルナリ

八代目 次郎左衛門
「七十才卒
実生三条屋敷上田嘉十郎二男右新三郎少年ニ付新次郎跡相続六ヶ敷故次郎左衛門ノ養子トナルナリ、新三郎姉ムコナリ」

右 後室
平野天神侍神部因幡介姉也、実

氏五郎
「実三条屋敷前田忠次郎子也、次郎左衛門養子也、「　」死」

友三郎
「実古屋敷下田定平三男也、次郎左衛門養子トナリ見習之内廿五才卒」

九代目 健次郎
「実古屋敷下田定平四男也、次郎左衛門養子トナリ、七ヶ年相勤廿五才卒」

十代目 紀五郎
「実古屋敷棚橋長壱郎二男也、当家養子トナルナリ、嘉永三戌年九月晦日夜引越也養父死後参候事𠀋」

室
丹劦保津村郷士桂太右衛門惣領娘

氏五郎
友三郎
健次郎

（＊注この史料翻刻で「」を付した部分は朱筆）

3［丹羽氏系譜一覧］

本家

公深公　一色左京太夫
範氏公　一色次郎
真氏公　一色左京太夫
氏兼公　一色左京亮
氏宗公　一色勘次郎
氏明公　丹羽平三郎
氏時公　丹羽次郎左衛門
氏盛公　丹羽傳助
氏範公　丹羽勘左衛門
氏従公　丹羽和泉守
氏員公　丹羽新助
氏興公　丹羽平左衛門
氏清公　丹羽若狭守
氏識公　丹羽若狭守
氏勝公　丹羽右近太夫
氏次公　丹羽勘助
氏勝公御次男
氏重公　丹羽次郎三郎
氏信公　丹羽式部少輔
氏定公　丹羽式部少輔
氏純公　丹羽式部少輔
氏明公　丹羽長門守
氏音公　丹羽和泉守
薫氏公　丹羽和泉守
氏栄公　丹羽式部少輔
氏福公　後勝道公　丹羽長門守　後空閑斎
氏昭公　丹羽長門守
氏賢公　丹羽若狭守
氏昭公御三男
氏謙公　丹羽職之進

4［丹羽氏系図］

丹羽系図　以九本骨檜扇為紋

清和天皇十三代泰氏七男公深公九代後胤　一色太夫法印

若狭守
氏清　法名珠岸道壽　文禄二年十二月廿一日卒［ムシ］十五
築尾州岩崎城住之

和泉守
氏従［ム　シ］
築城住之

氏員《サタ》　号新助尾州本郷築城住之

氏興《トモ》　号平左衛門
居城同前

右近太夫
氏識《アキラ》　法名清安道休
居城同前

二男　傳左衛門　無子孫
三娘
四娘
五娘
六娘
七男　□松院　八幡
八男　上田清兵衛
上田玄蕃為養子也、故継他名卒
九娘
十娘
十一男　四郎兵衛丹羽角左衛門祖　法名宗圓
十二男　傳次郎　丹羽小右衛門祖
十三男　傳蔵　改後丹羽伊右衛門又後丹羽金右衛門

尾州藤嶋城主丹羽右馬允雖レ為二岩崎廉族一別ニ立レ家ヲ
萬支仕二我意一ニ故ニ氏識度々押二‐寄藤嶋城一ヘ苦レム之ヲ、
右馬允知力レ不レ能請レ数ヲ於二信長於レ是ニ信長ニ為二ニ右
馬允一カ向二岩崎一ニ先陣既ニ到二横山一時、父氏清留守岩崎
城氏識使息氏勝為先鋒将拒戦敗二信長ノ先陣一ヲ、於レテ是
信長不レ及レ戦而収レ軍ヲ、氏識父子追レテ北テ到二平張一少
々討取首級而皈ル、其後右馬允速ニ請レ数二テ於信長一ニ終ニ
不二出軍一セ故右馬允不レ能レ住二藤嶋一ニ、往二テ三州一ニ憑二ム
廣見之城主一ヲ、於レテ是ニ氏識領二ス藤嶋村一ヲ、其後家康
公与信長有間以岩崎為尾三之要害、互ニ招二ク氏識一ヲ以
信長援《タスク》二右馬允一ヲ故ニ不レ従二ハ信長一ニ、即属二ス家康公一ニ、
公喜レテ之ヲ即賜二フ三河国乙尾・一色・赤羽根三村一ヲ、
其後　家康公与二信長一和睦、以岩崎本隷《レイ》尾州又属二信
長一ニ、雖然三州領北如レ故領レ之、
　永禄八年六月十九日ニ卒、歳六十九
氏勝右近太夫　法名雪庭道加

居城同前
初仕テ二信長ニ一而、後ニ拝二‐謁家康公ニ一、慶長二年十一月廿二日卒、歳七十五

氏次　勘介　法名大翁道用

居城同前
随テ二信長ニ一度々有二軍功一、天正十年信長薨シ玉テ後為二国付ト一属二信雄ニ一、翌年ノ春蒙テ二信雄ノ勘気ヲ一去ル、謁ス二家康公ニ一同十二年秀吉ト与二信雄一不和、家康公援ク二信雄一、当二此時ニ一家康公命メ二氏次ニ一令下急キ帰テ二岩崎ニ一守ラ中三州ノ要衝ヲ上、於是氏次帰テ二岩崎ニ一漸ク修二塹塁ヲ一聞テ三家康公陣置ク二小牧山ニ一、即到テ二小牧山ニ一謁‐見ス、公如レ先命レ令スレ帰シメル二岩崎ニ一、氏次ノ曰、我於二当地ニ一知二案内一伏乞、在二先陣一将レ致ニ二忠戦ヲ一故使メ三舎‐弟次郎三郎氏重ヲ守ラ二岩崎ノ城ヲ一、氏次加二家康公ノ先陣ニ一、四月九日池田父子攻二岩崎城ヲ一氏重雖二拒戦一以二敵大勢ナルヲ一終ニ敗リ二氏重ヲ一、及ヒ郎等悉ク戦死城ヲ陥ス、同日水野・神原・大須賀・本多及氏次等卒テ二諸卒ヲ一与二秀次之軍一於二細山崎一戦フ、氏次最モ在二先陣一督戦テ得レ勝ヲ討取首数級、六月日攻ル二蟹江ノ城ヲ一時氏次乗二‐込出丸二ケ所一被ヘレ疵ヲ、郎‐等丹羽平五郎戦死ス、其外郎‐等被ルレ疵者若干、其後以二家康公ノ台命ヲ一再ヒ仕エ二信雄ニ一、於二勢州ニ一領ス二七千石ヲ一、天正十八年信雄配ス二奥州秋田ニ一、此時氏次欲レ仕ト二家康公ニ一、雖レ然秀吉令レ氏次ヲ属二秀次ニ一、使三子勘六郎氏資ヲ仕二家康公ニ一、公賜二総州五木田・貝明両村於氏資ニ一、慶長四年氏資卒、其ノ地収‐公、翌年関原陣ノ時氏次属二家康公麾下ニ一、故ニ及二其年ノ暮一ニ於二三州伊保ニ一領二賜一万石ヲ一、翌年三月十九日卒、歳五十二

氏信　勘介　生国伊勢
慶長四年謁二家康公ニ一、大坂両度ノ御陣ニ供奉ス、与二水野日向守一共ニ初テ向二天王寺口ニ一、再乱向二道明寺口ニ一、元和三年○七月廿一日叙従五位下任二式部少輔ニ一、大坂表ノ働略ス、

史料四　丹羽氏由緒書

1［丹羽次郎左衛門由緒書］

（表紙）

由緒書 二條御城御門番之頭 三輪清右衛門組與力 八代目　丹羽次郎左衛門

由緒書

二條御城御門番之頭

三輪清右衛門組與力

高現米六拾壱石三斗五升　本国尾張 生国山城　丹羽次郎左衛門 寅歳五拾九

文恭院様御代文化二丑年九月中根仁左衛門組之節見習勤申渡、同五辰年十二月壷井隼人在江戸ニ付南頭松平加賀右衛門組預り之節、父新次郎跡番代被　仰付候旨所司代阿部播磨守殿被仰渡候段頭同人申渡、文政十一子年十月西井孫太夫参府中南頭石渡亀次郎組預り之節同心支配役申渡、寅年迄三拾八年相勤罷在候、

一先祖　丹羽金右衛門

一先祖　丹羽三右衛門

一先祖　丹羽学兵衛

一高祖父　丹羽角兵衛

一曾祖父　丹羽熊右衛門

一祖父　丹羽次郎兵衛

一祖父　丹羽次郎兵衛

一父　丹羽新次郎

文化五辰年十一月病気ニ付番代奉願、同九申年四月十四日病死仕候、

一父・私遠慮・逼塞・閉門等都而御咎之儀無御座候、

以上、

天保十三寅年十二月　丹羽次郎左衛門

2 ［丹羽次郎左衛門分由緒書］

（表紙）

由緒書
二條御城御門番之頭
三輪清右衛門組與力
八代目　丹羽次郎左衛門

由緒書
二條御城御門番之頭
三輪清右衛門組與力

高現米六拾壱石三斗五升　本国尾張 生国山城　養子 丹羽次郎左衛門 卯歳六拾歳

文恭院様御代文化二丑年九月十八日中根仁左衛門組之節見習勤申渡、文化五辰年十一月十二日壷井隼人在江戸ニ付、南頭松平加賀右衛門殿仮支配養父新次郎跡番代所司代阿部播磨守殿被　仰渡候段南頭同人申渡、文政十一子年十月廿五日西井孫太夫・・・・参府中南頭石渡亀次郎殿仮支配同心支配役申渡、寅迠都合三拾八年相勤罷在候、

一先祖　丹羽金右衛門

先祖丹羽右近大夫氏識《アキラ》十三男ニ御座候処、権現様御代慶長七寅年與力被　召抱、伏見御城番春日下総支配ニ而伏見御城御番相勤、寛永元子年伏見御城御天守当二條江被為移候ニ付、同二丑年月日不知当二條江引越、春日左衛門支配ニ而　御城東大手御番相勤、同年病気ニ付三右衛門江　跡番代奉願、正保四亥年十一月廿二日病死仕候、

一先祖　丹羽三右衛門

大猷院様御代寛永二丑年月日不知二條御城番・・・・・・之、春日左衛門組之節、父金右衛門跡番代被　仰付候旨所司代板倉周防守殿被仰渡候段同人申渡相勤、承応二巳年十二月日不知病気ニ付番代奉願、寛文七未年七月廿八日病死仕候、

一先祖　丹羽学兵衛

厳有院様御代承応二巳年十二月筧新太郎組之節、父三右衛門跡番代被　仰付候旨板倉周防守殿被仰渡候段頭同人申渡相勤、元禄五申年月日不知曲渕市太夫組之二條　御城御門番之頭

節頭役申渡、同十二年卯年組分ケ~~後柘植三~~之丞組之節、同心支配役申渡相勤、同十三辰年九月~~中不知~~四日病気ニ付番代奉願、同十四巳年七月十五日病死仕候、

一高祖父　　丹羽覚兵衛

常憲院様御代元禄十三辰年九月~~中不知~~四日柘植三之丞組之節父学兵衛跡番代被　仰付候旨、所司代松平紀伊守殿被　仰渡候段頭同人申渡、享保四亥年月日不知曲渕十左衛門組之節同心支配役申渡、同八卯年十二月日不知病気ニ付跡番代奉願、同十四酉年壬九月廿九日病死仕候、

一曽祖父　　丹羽熊右衛門

有徳院様御代享保八卯年十二月日不知秋山吉右衛門組之節父覚兵衛跡番代被　仰付候旨、所司代松平伊賀守殿被　仰渡候段頭同人申渡相勤、同二十卯年正月廿二日病気ニ付跡番代奉願、延享元子年二月廿三日病死仕候、

一祖父　　丹羽次郎兵衛

有徳院様御代享保二十卯年正月廿二日秋山吉右衛門組之節父熊右衛門跡番代被　仰付候旨、所司代土岐丹後守殿被仰渡候段頭同人申渡相勤、宝暦七丑年十二月十八日金田仁十郎組之節同心支配役申渡相勤、・・・・月日不知病気ニ付、忰可左衛門江明和二酉年跡番代奉願相勤候処、安永三午年八月五日~~不~~知病気ニ付再勤番代奉願候処、願之通所司代土井大炊頭殿夏目小十郎申渡相勤、同六酉年六月~~卅~~廿二~~十~~五老衰ニ付番代奉願、天明六午年七月廿三日病死仕候、

一父　　丹羽新次郎

凌明院様御代安永四未年十一月朔日夏目小十郎組之節見習勤申渡、同六酉年六月~~不~~廿二日知父次郎兵衛跡番代被仰付候旨、所司代土井大炊頭殿被仰渡候段頭同人申渡相勤、寛政四子年十一月朔日頭小林弥兵衛組之節同心支配役申渡、文化五辰年十一月十二日病気ニ付跡番代奉願、同九申年四月十四日病死仕候、

一祖父・父・私遠慮・逼塞・閉門等都而御咎之儀無御座候、以上、

天保十四卯年三月

丹羽次郎左衛門

3 ［健次郎由緒書］

（表紙）

弘化四未年十二月由緒書嘉永元申年十二月差出
東御奉行
伊奈遠江守殿御役所掛り証文方 平塚啓四郎 関根幸四郎 取扱掛りニ付
問合之上差出
筆者 木寺信十郎一手ニ而仲ヶ間一統相認、

由緒書

二條 御城御門番之頭
三輪清右衛門組與力
九代目 丹羽健次郎

由緒書

二條御城御門番之頭
三輪清右衛門組與力
（朱筆）「養子」
本国尾張 生国山城 丹羽健次郎 未歳二十二

高現米六拾壱石三斗五升
天保十五辰年四月六日三輪清左衛門組之節、父次郎
左衛門跡番代被 仰付候旨、所司代酒井若狭守殿被
仰渡候段頭同人申渡、未年迠四年相勤罷在候、

一先祖 丹羽金右衛門
先祖丹羽右近大夫氏識《アキラ》十三男ニ御座候処、
権現様御代慶長七寅年與力被 召抱、伏見御城番春日下
総守支配ニ而伏見御城御番相勤、寛永元子年伏見御
城御天守当二條江被為移候ニ付、同二丑年~~月不知~~、
当二條江引越春日左衛門支配ニ而御城東追手門御番
相勤、同年病気ニ付悴三右衛門江番代奉願、正保四
亥年十一月廿二日病死仕候、

一先祖 丹羽三右衛門
大猷院様御代寛永二丑年月日不知二條御城~~春日三右衛門~~
~~頭~~組之節父金右衛門跡番代被 仰付候旨、所司代板
倉周防守殿被仰渡候段、同人申渡相勤、承応二巳年
十二月~~申不知~~病気ニ付番代奉願、寛永七未年七月廿
八日病死仕候、

一先祖 丹羽学兵衛
厳有院様御代承応二巳年十二月~~申不知~~筧新太郎組之節父
三右衛門跡番代被 仰付候旨、板倉周防守殿被仰渡
候段頭同人申渡相勤、元禄五申年月日不知曲渕市大
夫組之節組頭役申渡相勤、同十二卯年組分ヶ後二條

御城御門番之頭柘植三之丞組之節同心支配役申渡相勤、同十三辰年九月二日病気ニ付番代奉願、同十四巳年七月十五日病死仕候、

一祖父　　丹羽角兵衛

常憲院様御代元禄十三辰年九月四日柘植三之丞組之節父学兵衛跡番代被　仰付候旨、所司代松平紀伊守殿被仰渡候段頭同人申渡相勤、享保四亥年月日不知曲渕十左衛門組之節同心支配役申渡相勤、同八卯年十二月日不知病気ニ付番代奉願、同十四酉年九月十廿九日病死仕候、

一高祖父　　丹羽熊右衛門

有徳院様御代享保八卯年十二月日不知秋山吉右衛門組之節父角兵衛跡番代被　仰付候旨、所司代松平伊賀守殿被仰渡候段頭同人申渡相勤、同二十卯年正月廿日病気ニ付番代奉願、延享元子年二月廿三日病死仕候、

一曾祖父　　丹羽次郎兵衛

有徳院様御代享保二十卯年正月廿二日秋山吉右衛門組之節父熊右衛門跡番代被　仰付候旨、所司代土岐丹後守殿被仰渡候段頭同人申渡相勤、宝暦七丑年十二月十八日金田仁十郎組之節同心支配役申渡相勤、明和二酉年月日不知病気ニ付、忰可左衛門江　番代奉願相勤候処、安永三午年八月五日病気ニ付再勤、番代奉願候処、願之通［一行分抹消］、夏目小十郎申渡相勤、同六酉年六月十五日老衰ニ付番代奉願、天明六午年七月廿三日病死仕候、

一祖父　　丹羽新次郎

凌明院様御代安永四未年十二月朔日夏目小十郎組之節見習勤申渡、同六酉年六月廿二日父次郎兵衛跡番代被仰付候旨、所司代土井大炊頭殿被仰渡候段頭同人申渡相勤、寛政四子年十一月朔日小林弥兵衛組之節同心支配役申渡相勤、文化五辰年十一月十二日病気ニ付番代奉願、同九申年四月十四日病死仕候、

一養父　　丹羽次郎左衛門

文恭院様御代文化丑年九月十八日中根仁左衛門組之節見習勤申渡、文化五辰年十一月十二日壷井隼人在江戸ニ付、松平加賀右衛門仮支配之節父新次郎跡番代被仰付候旨、所司代阿部播磨守殿被仰渡候段頭同人申渡相勤、文政十一子年十月廿五日西井孫太夫参府中石渡亀次郎仮支配之節同心支配役申渡相勤、天保十五辰年四月六日病気ニ付番代奉願候、

一祖父・父・私〔（朱字）「養」〕遠慮・逼塞・閉門等都而御咎之儀無御
座候、以上、
弘化四未年十二月　　　　丹羽健次郎

史料五　［丹羽紀五郎由緒書・親類書・宗旨書］

（表紙）

由緒書
親類書
宗旨書付

十代目　丹羽紀五郎
氏美

由緒書

高現米六拾壱石三斗五升　本国尾張 生国山城　養子 丹羽紀五郎 寅三拾四歳
御役扶持三人扶持
兜前立物金輪貫
指物二副四半地花色白紋自分紋最初被
召出候節被　仰付至唯今伝来仕候
慎徳院様御代嘉永三庚戌年十一月二條　御城御門番之頭
三輪清左衛門支配之節、父丹羽健次郎家督被下置候
旨、所司代内藤紀伊守殿被　仰渡候段頭同人被申渡
御勤罷在候処、
昭徳院様御上洛之節、元治元甲子年三月三日劔術
上覧罷出相勤申候、為御褒美白銀七枚殿中於二百畳
御間ニ頂戴仕、慶応二丙寅年九月十五日被　仰付、
当寅年迄十七年相勤罷在候、

（朱字）「先祖」
一先祖　丹羽金右衛門
右金右衛門儀○（朱字）「本家」、当時丹羽長門守殿先祖○（朱字）「相続罷在」丹羽右近太
夫氏識十三男ニ御座候処、（朱字）「月日不知」
権現様御代慶長七壬寅年與力被　召出、伏見
御城番春日下総支配ニ而（朱字）「月日不知」　伏見　御城御番相勤罷在候（朱字）「御城ニ」
処、寛永元甲子年（朱字）「月日不知」伏見　御城御天守当二條江　被為移
候ニ付、翌乙丑年当二條江引越春日左衛門支配ニ而
御城東追手門番相勤罷在候処、同年病気ニ付悴三右
衛門江（朱字）「番代　候処、願之通被　仰付」家督奉願、御奉公弐拾四年相勤隠居仕候、正
保四丁亥年十一月病死仕候、

（朱字）「先祖」
一二代目　丹羽三右衛門
大猷院様御代寛永二乙丑年月日不知二條御城番之頭春日
左衛門支配之節父金右衛門家督被下置候旨、（朱字）「番代被　仰付候」所司代
板倉周防守殿被　仰渡候段、頭同人申渡相勤罷在候

処、承応二癸巳年十二月病気ニ付悴丹羽学兵衛江家
督奉願、（朱字）「番代願之通被　仰付」御奉公二拾九年相勤隠居仕候寛文七丁未年
七月廿八日病死仕候、

（朱字）「先祖」
一三代目　丹羽学兵衛

厳有院様御代承応二癸巳年十二月（朱字）「日不知　二條御門番之」○頭筧新太郎支配之節、
父丹羽三右衛門家督被下置候旨（朱字）「番代被　仰付候旨」板倉周防守様被　仰
渡候段、頭同人申渡相勤、元禄五壬申年月日不知頭
曲淵市太夫支配之節組頭役被申渡相勤、同十二年己
卯年（朱字）「月日不知　被　仰付候旨、月日不知」組分ヶ後二條　御城御門番之頭柘植三之丞支配
之節同心支配役申渡相勤罷在候処、
常憲院様御代（朱字）「元禄十二卯年」私共之儀者御譜代同前ニ被
思召候段松平紀伊守殿被　仰渡、同十三庚辰年九月
病気ニ付悴丹羽角兵衛江家督奉願、御奉公四拾八年
相勤隠居仕候、同十四辛酉年七月十五日病死仕候、

（朱字）「先祖」
一四代目　丹羽角兵衛

常憲院様御代元禄十三庚辰年九月（朱字）「月日不知　二條御門番之頭」柘植三之丞支配之節父
丹羽学兵衛家督被下置候旨、所司代松平紀伊守殿被
仰渡候段頭同人申渡相勤、享保四乙亥年月日不知頭
曲渕十左衛門支配之節同心支配役申渡相勤、同八癸
卯年十二月（朱字）「月日不知」病気ニ付丹羽熊右衛門江家督奉願、御奉
公二拾四年相勤隠居仕候、同十四巳酉年九月廿九日
病死仕候、

（朱字）「先祖」
一五代目　丹羽熊右衛門

有徳院様御代享保八癸卯年十二月（朱字）「月日不知　二條御門番之頭」頭秋山吉右衛門支配之
節父角兵衛家督被　下置候旨、所司代松平伊賀守殿
被　仰渡候段頭同人申渡相勤、同二拾乙卯年正月（朱字）「日不知」病
気ニ付悴丹羽次郎兵衛江家督奉願、御奉公十三年相
勤隠居仕候、延享元子甲年二月廿三日病死仕候、

（朱字）「先祖高祖父」
一六代目　丹羽次郎兵衛

有徳院様御代享保二拾乙卯年正月（朱字）「月日不知　二條――」頭秋山吉右衛門支配之
節父熊右衛門家督被下置候旨、所司代土岐丹後守殿
被　仰渡候段頭同人申渡、宝暦七丁丑年十二月頭金
田仁十郎支配之節同心支配役申渡、明和二乙酉年月
日不知病気ニ付悴可左衛門江家督奉願、御奉公三拾
一年相勤隠居仕候処、安永三午年八月（朱字）「被　仰付候旨被仰渡候、御奉公」右可左衛門儀

頭歟」
病気ニ付再勤奉願、願之通夏目小十郎（朱字）「候処、願之通仰渡、同人」申渡相勤罷在
候処、二男丹羽新次郎江見習勤奉願、頭夏目小十郎
申渡相勤申候、同六丁酉年六月迠御奉公、四年相勤、
病気ニ付忰丹羽新次郎江家督奉願、都合三拾五年相
勤隠居仕候、天明六丙午年七月廿三日病死仕候、

一七代目（朱字）「曾祖父」　丹羽新次郎
凌明院様御代安永四乙未年十二月（朱字）「日不知　二條―頭」夏目小十郎支配之節見
習勤被申渡、同六丁酉年六月（朱字）「日不知」父次郎兵衛家督被明日
置候旨所司代土井大炊頭殿被　仰渡候段頭同人申渡
相勤、寛政四子年十一月（朱字）「日不知」頭小林弥兵衛支配之節同心
支配役被申渡、文化五戊辰年十一月（朱字）「日不知」病気ニ付忰丹羽
次郎左衛門江家督奉願、御奉公三拾二年相勤隠居仕、
同九壬申年四月十四日病死仕候、

一八代目（朱字）「養父」　丹羽次郎左衛門
文恭院様御代文化三乙丑年九月（朱字）「日不知　二條御城御門番之頭」中根仁左衛門支配之節見
習勤申渡、文化五戊辰年十一月（朱字）「日不知頭」壷井隼人在江戸ニ付、
松平加賀右衛門仮支配之節父丹羽新次郎家督被下置
候旨、所司代阿部播磨守殿被　仰渡候段頭同人申渡
相勤、文政十一戊子年十月（朱字）「日不知」頭西井孫太夫参府中石渡
亀次郎仮支配之節同心支配役被申渡、天保十五甲辰
年四月（朱字）「日不知」病気ニ付忰丹羽健次郎江家督奉願、御奉公三
拾七年相勤隠居仕、嘉永六癸丑年四月二日病死仕候、

一父　丹羽健次郎
慎徳院様御代天保十五甲辰年四月（朱字）「日不知　二條――」頭三輪精左衛門支配之
節父丹羽次郎左衛門家督被下置候旨、所司代酒井若
狭守殿被　仰渡候旨頭同人申渡、嘉永三庚戌年十一
月病気ニ付忰丹羽紀五郎江家督奉願、御奉公七年間
相勤隠居仕、同四辛亥年五月九日病死仕候、
元祖丹羽金右衛門慶長七壬寅年被　召出、私迠十代
当寅年迠都合二百六拾五年御奉公相続仕罷在候、以
上、

一祖父・養父・私遠慮・逼塞・閉門等都而御咎之儀無
御座候、以上、

慶応二寅年九月　丹羽紀五郎（花押）

（中扉）

親類書

京都見廻組
丹羽紀五郎

親類書

一祖父　二條御城御門番組與力相勤申候　丹羽次郎左衛門
一祖母　北野天神侍　神部因幡介姉
一父　二條御城御門番組與力相勤申候　丹羽健次郎死
一母　（朱字）「何誰娘歟」
一妻　当地御扶持棟梁　池上幸太郎姉
一忰　丹羽義之助
私手前ニ罷在候
一娘　壱人　右同断

父方

一祖父　先京都西町奉行組與力　下田石齋
一祖母　右同断　下田庄左衛門娘死
一伯父　下田石齋忰　右同断　下田耕助
一同　右同人二男三浦義右衛門養子　右同断　三浦鍗次郎
一従弟　下田耕助忰　右同断　下田平蔵
一同　京都西町奉行組與力　手嶋敬之助忰　手嶋賢次郎

実方

一祖父　先京都西町奉行組與力　棚橋八兵衛死
一祖母　右同断　砂川猶右衛門死娘死
一父　棚橋八兵衛忰　右同断　棚橋長三郎死
一母　洛西西院村郷士　中井道閑死養女死
一継母　植松殿家来　榎本官蔵死娘死
一兄　棚橋長三郎忰　京都西町奉行組與力　棚橋傳之助
一同　伏見御組與力　棚橋金四郎

一弟　内藤捨市郎

一姉　京都西町奉行組與力　砂川健次郎妻

一妹　京都西町奉行組與力　木村立太郎妻

父方

一甥　棚橋傳之助忰（朱字）「私兄〇―」右同断　棚橋朝蔵一

一同　砂川健次郎忰（朱字）「私姉〇―」右同断　砂川督太郎三

一同　棚橋金四郎忰（朱字）「私兄〇―」右同断　棚橋録之助二

一姪　砂川健次郎娘（朱字）「右同人娘」　壱人四（朱字）「健次郎手前ニ罷在候」

一姪　木村立太郎娘（朱字）「私妹婿〇―」　壱人（朱字）「立太郎手前ニ罷在候」

一従弟（朱字）「△―」〇棚橋八兵衛死娘死（朱字）「私祖父〇―」
（朱字）「△」京都西町奉行組與力（朱字）「相勤罷在候」　野村鉄三郎
棚橋八兵衛死娘死

一同　伯母婿三浦義右衛門二男　三浦得三郎
三浦鍗次郎養子

母方

一祖父　洛西西院村郷士　中井道閑死

一祖母　庭田殿御内　長谷川軍記死娘死

一祖父　継母方　植松殿御内　榎本官蔵死

一祖母　元御附組與力　榎本専右衛門死娘死

一叔母（朱字）「縁者」　饅珠院宮御内　榎本齋宮妻

（朱字）「一舅」

（朱字）「一姑」

右之外親類縁類無御座候、以上、

慶応二寅年九月　丹羽紀五郎（花押）

（中扉）

宗旨書付
丹羽紀五郎

一浄土宗　下立売千本西入町　勝厳院

丹羽紀五郎

史料六 ［丹羽氏由緒書親類書］

1 ［丹羽傳藏由緒書］（下書）

後金右衛門与改名仕候（朱字）「金右衛門」
丹 羽 傳 藏

（朱字）「先」
一 元祖
右傳藏儀、当時丹羽式部少輔殿先祖（朱字）「丹羽」右近太夫氏識《アキラ》
（朱字）十三男御座候処△慶長七壬寅年被（朱字）「与力」「抱」召出、伏見御城番
「権現様御代」
春日下総支配ニ而 伏見御城御番相勤罷在候処、（朱字）「同二」寛永元
甲子年伏見御城御天守当二條江 被為移候ニ付、翌乙丑
年当御二條江引越、春日左衛門支配ニ而 御城東追手御
（朱字）「同年」
番相勤罷在候処、病気ニ付同年忰丹羽三右衛門江代御
（朱字）「代奉」
番御願申上退勤仕候、最初ゟ今丑年迄弐拾四年御奉公
相勤申候、正保四丁亥年十一月病死仕候、最初被召出
候節之月相知レ不申候、

（朱字）「先祖」
一 二代
丹 羽 三右衛門
（朱字）「二條御御門番之」（朱字）「月日不知」
大猷院様御代寛永二乙丑年御所司代板倉周防守殿御在役
（朱字）「組」（朱字）「跡」
頭春日左衛門支配之節、父丹羽傳藏代御番被 仰付
（朱字）「候旨、所司代板倉周防守殿被仰渡候段頭同人申渡相勤」
承応二癸巳年十二月迄弐拾九年御奉公相勤、病気ニ
（朱字）「番代」
付奉願退勤仕、寛文七丁未年七月病死仕候、（朱字）「幾日」代御番
被 仰付候月相知レ不申候

（朱字）「高祖父」
一 三代
丹 羽 学 兵 衛
厳有院様御代承応二癸巳年十二月御所司代板倉周防守殿
御在役頭筧新太郎支配之節、父丹羽三右衛門代御番
組 跡
（朱字）「候旨所司代板倉周防守殿被仰渡候段頭同人申渡」「相勤」
（朱字）「組」
被 仰付、元禄五壬申年頭曲渕市太夫支配之節組頭
（朱字）「申渡」（朱字）「組」
役被 仰付、同十二己卯年組分後柘植三之丞支配之
（朱字）「組」「渡」
節同心支配役申付、同十三庚辰年九月迄四拾八年御
（朱字）「幾日」（朱字）「番代」
奉公相勤、病気ニ付奉願退勤仕、同十四辛巳年七月
病死仕候、

（朱字）「曾祖父」
一 四代
丹 羽 覚 兵 衛
（朱字）「跡」
常憲院様御代元禄十三庚辰年九月御所司代松平紀伊守殿
（朱字）「組」
御在役頭柘植三之丞支配之節、父丹羽学兵衛代御番
（朱字）「候旨所司代松平紀伊守殿被仰渡候段頭同人申渡相勤」（朱字）「十月」（朱字）「組」
（朱字）「代」被 仰付、享保四己亥年頭曲渕十左衛門支配之
（朱字）「渡」
節同心支配役申付、同八癸卯年十二月迄弐拾四年御

奉公相勤、病気ニ付（朱字）「番代」奉願退勤仕、同十四辛巳年九月
（朱字）「幾日」病死仕候、

一祖父　丹羽熊次郎

有徳院様御代享保八癸卯年十二月御所司代松平伊賀守殿
御在役頭秋山吉右衛門支配（朱字）「組」之節、父丹羽覚兵衛代（朱字）「跡」御
（朱字）「候旨所司代松平伊賀守殿被仰渡候段頭同人申渡相勤」
番（朱字）「代」被　仰付、頭同支配之節、同二十乙卯年正月
迠十三年御奉公相勤、病気ニ付番代奉願退勤仕、延享元
甲子年二月（朱字）「幾日」病死仕候、
後次郎兵衛与改名仕候（朱字）「次郎兵衛」

一父　丹羽又五郎

有徳院様御代享保二十乙卯年正月御所司代土岐丹後守殿
御在役頭秋山吉右衛門支配（朱字）「組」之節父丹羽熊右衛門代（朱字）「跡」御
（朱字）「候旨所司代土岐丹後守殿被仰渡候段頭同人申渡相勤」
番（朱字）「代」被　仰付、宝暦七丁丑年（朱字）「十二月」頭金田仁十郎支配（朱字）「組」之
節同心支配役申付（朱字）「渡」、明和二乙酉年迠三拾壱年御奉公
（朱字）「忰可左衛門御番代奉願相勤候処安永三午年△」
相勤、病気ニ付奉願退勤仕候、
（朱字）「△病気ニ付再勤番代奉願候処、願之通跡夏目小十郎申渡相勤
同六酉年六月老衰ニ付番代奉願天明六午年七月幾日病死仕候」

一兄　丹羽可左衛門

俊明院様御代明和二乙酉年八月御所司代阿部飛騨守殿御
在役頭浅原又右衛門支配之節、父丹羽次郎兵衛代御
番被　仰付、安永三甲午年八月迠拾ヶ年御奉公相勤、
病気ニ付代丹羽次郎兵衛相勤奉願、（以下記載なし）

2　［丹羽次郎左衛門親類書］

（表紙）

天保二卯年九月
彼是度々添削いたし岡見吉兵衛殿
此度認替御書箱入置候事
文政十二丑年六月
水野藤十郎殿江差出扣
但シ西井孫太夫殿差出扣
添削いたし古帳面
を以御書箱へ入置候事
松平市右衛門殿差出扣

親類書扣

天保二卯年九月

丹羽次郎左衛門
所持扣ニ相成也

兜前立物金之輪貫
指物二幅四半地花色白紋九枚骨檜扇
自分紋御組最初被為　仰付至唯今
奉守　仰伝来仕候、

高現米六拾壱石三斗五升　本国尾張 生国山城 丹羽次郎右衛門 当夘五拾六歳

私儀御所司代稲葉丹後守殿御在役御頭中根仁左衛門殿
御支配之節、文化二丑年九月見習勤被　仰付、御所司
代阿部播磨守殿御在役御頭壷井隼人殿御支配末御参府
ニ付、西御頭松平加賀右衛門殿仮御支配之節文化五辰
年十一月父丹羽新次郎代御番被　仰付、

（張紙1）

仰付ゟ是江続ク
文政十一子年十月御頭西井孫太夫殿御支配之処
御参府ニ付、南御頭石渡亀次郎殿仮御支配之節
同心支配役被申付、見習勤在候、三拾年相勤可
罷在候、
［ムシ］

（張紙2）

従是書出
私儀御所司代酒井若狭守殿御在役御頭三輪清左
衛門殿御支配之節、天保十五辰年四月父丹羽次
郎左衛門代御番被　仰付相勤罷在候、当番御組
元祖丹羽金右衛門儀慶長七壬

寅年與力被　召抱、伏見御城番春日下総殿御支配ニ而
伏見御城御番相勤、寛永元甲子年伏見御城御天守当二
條江被為移候ニ付、同二乙丑年当二條江引越、春日左衛
門殿御支配ニ而　御城東追手御番相勤、同年迠二十四年
相勤隠居仕候、二代目丹羽三右衛門儀御頭春日左衛門
殿御支配之節、寛永二乙丑年四月日不知父丹羽金右衛
門代御番被　仰付相勤、承応二巳年十二月迠二十九年
相勤隠居仕候、三代目丹羽学兵衛儀御頭筧新太郎殿御
支配之節、承応二巳年十二月父丹羽三右衛門代御番被
仰付、御頭曲渕市太夫殿御支配之節元禄五申年組頭役
被　仰付、同十二夘年御組分後御頭柘植三之丞殿御支
配之節同心支配役被申付、同十三辰年九月迠四拾八年
御奉公相勤隠居仕候、四代目丹羽覚兵衛儀御頭柘植三
之丞殿御支配之節、元禄十三辰年九月丹羽学兵衛代御
番被　仰付、御頭曲渕十右衛門殿御支配之節享保四亥
年同心支配役被申付、同八夘年十二月迠二十四年｜｜
相勤隠居仕候、五代目丹羽熊右衛門儀御頭秋山吉右衛
門殿御支配之節、享保八夘年十二月父丹羽覚兵衛代御
番被　仰付、同二十夘年迠十三年｜｜｜｜相勤隠居仕
候、慶長七壬寅年

〔貼紙〕

> 六代目丹羽次郎兵衛儀御頭秋山吉右衛門御支配之節享保二十卯年二月父丹羽熊右衛門代御番被仰付、御頭金田仁十郎殿御支配之節宝暦七丑年十二月同心支配被申付、明和二酉年病気ニ付悴丹羽可左衛門江代御番奉願相勤候処、安永三午年八月病気ニ付再勤代御番奉願候処、願之通御頭夏目小十郎殿被　仰付相勤、同六酉年六月前後三十五年相勤隠居仕候、慶長七壬寅年続ク

元祖御組江召出、私ニ至九代ニ而当辰年迄都合弐百四拾三年御奉公相続仕候、

親類書

養方

是ゟ後
一祖父　丹羽次郎兵衛死
秋山吉右衛門殿御支配之節享保二十卯年二月父丹羽熊右衛門代御番被　仰付、御頭金田仁十郎殿御支配之節宝暦七丑年十二月同心支配役被申付、明和二酉年病気ニ付悴丹羽可左衛門江代御番奉願相勤候処、安永三午年八月病気ニ付再勤代御番奉願候処、願之通御頭夏目小十郎殿被　仰付相勤、同六酉年六月迄前後三十五年相勤○――――――隠居仕――――――――、

一祖母　江州和迩高城村住居　山本善兵衛死娘死

是ゟ書出
一祖父　丹羽新次郎死
夏目小十郎殿御支配之節安永四未年十二月見習勤被仰付、同六酉年六月父次郎兵衛代御番被　仰付、御頭小林弥兵衛殿御支配之節寛政四子年五月同心支配役被申付、文化五辰年十一月迄見習勤共三十四年相勤――――隠居仕候、

一祖母　先本多隠岐守殿御家中　勝間十郎兵衛死娘死

〔ここに貼紙〕
一父　丹羽次郎兵衛死娘死

一実母　丹羽新次郎死娘死

一後母　北野天神侍　神部勇次郎姉

一伯父　当御組與力相勤　丹羽新次郎二男　内藤作兵衛養子　内藤新三郎

前田廣成

一悴

是ゟ抜
一同　右同断　右同断　向坂次郎兵衛

［貼紙］

御頭中根仁左衛門殿御支配之節文化二丑年九月見習勤被　仰付、御頭壺井隼人殿御支配未御参府ニ付南御頭松平加賀右衛門殿仮御支配之節、文化五辰年十一月父丹羽新次郎代御番被　仰付、文政十一子年十月御頭西井孫太夫殿御支配御参府ニ付、南御頭石坂亀次郎殿仮御支配之節同心支配役被申付、天保十五辰年四月迠見習勤共四拾年相勤隠居仕候、

［この上に貼紙にて抹消］

一従弟　御馬印　御知行御改代々城州淀ニ住居仕候　［　］　木村藤左衛門

一同　紀州加茂郷士　養父実兄福井文左衛門死悴　向坂次郎兵衛

一同　紀伊中納言殿御家中　同断弟乾要助死悴　乾為十郎

一同　本多下総守御家中　養母実兄加藤左太夫死悴　加藤左太夫

一同　右同断　同断弟向坂次郎兵衛悴　向坂諌

一同　右同断　叔母死金子勘助悴　金子小三郎

実方

一祖父　先当地町奉行西組與力　上田権右衛門死

一祖母　無御座候

一父　先当地町奉行西組與力　上田源右衛門死

一母　先本願寺御家来　林左次馬死娘死

是ゟ書出

一伯父　当地町奉行松平伊勢守殿与力　実父上田源右衛門死四男　前田忠次郎

一伯父　右同断　実兄上田源十郎死悴　上田権次郎

一従弟　内膳捨一

一従弟　右同人悴　上田良蔵

一同従弟女　実弟前田廣蔵悴　前田郡之丞　三人　権次郎手前ニ罷在候

是ゟ抜

一伯父　当地町奉行神尾備中守殿組與力　石嶋五三郎

一伯母　右同断　田中鷲之助祖母

一同　当地町奉行松平伊勢守殿組与力　手嶋平七金次郎男祖母

一従弟　右同断　伯父不破伊左衛門死悴　不破伊左衛門

一従弟　当地町醫師　右同人三男　香川太仲

一同　当地町奉行松平伊勢守殿組与力　右同人四男　下田定平

一同　先所司代組與力　戸田三左衛門

一同　伯父石嶋三五郎悴　石嶋益太郎

一同　右同人次男　田中鷲之助

一同　本願寺御家来　叔父林左次馬死悴　林左衛門

［この上に貼紙にて抹消］

一従弟女　当地典薬寮醫師　伯父不破伊左衛門死娘　荻野河内守妻

一同　石渡亀次郎殿組與力　右同人娘　須加井順蔵母

一同　当地町奉行神尾備中守殿組與力　田中鷲之助祖母娘　上田鉄之助母

一同　当地町奉行松平伊勢守殿組与力　右同人娘　入江佐兵衛母

一同　右同断　勇次郎親母　手嶋平七母

一同　右同断　伯母聟下田庄右衛門死娘　下田菅五郎妻

右之外親類無御座候、以上、

天保二卯年　丹羽次郎右衛門（花押）

松平市右衛門殿

3［丹羽新次郎親類書］

（表紙）

親類書

丹羽新次郎

甲前立物金之輪貫

指物二副四半地花色白紋九本骨檜扇

銘々自分紋御組最初被　召出候節被為

仰付至唯今奉守　仰伝来仕候

高現米六拾壱石三斗五升　本国参河 生国紀州　丹羽新次郎　当亥三拾九歳

（付箋）当午四拾六

私儀御（欠無シ）所司代土井大炊頭殿御在役夏目小十郎殿御

（支ノ字見無准シ）支配之節、安永四未年見習勤被　仰付、御所司代

御在役御頭同御支配之節安永六年酉六月父丹羽次

郎兵衛代御番被　仰付御奉公相勤申候、元祖丹羽

三右衛門儀春日左衛門殿御支配之節、寛永二丑最

初御組江被　召出候而承応二巳年十二月迠弐拾九年

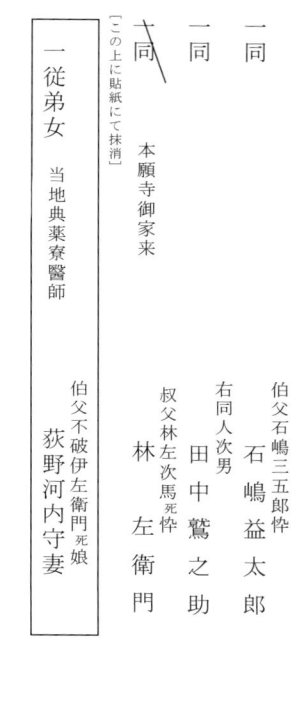

相勤隠居仕候、高祖父丹羽学兵衛儀寛新太郎殿御支配之節承応二巳年十二月父丹羽三右衛門代御番被　仰付、曲渕市太夫殿御支配之節元禄五申年組頭役被　仰付、同十二卯年御組分後柘植三之丞殿御支配之節同心支配役被申付、同十三辰年九月迠四拾八年御奉公相勤隠居仕候、曾祖父丹羽覚兵衛儀柘植三之丞殿御支配之節元禄十三辰年九月丹羽学兵衛代御番被　仰付、曲渕十左衛門殿御支配之節享保四亥年同心支配役被申付、同八卯年十二月迠弐拾四年御奉公相勤隠居仕候、寛永二丑年元祖御組江被　召出、高祖父・曾祖父・父・兄ニ至七代ニ而、当亥年迠都合百六拾七年(付箋)「百七拾四年」御奉公相続仕候、

親類書

養方

一祖父　丹　羽　熊右衛門死

秋山吉右衛門御支配之節享保八卯年十二月父丹羽学兵衛代御番被　仰付、同弐拾卯年迠拾三年御奉公相勤、病気ニ付相願隠居仕、延享元子年二月病死仕候、

一祖母　羽州御代官相勤申候　竹　垣　庄蔵死姉死

一父　丹羽熊右衛門死養子　丹　羽　次郎兵衛死

秋山吉右衛門殿御支配之節享保二十卯年二月父丹羽熊右衛門代御番被　仰付、金田仁十郎殿御支配之節宝暦七丑年同心支配役被申付、明和二酉年迠三拾壱年御奉公相勤、同年九月浅原又右衛門殿御支配之節、忰丹羽可左衛門江代御番奉願候、可左衛門儀夏目小十郎殿御支配之節、安永二午年迠拾ヶ年相勤、病気ニ付父丹羽次郎兵衛江再勤代御番奉願候通被　仰付、同六年酉六月迠四ヶ年相勤、老衰仕候ニ付相願隠居仕、天明六午年七月病死仕候、

一母　山　本　善兵衛死姉

善兵衛儀江州和迩高城村ニ住居仕候、

一兄　丹　羽　可左衛門死

明和二酉年九月浅原又右衛門殿御支配之節、父丹羽次郎兵衛代御番被　仰付、安永三午年八月迠拾ヶ年御奉公相勤、病気ニ付御番難相勤、忰幼年ニ而代御番難奉願、父丹羽次郎兵衛江再勤代御番奉願候通被　仰付、八月病死仕候、

一妻　本多隠岐守殿家中
勝間十郎兵衛娘

一娘　（付箋）壱人
弐人
私手前ニ罷在候

一伯父　丹刕国分寺村ニ住居仕候
私祖父小川長太夫死四男
父丹羽次郎兵衛死実弟
小川長太夫

（付箋）除
一伯母　丹刕馬路村ニ住居仕候
父丹羽次郎兵衛死妹
人見善六死妻

（付箋）除
一伯母　丹刕国分寺村ニ住居仕候
右同断
小川傳左衛門死妻
悴小川傳左衛門手前ニ罷在候

一同　伯母　丹州餘ル部村ニ住居仕候
父丹羽次郎兵衛死妹
中沢権左衛門死妻
（付箋）腰書除
悴中沢勘右衛門手前ニ罷在候

（付箋）除
一甥　二行ニ書
従弟ニ而御座候処幼年ゟ兄可左衛門養子ニ
仕度候故甥
之続ニ相成申候
養父　私伯父小川長太夫
養父　私兄丹羽可左衛門悴
丹羽犀次郎
私手前ニ罷在候

一同　甥　御朱印
知行所頂戴仕代々城州淀ニ住居仕候
私兄木村藤左衛門死悴
木村音三郎

御朱印地行頂戴仕代々城州淀ニ住居仕候

一従弟
私伯父小川長太夫悴
小川犀次郎

一従弟
私伯父小川長太夫次男
小川賢蔵
父帳左衛門手前ニ罷在候

一同　従弟　丹州馬路村ニ住居仕候
私伯母聟人見善六死悴
人見木五郎　代

一同　従弟　丹州国分寺村ニ住居仕候
私伯父小川団四郎死悴
小川團蔵

一同　従弟　右同断
丹州国分寺村ニ住居仕候
私伯母聟小川傳左衛門死悴
小川庄次郎

一同　従弟　丹州餘ル部村ニ住居仕候
私伯母聟中沢権右衛門死悴
中沢勘右衛門

一同　従弟　江刕和迩高城村ニ住居仕候
私叔父山本善兵衛死悴
山本善兵衛

十一同　除ク　丹羽長門守殿家中
丹羽常太郎

三一従弟女
私伯父小川長太夫娘
壱人

二一同　従弟女
私伯母聟中沢権右衛門死悴
中沢勘右衛門妻
父長太夫手前ニ罷在候

一一同　従弟女
私伯父小川団四郎死娘
小川團蔵妻

実方

（付箋）除
一実祖父　紀刕加茂谷ニ住居仕候
父丹羽次郎兵衛死妹
福井利兵衛死

一実祖母（付箋）除　右同断　塩津武兵衛死娘死

一実父　紀劦加茂ニ住居仕候　福井新兵衛死

一実母　紀劦加茂ニ住居　谷本勘八死娘

一叔父（付箋）除　紀劦加茂谷ニ住居仕候　私実祖父谷本勘八死悴　谷本勘八

一弟　紀劦様御家中相勤罷在候　私実父福井新兵衛死悴　乾要助

一妹　右同人娘　壱人　私甥福井伊太郎方ニ罷在候

一甥　紀劦加茂住居仕候　私実兄福井文右衛門死悴　福井伊太郎

一甫甥　右同人次男　福井楠次郎　兄伊太郎手前罷在候

一甥　紀劦家ニ相勤罷在候　私実弟乾要助悴　乾為十郎

一好　紀劦家ニ相勤罷在候　私弟乾要助娘　壱人　父要助手前ニ罷在候

一従弟　元祖所司代御組与力相勤罷在候　後実父私叔母聟安野文兵衛死　前養父御所司代御組与力岡田藤弥死　岡田藤兵衛　悴岡田新平手前罷在候

右之外近親類無御座候、以上、

寛政三辛亥年十二月　丹羽新次郎書判

小林弥兵衛殿

（裏表紙）

所司代ノ殿　頭文位之殿　頭宛ノ殿　諸侯方殿

御三卿ノ様　御三家ノ様　堂上方殿

書書　書書　殿殿殿

4［丹羽健次郎由緒書］

（表紙）

由緒書

二條御城御門番之頭
三輪清右衛門組與力
丹羽健次郎

（健次郎の由緒書を紀五郎の由緒書に利用、付箋①②③）

付箋①

由緒書

二條御城御門番之頭
三輪清右衛門組與力

高現米六拾壱石三斗五升　本国尾張　生国山城　養子　丹羽健次郎　未歳二十二

付箋②③

天保十五辰年四月三輪清右衛門組之節父次郎左衛門跡番代被　仰付候旨、所司代内藤紀伊守殿被仰渡候段頭同人申渡、未年迄四年相勤罷在候、

（付箋①）

由緒書

京都見廻組

高現米六拾壱石三斗五升　本国尾張　生国山城　丹羽紀五郎　寅三十四歳
御侍格持三人扶持

嘉永三戌年十月

貼紙②

三輪清右衛門組之節、父健次郎跡番代被　仰付旨所司代内藤紀伊守殿被仰渡候段頭同人申渡、未年迄四年相勤罷在候、

付箋③

慎徳院様御代嘉永三戌年十一月十五日所司代内藤紀伊守殿御在役頭三輪清右衛門支配之節、養父丹羽健次郎家督被下置候旨所司代御同人頭同人被申渡、○御上洛之節初御上覧之何年月□出入、学兵衛二丙寅年九月十五日京都見廻組被仰付、京都迄十八年御奉公仕罷在候、

一先祖　丹羽金右衛門

先祖丹羽右近太夫氏識《アキラ》十三男御座候処、
権現様御代慶長七寅年與力被召抱、伏見御城番春日下総支配ニ而伏見御城番御番相勤、寛永元子年伏見御城御天守当二條江被為移候ニ付、当二條江引越春日左衛門支配ニ而　御城東追手御番相勤、同年病気（付箋）「家督奉願」「驚頭仕」ニ付悴三右衛門江番代奉願、正保四亥年十一月廿三日病失仕候、

（付箋）「二代目」
一先祖　丹羽三右衛門

大猷院御代寛永二丑年月日不知二條御城御門番之頭春日左衛門組之節、父金右衛門跡被（付箋）「家督被下置」　仰付旨所司代板

倉周防守殿仰渡候段頭同人申渡相勤、承応二巳年十二月病気ニ付番代奉願、寛文七未年七月廿八日病死仕候、

（付箋）「三代目」

一先祖　丹羽学兵衛

厳有院御代承応二巳年十二月筧新太郎組之節父三右衛門

（付箋）
常憲院様御代私共之儀
同前ニ被　思召候段松平伊豆守殿被仰渡
同年

父跡番代被　仰付候旨、所司代板倉周防守殿被仰渡候段頭同人申渡相勤、元禄五申年月日不知曲渕市太夫組之節、組頭役申渡相勤、同十二卯年組分ヶ後二條御城御門番之頭柘植三之丞組之節同心支配役被申渡相勤、同十三辰年九月病気ニ付番代奉願、同十四巳年七月十五日病死仕候、

（付箋）「四代目」

一元祖　丹羽角兵衛

常憲院様御代元禄十三辰年九月柘植三之丞組之節父角兵衛跡番代被　仰付候旨、所司代松平紀伊守殿被仰渡候段頭同人申渡相勤、享保四亥年月日不知曲渕十左衛門組之節同心支配役申渡相勤、同八卯年十二月病気ニ付番代奉願、同十四酉年閏九月十九日病死仕候、

（付箋）「五代目」

一高祖父　丹羽熊右衛門

有徳院様御代享保八卯年十二月秋山吉右衛門組之節、父角兵衛跡番代被　仰付候旨所司代松平紀伊守殿被仰渡候段頭同人申渡相勤、同二十午年正月病気ニ付番代奉願、延享元子年二月廿三日病死仕候、

（付箋）「六代目」

一曾祖父　丹羽次郎兵衛

有徳院様御代享保二十卯年正月秋山吉右衛門組之節、父熊右衛門跡番代被　仰付候旨所司代土岐丹後守殿被仰渡候段頭同人申渡相勤、宝暦七丑年十二月金田仁十郎組之節同心支配役申渡相勤、明和二酉年月日不知病気ニ付忰可左衛門番代奉願相勤候処、安永三午年病気ニ付再勤番代奉願候処、願之通夏目小十郎申渡相勤、同六酉年六月老衰ニ付番代奉願、天明六午年七月廿三日病死仕候、

（付箋）「七代目」

一曾祖父　丹羽新次郎

凌明院様御代安永四未年十二月夏目小十郎組之節見習勤

申渡、同六酉年六月父次郎兵衛跡番代被仰付候旨
所司代土井大炊頭殿被仰渡候段頭同人申渡相勤、
寛政四子年十一月小林弥兵衛組之節同心支配役申
渡相勤、文化五辰年十一月病気ニ付番代奉願、同
九申年四月十四日病死仕候、

(付箋)「八代目」
一養父　　　　　　　丹羽次郎左衛門

文恭院様御代文化二丑年九月中根仁左衛門組之節見習勤
申渡、文化五辰年十一月壷井隼人在江戸ニ付松平
加賀右衛門仮支配之節、父新次郎跡番代被仰付候
旨、所司代阿部播磨守殿被仰渡候段頭同人申渡相
勤、文政十一子年十月西井孫太夫参府中石渡亀次
郎仮支配之節同心支配役申渡相勤、天保十五辰年
四月病気ニ付番代奉願、嘉永六丑年四月二日病死
仕候、

一祖父養父私遠慮逼塞閉門等都而御咎之儀無御座候、
以上、

弘化四未年十二月　　　　丹羽健次郎
(付箋)「九代目養父」

元祖丹羽金右衛門ゟ至私十代相続仕、
元祖丹羽金右衛門○
○慶長七寅年~~至当卯迄十代~~被召出、私迄十代相続仕当夘年迄
御奉公相勤二百何年ニ罷成候、
都合二百五十年程御奉公仕候、以上、

丹羽紀五郎

史料七 ［丹羽氏代々免許他記録］

1 ［丹羽左学劔術免許半傳］巻物

渋川流

半之傳

淡雪之事

不知君之事

目附之事

晴眼之事

氣意心之事

見送之事

見越之事

方角

東 江 天

西 江 炎

南 江 水

北 江 竜

坤未 江 嵓

乾戌 江 明

艮丑 江 行

巽辰 江 脩

九字之大事

臨兵闘

者皆陳

烈在前

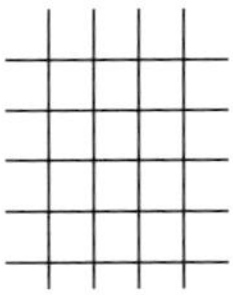

十字之大事

三箇之大事

右之條々当流之雖

為秘事不絶出精

有之候間此度半之傳

不残相傳之申候爰々
他言有之間敷もの也

喜多尾八郎右衛門

文化四丁卯

十一月廿三日 [朱印] 花押

丹羽左学殿

2［丹羽健次郎一刀流兵法免許皆伝］

一刀流兵法十二ヶ條

一　二之目付之事

一　切落之事

一　遠近之事

一　横竪上下之事

一　色付之事

一　目心之事

一　柧疑心之事

一　松風之事

一　地形之事

一　無他心通之事

一　間之事

一　残心之事

一刀流兵法稽古執心不
残組数不残相済其上
勝利之働依有之家流
始之書此一巻差進之候
猶不疑師傳以磋切琢磨
必勝之實可被為相叶候
仍如件

小野次郎右衛門
忠明

小野次郎右衛門
忠常

小野次郎右衛門
忠於

御先手御鉄炮頭
小野次郎右衛門

忠一
小野次郎右衛門
忠方
中西忠太
子定
中西忠蔵
子武
中西忠太
子啓
中西忠兵衛
子正
平田兵衛
盛樹㊞

弘化二乙巳九月八日

丹羽健次郎殿江

3［書状］（元祖法事ニ付）

［書状］

一筆致啓上高、秋冷之節御座候得共、弥御安全珍重奉存候、然者貴家御元祖傳藏・氏昭殿御法候而、其外別紙之通承度奉存候、御代々義御順置被成候而弓阿殿迠不残別紙之通御書記御越被下候様奉願候、此度急々相糺置候筋合御座候間、乍御世話急々御紐被仰越可被下候、奉頼候、右之段得貴意度如此御座候、恐惶謹言、

丹羽忠三郎
丹羽半左衛門

九月八日

丹羽新次郎殿

4［尾張領引渡ニ付出張覚］

［覚］

岩倉殿御内
入谷駿河守
北嶋仙太郎
山本復一郎

尾張殿御家来
御用人
尾崎八右衛門

右今般　尾張殿御領之処、御同人御帰国ニ付、岩倉殿
へ御引渡相成候事、
　辰
　正月十五日
　　　　三輪加助殿
　　　　外名代出張之事

史料八　『御組由緒記』（再録）

（表紙）

御組由緒記

御組與力由緒書

與力拾騎

当時御切米拝領高
現米六拾壱石三斗五升宛

権現様　御代当二條　御城　御天守伏見ニ御座候節、関ヶ原御陣御勝利以後慶長七壬寅年春日下総高野○山ニ蟄居之処被為　召出、伏見御城番被為　仰付、現米弐千石ヲ以御吟味之上與力三拾騎被為　召出、下総江御預ヶ御城御番相勤申候、其砌與力共甲前立物金之輪抜指物二幅四半地花色白紋銘々自分紋ニ被為　仰付、只今ニ至伝来仕罷在候、右御城番元御組筋者当時久留半次郎御組ニ而御座候、寂初慶長七壬寅年ゟ当宝暦五乙亥年迠百五拾四年罷成候、

大猷院様　御代寛永元甲子年伏見　御城(欠)（ママ、欠字ノイミカ）御天守当二條江被為　移候、其節春日下総跡御役嫡子春日左衛門江被為　仰付候、三拾騎之與力共者翌乙丑年当二條江引越、春日左衛門支配ニ而　当二條　御城東追手御門御番相勤申候、此時左衛門○後入与力共江被申談差図ニ而與力三拾騎惣御切米現米弐千石之内現米弐百四石被相分、同心拾五人被召抱、御切米拾三石六斗宛ニ而　下番相勤申候、右拾五人之同心家筋之者共六人者今以御扶持方無御座、拾三石六斗宛拝領仕罷在候、当時久留半次郎組筋往古頭馬渕市太夫支配之内貞享三丙寅年夏御借米拝領之節迠者請取御証文ニ茂御預之與力与計被認候、同年冬御切米与力・之節ゟ御願之同心与相改申候、

一当御組之義者御組寂初頭柘植三之丞儀元伊賀国柘植村之住人ニ而御座候処、天正十壬午年

権現様伊賀越還御之節御忠節之儀御座候、依之慶長四己亥年被為　召出、伏見

御城御門番頭被為　仰付候、則三之丞生郷柘植村之者共弐拾人御吟味之上被為　召出、拾石三人扶持宛被下置三之丞江御預、伏見　御城御門番相勤申候、

寛永元甲子年伏見

御城　御天守当二條江被為　移候ニ付、三之丞儀右弐拾人之者共茂召連小屋建被為　仰付、(欠)御城西御門奥　御番所相勤申候、其後寛永十九壬午年　御城代渡邊山城守殿附同心八人御増人被為　仰付、此時ゟ御組同心弐拾八人ニ罷成申候而往古與力者無御座候、

台徳院様　御遺物之御金寛永九壬申年十二月御譜代並ニ頂戴仕候、

大猷院様　御代寛永十二乙亥年御金弐千両與力三拾騎江拝借被為　仰付、明暦元乙未年迠弐拾ヶ年賦ニ上納仕、則皆(欠)上納、請取御証文唯今ニ所持仕罷在候、

一寛文元辛丑年、当時久留半次郎御組往古頭鈴木長左衛門御役被為　仰付候砌迠者御城番頭御役宅江　其時之御所司代被成御出、與力共被成御引渡候、則長左衛門へ御役被為　仰付候節之御奉書写左ニ書記仕候、

御奉書之写

鈴木長左衛門事、其許大御番頭其外諸役人之面々相談、万事其方得差図御番可勤仕旨　御直ニ被　仰含之被下、御暇被差遣之間、右之面々此趣可申渡候、然者本間五郎左衛門元與力引渡、長左衛門随下知、如前々御番相勤候様ニ與力共江可被申付候、本間長左衛門儀者植村帯刀帰参之節一同ニ可被下候由、是又可在謁達候、委細長左衛門可為演説候、恐々謹言、

三月十八日　稲葉美濃守
阿部豊後守
松平伊豆守
酒井雅楽守

牧野佐渡守殿

右之御奉書三輪市郎兵衛殿相続候、

厳有院様　御代延宝四丙辰年迠者当御組與力無御座、同心弐拾八人ニ而西御門　御番所相勤来候処、其節之頭水野甚五左衛門依願與力三拾騎之内ゟ六騎当御組へ被為(欠)分、此時ゟ西御門　御番所ニ與力壱人宛上番相勤申候、依之御城番組三拾騎之與力弐拾四騎ニ罷成候、

一元禄十二己卯年迠者　御城番組與力御番勤方一番組・二番組・三番組与組合、東追手御門御番所相勤申候、組頭役三人被○仰付勤役仕候処、御組分以後相止、当時片組ニ同心支配役弐人宛勤役仕候、

一延宝六戊午年ゟ元禄二己巳年迠之内者当国近郷村里狼荒候節、又者猪鹿作毛荒候節百姓共狩之儀奉願候得

者御所司代様ゟ頭方江被仰渡、当御組與力・同心度
々猷狩相勤申候、
常憲院様　御代元禄十二己夘年御所司代松平紀伊守殿御
在役之節、当時久留半次郎御組筋往古頭山岡七右衛
門儀者御役替被為
仰付未在京之節、其節当御組頭鈴木市兵衛儀者御役
御免ニ而両御組共山岡七右衛門従支配之節、両御組
與力都合三拾騎、同心都合四拾三人之内與力拾騎・
同心三人勤之年数を以御減少被為　仰付、相残候與
力弐拾騎・同心四拾人を與力拾騎・同心弐拾人宛平
均ニ両御組与被為御定分、御城東西御門番所十日代
りニ相勤候様ニ被為○《ケツ字》仰付、御城番之名目此節ゟ相
止、両頭無差別同格ニ御門番頭与被為　仰付候、両
御組之儀者御譜代同前ニ被為　思召上候段、松平紀
伊守殿被　仰聞候間、此後人少ニ茂罷成候得者猶以御
奉公大切ニ相勤候様ニ山岡七右衛門被申渡候、右七
右衛門跡御役美濃部彦左衛門、当御組之頭鈴木市兵
衛跡御役柘植三之丞同時ニ御役被蒙　仰被致上京、
與力拾騎・同心弐拾人宛支配ニ而東西御門御番所十
日代りニ相勤申候、今以右之通相勤罷在候、

但右之通御組分御座候迠者與力御切米高不同御
座候処、此節ゟ両御組弐拾騎之與力御切米高平
均ニ被為　仰付候ニ付、壱人前ニ現米六拾壱石
三斗五升宛拝領仕来候、

一前段ニ奉申上候御減少之與力拾騎同心三人之者共者
山岡七右衛門江戸御表江帰着之上、両御組由緒を以
御願被申上、翌辰年迠ニ諸御組ニ御入人ニ被為　仰
付候、其砌於
御殿中　御老中様方山岡七右衛門元組之儀者御譜代
同前ニ被為　仰付候段被仰渡之旨七右衛門ゟ元御組
與力共江被申越難有奉存候、無怠御奉公仕候者共代
御番奉願候節者　願之通被為　仰付被　下置、或者悴
幼年ニ御座候而御奉公難相勤者御座候節者宥抱被為
仰付、万一宥抱人不意之儀茂御座候得者再宥抱等被
為　仰付、御奉公相続仕難有奉存候、但御減少之与
力拾騎之内三人貞享年中御組ニ明キ御座候節、右明
跡之儀者死失後代御番可奉願、親類并御組内ニ御奉
公可相勤頃立候者無御座候ニ付、江戸
御表御手鷹匠、平御勘定、火之御番ゟ御切米者自分
拝領高ニ而御入人ニ被為　仰付候者共ニ御座候、依

之御減少之節ゟ右三人之者共者江戸御表へ被　召出候、右御組由緒書者是迄御所司代様初而被遊御上京又者被　遊御参　府候節奉申上候先格ニ御座候、然処今度被　仰渡、人別由緒奉書上候得者、元来私共義者当時久留半次郎御組筋江被　召出候御組筋之者共ニ御座候故、頭前録等入組紛敷御座候ニ付初ロニ書記仕候、

一　由緒書

二條御城御門番之頭
金田仁十郎組與力

御切米
現米六拾壱石三斗五升　本国出羽　生国山城　金原政之丞　当亥五拾五歳

甲前立物金輪抜
指物二幅四半地花色自分紋最初組被○三ノワ召出候節被為　仰付、至唯今奉守　仰伝来仕候、

有徳院様　御代私儀享保庚子年四月　御所司代松平伊賀守殿御在役頭曲渕十左衛門支配之節、父金原嘉兵衛跡代番被　召出、当亥年迄三拾六年御奉公相勤申候内、当頭金田仁十郎支配寛延二己巳年八月同心支配役被申付、七年以来役儀相勤罷在候、

一祖父　金原佐五右衛門

厳有院様　御代寛文元辛丑年四月　御所司代牧野佐渡守殿御在役、頭鈴木長左衛門支配之節組與力ニ被　召出、元禄三庚午年迄三拾年御奉公相勤相願御奉公引退、正徳三癸巳年十月病死仕候、

一父　金原嘉兵衛

常憲院様　御代元禄三庚午年十月　御所司代内藤大和守殿御在役、頭曲渕市太夫支配之節父金原佐五右衛門跡代番被　召出、享保五庚子年迄三拾一年御奉公相勤申候内、享保二丁酉年七月頭曲渕十左衛門支配之節同心支配役被申付、四年相勤病身ニ付相願御奉公引退、延享二乙丑年二月病死仕候、

右祖父金原佐五右衛門寛文元辛丑年被　召出、私迄三代相続仕、当年迄都合九拾五年御奉公仕候、以上、

宝暦五乙亥年十二月　金原政之丞

二　由緒書

御切米
現米六拾壱石三斗五升

二條御城御門番之頭
金田仁十郎組與力
本国丹波
生国山城　内　藤　金右衛門
当亥四拾弐歳

甲前立物金輪抜
指物二幅四半地花色自分紋最初組被　召出候節被
為　仰付、至唯今ニ奉守　仰伝来仕候、
有徳院様　御代私儀内藤金右衛門養子ニ仕置、享保十六
辛亥年十一月(欠)御所司代牧野河内守殿御在役頭秋山吉
右衛門支配之節、養父内藤金右衛門跡代番被　召出、
当亥年迄弐拾五年御奉公相勤候内頭金田仁十郎支配
寛延四辛未年九月同心支配役被申付候、五年以来役
儀相勤罷在候、

一　内　藤　金右衛門

有徳院様　御代享保九甲辰年四月　御所司代松平伊賀守
殿御在役頭秋山吉右衛門支配之節、当組與力石川三
助明跡江与力ニ被　召出、享保十六辛亥年十一月迄
八年御奉公相勤、病身ニ付相願御奉公引退、元文四
己未年十月病死仕候、
右養父内藤金右衛門享保九甲辰年被　召出、私迄二
代相続仕、当亥年迄都合三拾弐年御奉公仕候、以上、
宝暦五乙亥年十二月　内　藤　金右衛門

三　由緒書

御切米
現米六拾壱石三斗五升

二條御城御門番之頭
金田仁十郎組與力
本国参河
生国丹波　丹　羽　亦　五　郎
当亥四拾八歳

甲前立物金輪抜
指物二幅四半地花色自分紋最初組被　召出候節被
為　仰付、至唯今奉守　仰伝来仕候、
有徳院様　御代私儀丹羽熊右衛門養子ニ仕置候処、享保
二十乙卯年正月　御所司代土岐丹後守殿御在役頭杉
山吉右衛門支配之節、養父丹羽熊右衛門跡代番○《ケツ》被召
出、当亥年迄二拾壱年御奉公相勤相勤罷在候、

一高祖父　丹　羽　三右衛門

大猷院様　御代寛永二乙丑年四月　御所司代板倉周防守

殿御在役頭春日左衛門支配之節、組與力ニ被　召出、
承応二癸巳年十二月迠弐拾九年御奉公相勤、病身ニ
付相願御奉公引退、寛文七丁未年七月病死仕候、寂
初被　召出候節之月相知不申候、

一曾祖父　丹羽学兵衛

巌有院様　御代承応二癸巳年十二月　御所司代板倉周防
守殿御在役頭筧新太郎支配之節、父丹羽三右衛門跡
代番被　召出、元禄五壬申年○組頭役被仰付、同十二
己卯年組分後頭柘植三之丞支配之節同心支配役被申
付、同十三庚辰年九月迠四拾八年御奉公相勤病身ニ
付相願御奉公引退、同十四丁辛巳年七月病死仕候、
○曲渕市太夫支配之節（○へ入る）

一祖父　丹羽覚兵衛

常憲院様　御代元禄十三庚辰年九月　御所司代松平紀伊
守殿御在役頭柘植三之丞支配之節、父丹羽学兵衛跡
代番被　召出、享保四己亥年頭曲渕十左衛門支配之
節同心支配役被申付、同八癸卯年十二月迠弐拾四年
御奉公相勤、病身ニ付相願御奉公引退、同十四己酉
年九月病死仕候、

一父　丹羽熊右衛門

有徳院様　御代享保八癸卯年十二月○ケツ御所司代松平伊賀守
殿御在役頭秋山吉右衛門支配之節、父丹羽覚兵衛跡
代番被　召出、頭同支配之節同二十乙卯年正月迠拾
三年御奉公相勤、病身ニ付相願御奉公引退、延享元
甲子年二月病死仕候、
右高祖父丹羽三右衛門寛永二乙丑年被　召出、私迠
五代相続仕、当亥年迠都合百三拾壱年御奉公仕候、
以上、
宝暦五乙亥年十二月　丹羽亦五郎

四　由緒書

二條御城御門番之頭
金田仁十郎組與力
関戸久之丞
本国尾張
生国山城
当亥四拾歳

御切米
現米六拾壱石三斗五升
甲前立物金輪抜
指物二幅四半地花色自分紋最初組へ被　召出候節
被為　仰付、至唯今奉守　仰伝来仕候、
有徳院様　御代私儀享保二十乙卯年十月　御所司代土岐
丹後守殿御在役頭秋山吉右衛門支配之節、兄関戸常

八跡代番被　召出、当亥年迄弐拾壱年御奉公相勤相勤罷在候、

一曾祖父　　関戸次郎兵衛

大猷院様　御代寛永十五戊丑年四月　御所司代板倉周防守殿御在役頭春日左衛門支配之節、組與力被　召出、万治元戊戊年迄弐拾壱年御奉公相勤、病身ニ付相願御奉公引退、万治三庚子年八月病死仕候、最初被召出候節之月相知不申候、

一祖父　　関戸市助

厳有院様　御代万治元戊戊年　御所司代牧野佐渡守殿御在役頭筧新太郎支配之節、父関戸次郎兵衛跡代番被召出、元禄四辛未年迄三拾四年御奉公相勤、病身ニ付相願御奉公引退、元禄七甲戌年五月病死仕候、父代番ニ被　召出候節之月相知不申候、

一父　　関戸直右衛門

常憲院様　御代元禄四辛未年十一月御所司代小笠原佐渡守殿御在役頭曲渕市太夫支配之節、父関戸市助跡代番被　召出、宝永七庚寅年迄弐十年御奉公相勤、四月病死仕候、然所悴関戸常八儀幼年ニ而　御番難相勤候ニ付、親族之内関戸藤兵衛ト申者宥抱奉願候、御所司代松平紀伊守殿御在役、頭小西助右衛門支配之節、同年八月願之通宥抱被　仰付、正徳二壬辰年迄三年御奉公相勤十一月病死仕候、常八儀未御番難相勤候ニ付、親族之内ニ小野田宇右衛門与申者江再宥抱奉願候、

一異父　　小野田宇右衛門

文昭院様　御代正徳二壬辰年十二月御所司代松平紀伊守殿御在役頭小西勝右衛門支配之節、願之通看抱被　仰付、享保十乙巳年迄拾四年御奉公相勤、病身ニ付相願御奉公引退、元文五庚申年四月病死仕候、

一兄　　関戸常八

有徳院様　御代享保十乙巳年十月　御所司代牧野佐渡守殿御在役頭秋山吉右衛門支配之節、異父小野田宇右衛門跡代番被　召出、同弐拾乙夘年迄拾壱年御奉公相勤、病身ニ付相願御奉公引退申候、

右曾祖父関戸次郎兵衛寛永十五戊寅年被　召出、私迄六代相続仕、当亥年迄都合百拾八年御奉公仕候、

以上、

宝暦五乙亥年十二月　　関戸久之丞

五　由緒書

二條御城御門番之頭
金田仁十郎組與力
本国丹波
生国山城　内藤勝之進
当亥三拾五歳

御切米
現米六拾壱石三斗五升

甲前立物金輪貫

指物二幅四半地花色自分紋最初組被　召出候節被
為　仰付、至唯今奉守　仰伝来仕候、
有徳院様　御代私儀当組ニ相勤罷在候、兄内藤金右衛門手前同居仕罷在候処、元文二丁巳年十月　御所司代土岐丹後守殿御在役頭秋山吉右衛門支配之節、当組與力加藤弥五右衛門明跡へ與力ニ被　召出、当亥年迄拾九年御奉公相勤罷在候、以上、

宝暦五乙亥年十二月　内藤勝之進

六　由緒書

二條御城御門番之頭
金田仁十郎組與力
本国参河
生国山城　渡邊儀右衛門
当亥三十五歳

御切米
現米六拾壱石三斗五升

甲前立物金輪貫

指物二幅四半地花色自分紋最初組被　召出候節被
為　仰付、至唯今ニ奉守　仰伝来仕候、
有徳院様　御代私儀渡邊一学病身ニ付養子仕、寛保元辛酉年十二月　御所司代牧野備後守殿御在役、頭秋山吉右衛門支配之節養父渡邊一学跡番代ニ被　召出、当亥年迄拾五年御奉公相勤罷在候、

一高祖父　渡邊勘右衛門

厳有院様　御代万治元戊戌年　御所司代牧野佐渡守殿御在役頭本間五郎左衛門支配之節、組与力ニ被　召出、万治三庚子年迄三年御奉公相勤、病身ニ付相願御奉公引退、貞享四丁卯年三月病死仕候、最初被　召出候節之月相知不申候、

一曾祖父　渡邊勘右衛門

厳有院様　御代万治三庚子年　御所司代牧野佐渡守殿御在役頭本間五郎左衛門支配之節、父渡邊勘右衛門跡代番ニ被　召出、貞享二乙丑年迄弐拾六年御奉公相勤、病身ニ付御奉公難相勤罷成候処、其節悴幼年ニ御座候ニ付親類之内渡邊助之進与申者私養子ニ仕、跡代番奉願被　仰付三年相勤申候処、右養子不行跡之儀御座候ニ付儀絶仕、再勤仕度之旨御所司代土屋

相模守殿御在役頭曲渕市太夫支配之節奉願上候処、被為　聞召届願之通被　仰付、元禄三庚午ノ年迠四年再勤仕、御所司代内藤大和守殿御在役頭曲渕市太夫支配之節病気再発仕、実悴江跡代番奉願被　仰付候、最初父代番被　召出候節ゟ前後三拾壱年相勤、病身ニ付相願御奉公引退、元禄十丁丑年九月病死仕候、父代番被　召出候節之月相知不申候、

一祖父　渡邊勘右衛門

常憲院様　御代元禄三庚子年　御所司代内藤大和守殿御在役頭曲渕市太夫支配之節、父渡邊勘右衛門跡代番ニ被　召出、享保八癸夘年頭秋山吉右衛門支配之節同心支配役被　仰付、同二十乙夘年迠四拾六年御奉公相勤、病身ニ付相願御奉公引退、享保弐拾乙卯年十月病死仕候、父代番ニ被　召出候節之月相知不申候、

一父　渡邊一学

有徳院様　御代享保二十乙卯年八月　御所司代土岐丹波守殿御在役頭秋山吉右衛門支配之節、父渡邊勘右衛門跡代番ニ被　召出、寛保元辛酉年迠七年御奉公相勤、病身ニ付相願御奉公引退、延享三丙寅年九月病死仕候、

右高祖父渡邊勘右衛門万治戊戌年被　召出、私迠五代相続仕、当亥年迠都合九拾八年御奉公仕候、以上、

宝暦五乙亥年十二月　渡邊儀右衛門

七　由緒書

二條御城御門番之頭
金田仁十郎組與力

御切米
現米六拾壱石三斗五升　本国参河　生国山城　鈴木要助　当亥三拾四歳

甲前立物金輪抜

指物二幅四半地花色自分紋最初組被　召出候節被為　仰付、至唯今ニ奉守　仰伝来仕候、

当
御代私儀寛延三庚午年　御所司代松平豊後守殿御在役当頭金田仁十郎支配之節、兄鈴木文左衛門跡番代ニ被　召出、当亥年迠六年御奉公相勤罷在候、

一祖父　鈴木四郎右衛門

厳有院様　御代延宝元癸丑年五月　御所司代永井伊賀守殿御在役頭鈴木長左衛門支配之節、組與力ニ被　召出、元禄十二己夘年迠二十七年御奉公相勤申候処、

同年六月　御所司代松平紀伊守殿御在役頭山岡七右衛門支配之節、組減少被為　仰付御暇被下牢人仕、諸御組割入奉願候処、被為　聞召届、同年十一月御所司代松平紀伊守殿御在役頭柘植三之丞支配之節、当組江割入被為　仰付、正徳元辛卯年五月迠前後三拾九年御奉公相勤、病身ニ付相願御奉公引退、享保八癸卯年九月病死仕候、

一父　　　　　　　　　　　　鈴木八郎右衛門

文昭院様　御代正徳元辛卯年五月　御所司代松平紀伊守殿御在役頭小西助右衛門支配之節、父四郎右衛門跡代番被　召出、享保十一丙午年頭秋山吉右衛門支配之節同心支配役被申付、同十五庚戌年迠五年役義相勤、病気ニ付役儀御免被下、享保十八癸丑年四月迠弐十三年御奉公相勤、病身ニ付相願御奉公引退、元文三戊午年八月病死仕候、

一兄　　　　　　　　　　　　鈴木文左衛門

有徳院様　御代享保十八癸丑年　御所司代牧野河内守殿御在役頭秋山吉右衛門支配之節、父鈴木八郎右衛門跡代番ニ被　召出、寛延二己巳年八月迠拾七年御奉公相勤、病身ニ付相願御奉公引退申候、

右祖父鈴木四郎右衛門延宝元癸丑年被　召出、私迠四代相続仕、当亥年迠都合八拾三年御奉公仕候、以上、

宝暦五乙亥年十二月　　　　鈴木要助

八　由緒書

二條御城御門番之頭
金田仁十郎組與力
小倉兵橘
本国甲斐
生国山城
当亥弐拾九歳

御切米
現米六拾壱石三斗五升

甲前立物金輪貫

指物二幅四半地花色自分紋最初組被　召出候節被為　仰付、至唯今奉守　仰伝来仕候、

当

御代私儀寛延四辛未年　御所司代松平豊後守殿御在役当頭金田仁十郎支配之節、父小倉源八郎跡代番ニ被　召出、当亥年迠五年御奉公相勤罷在候、

一高祖父　　　　　　　　　　小倉弥左衛門

大猷院様　御代寛永十六己卯年四月　御所司代板倉周防守殿御在役頭筧新太郎支配之節、組與力ニ被　召出、翌庚辰年組頭役被仰付、正保三丙戌年迠八年御奉公

相勤、病身ニ付相願御奉公引退、慶安四辛卯年十月
病死仕候、寂初被　召出候節之月相知不申候、

一曾祖父　　　　　小倉十右衛門

大猷院様　御代正保三丙戌年正月　御所司代板倉周防守
殿御在役頭筧新太郎支配之節、父小倉弥左衛門跡代
番被　召出、筒井治左衛門支配之節延宝四丙辰年組
頭役被仰付、元禄四辛未年迠四拾六年御奉公相勤、
病身ニ付相願御奉公引退、宝永元甲申ノ年九月病死
仕候、

一祖父　　　　　小倉浅右衛門

常憲院様　御代元禄四辛未年十二月　御所司代小笠原佐
渡守殿御在役頭曲渕市太夫支配之節、父小倉十右衛
門跡代番ニ被　召出、元禄十五壬午年頭柘植三之丞
支配之節同心支配役被申付、享保四己亥年十月迠弐
拾九年御奉公相勤、病身ニ付相願御奉公引退、元文
二丁巳年九月病死仕候、

一父　　　　　小倉源八郎

有徳院様　御代享保四己亥年十二月　御所司代松平伊賀
守殿御在役頭曲渕十左衛門支配之節、父小倉浅右衛
門跡代番ニ被　召出、享保弐十乙卯年頭秋山吉右衛
門支配之節同心支配役被申付、寛延四辛未年九月迠
三拾三年御奉公相勤、病身ニ付相願御奉公引退申候、
右高祖父小倉弥左衛門寛永十六己卯年被召出、私迠
五代相続仕、当亥年迠都合百拾七年御奉公仕候、以
上、

宝暦五乙亥年十一月　　　　小倉兵橘

九　由緒書

二條御城御門番之頭
金田仁十郎組與力
本国出羽
生国山城　野条佐五右衛門
当亥弐拾弐歳

御切米
現米六拾壱石三斗五升

甲前立物金輪貫
指物二幅四半地花色自分紋最初組被　召出候節被
為　仰付、至唯今ニ奉守　仰伝来仕候、

当
御代私儀宝暦三癸酉年四月当　御所司代酒井讃岐守
殿御在役当頭金田仁十郎支配之節、当組ニ相勤罷在
候父金原政之丞手前罷在候処、再従弟野条泰次郎大
病相煩御奉公難相勤、外ニ跡代番可奉願近親之者無
御座候ニ付、再従弟之続を以跡代番奉願候処、願之

通被　召出、当亥年迄三年御奉公相勤罷在候、

一曾祖父　　　野条忠右衛門

厳有院様　御代延宝四丙辰年　御所司代戸田越前守殿御在役頭筒井治左衛門支配之節、組與力ニ被　召出、元禄九丙子年迄弐拾壱年御奉公相勤、病身ニ付相願御奉公引退、宝永六己丑年八月病死仕候、最初被召出候節之月相知不申候、

一祖父　　　野条小左衛門

常憲院様　御代元禄九丙子年正月　御所司代小笠原佐渡守殿御在役頭山岡七左衛門支配之節、父野條忠右衛門跡代番被　召出、同十二己卯年迄四年相勤申候処、同年六月　御所司代松平紀伊守殿御在役頭山岡七右衛門支配之節組人数減少被為　仰付御暇被下牢人仕、江戸御表諸御組割入奉願候処、被為　聞召届、翌庚辰年三月　御所司代松平紀伊守殿御在役頭柘植三之丞支配之節、当組へ割入被為　仰付、享保八壬卯年同心支配役被申付、同十一丙午年迄前後三拾壱年御奉公相勤、同年九月病死仕候、

一父　　　野條貞之進

有徳院様　御代享保十一丙午年十月　御所司代牧野河内守殿御在役頭秋山吉右衛門支配之節、父野條小左衛門跡代番被　召出、同弐拾乙卯年迄拾年御奉公相勤、病死仕候処、忰野條泰次郎儀幼年ニ付弟西村唯八江跡代番奉願候処、其時之　御所司代土岐丹後守殿御在役頭同支配之節、願之通被　仰付、延享三丙寅年迄拾三年御奉公相勤、御所司代牧野備後守殿御在役頭浅井半兵衛支配之節奉願泰次郎被　召出、唯八儀者相願御奉公引退申候、

一再従弟　　右野條貞之進忰
野條泰次郎

当
御代延享三丙寅年四月　御所司代牧野備後守殿御在役頭浅井半兵衛支配之節、伯父西村唯八跡代番ニ被召出、宝暦三癸酉ノ年三月迄八年御奉公相勤、病身ニ付相願御奉公引退、同四甲戌年十一月病死仕候、

右曾祖父野條忠右衛門延宝四丙辰年被　召出、私迄五代相続仕、当亥年迄都合八拾年御奉公仕候、以上、

宝暦五乙亥年十二月

野條佐五右衛門

十　由緒書

二條御城御門番之頭
金田仁十郎組與力
本国紀伊
生国山城　藤田彦十郎
当亥弐十歳

御切米
現米六拾壱石三斗五升

甲前立物金輪抜
指物二幅四半地花色自分紋最初組被　召出候節被
為　仰付、至唯今ニ奉守　仰伝来仕候、
当
御代私儀藤田丈之助養子ニ仕置候処、宝暦三癸酉年
当　御所司代酒井讃岐守殿御在役当頭金田仁十郎支
配之節、八月養父藤田源之進儀病死仕候ニ付同年十
月跡代番ニ被　召出、当亥年迠三年ノ御奉公相勤罷
在候、

一先祖　藤田杢左衛門
大猷院様　御代寛永七庚午年　御所司代板倉周防守殿御
在役頭春日左衛門支配之節、組與力ニ被　召出、万
治元戊戌年迠弐拾九年御奉公相勤、病身ニ付相願御
奉公引退、万治三庚子年九月病死仕候、最初被　召
出候節之月相知不申候、

一高祖父　藤田八兵衛
厳有院様　御代万治元戊戌年　御所司代牧野佐渡守殿御
在役頭本間五郎左衛門支配之節、父藤田杢右衛門跡
代番被　召出、貞享二乙丑年迠弐拾八年御奉公相勤、
病身ニ付相願御奉公引退、貞享三丙寅年三月病死仕
候、父跡代番被　召出候節之月相知不申候、

一曽祖父　藤田源四郎
常憲院様　御代貞享二乙丑年　御所司代土屋相模守殿御
在役頭本間五郎左衛門支配之節、父藤田八兵衛跡代
番被　召出、元禄五壬申年迠八年御奉公相勤、同年
六月病死仕候、父代番被　召出候節之月相知不申候、

一祖父　藤田儀左衛門
常憲院様　御代元禄五壬申年　御所司代小笠原佐渡守殿
御在役頭鈴木市兵衛支配之節、父藤田源四郎跡代番
被　召出、宝永四丁亥年迠拾六年御奉公相勤、病身
ニ付相願御奉公引退、寛延二己巳年九月病死仕候、
父代番被　召出候節之月相知不申候、

一伯父　藤田儀左衛門
常憲院様　御代宝永四丁亥年　御所司代松平紀伊守殿御
在役頭小西助右衛門支配之節、父藤田儀左衛門跡代
番被　召出、享保元丙申年迠拾年御奉公相勤、享保

元丙申年八月病死仕候、父代番被　召出候節之月相
知不申候、
一父　　　藤田丈之助
有徳院様　御代享保元丙申年十月○ヵ御所司代水野和泉守殿
御在役頭曲渕十左衛門支配之節、兄藤田儀左衛門跡
代番被　召出、享保十五庚戌年同心支配役被申付候、
弐拾年同心支配役相勤、寛延三庚午年迠三拾五年御
奉公相勤、病身ニ付相願御奉公引退申候、
一兄　　　藤田源之進
当　御代寛延三庚午年二月　御所司代松平豊後守殿御在
役当頭金田仁十郎支配之節、父藤田丈之助跡代番被
召出、宝暦三癸酉年迠四年御奉公相勤、同年八月病
死仕候、
右先祖藤田杢右衛門宝永七庚午年被　召出、私迠八
代相続仕、当亥年迠都合百弐拾年御奉公仕候、以上、
宝暦五乙亥年十二月　　藤田彦十郎

東御役所
小林伊豫守

上書
久留半次郎様
金田仁十郎様

御目附稲生下野守・牧野織部ゟ書状至来、組与力御
扶持方有之候哉有無儀委細書付差越候様各方江茂別
帋書付相達候様申来候ニ付、則右書付写壱通差越候、
吟味之上委細書付拙者御役所へ御申聞可有之候、以
上、
三月九日

但シ組由緒并人別由緒書者江戸御表ゟ亥
年被　仰出、冬ゟ翌年子ノ年指出候也、
町奉行御役所江御頭ゟ被調度候、西御役
所証文方三浦小藤太江及応対候、関戸久
之丞被参候、三浦江兼而丹羽内談申合置
候、是ハ人別由緒書付写ニ跡番与力ニ不
召抱と可認旨下書手本出候、

一條御城御門番之頭組　依之西組者前々ゟ代御番と
認候、此度も先格之通認度
段申談難渋之所漸跡代番与
認候様相成候也、
諸組一統ニ跡番与力同心
と相成候得共、両組ハ代
番と認差出候、

並高現米六拾壱石三斗五升　與力
右並高之儀去子年被書出相分リ申候、御扶持方者無之
哉、若御扶持方有之候ハヽ、委細書付可被差越候、以上、
二月　　稲生下野守
　　　　牧野織部

覚

二條御門番之頭
金田仁十郎組
與力拾騎

当時拝領高
現米六拾壱石三斗五升宛
右之外御扶持方無御座候、以上、

丑
三月

右者此度江戸御表ゟ御尋ニ付差出候書付之扣也、

宝暦七丁丑年三月九日

宝暦十三癸未年五月廿六日御組内ニ永之御暇等ニ而明跡江御入人有無之事御所司代御尋之由ニ而書出シ候様ニ被申渡、往古之訳相除御組分後之例書出申候、左之通、

一 南御組与力城彦之進先祖城庄左衛門
由縁之者ニ付御組ゟ奉願候、
内藤金右衛門

享保九甲辰年四月
御所司代松平伊賀守殿御在役御頭秋山七右衛門殿御支配之節、石川三助不調法ニ付永之御暇被　仰付候、明跡江御抱入被　仰付候、当時相勤罷在候内藤平学家筋ニ而御座候、

一 当御組与力内藤金右衛門
次男
内藤一郎右衛門

元文二丁巳年十月
御所司代土岐丹後守殿御在役御頭秋山七右衛門殿御支配之節、加藤弥五右衛門不調法ニ付永之御暇被　仰付候、明跡江御抱入被　仰付候、当時相勤罷在候、
右之通ニ御座候、以上、
但シ元禄十二己卯年御組分以後御入人等無御座候、

未
五月
御組与力
拾騎

右之通之文談ニ而半切ニ認上包有り差出申候、上包ニ茂御組与力拾騎と
同心仲ヶ間之扣別帳ニ有り

奉願口上書

私儀年号父誰代番御替被為　召出御奉公相勤申候、然処当何月ゟ大病相煩続命難仕躰ニ御座候、依而私従弟違誰等何ニ何十歳ニ罷成候、此者私代御番ニ被召出被　下置候様ニ奉願候、両親并家族共養育仕度奉存候、偏御憐愍を以願之通被為　仰付被　下置候者難有仕合奉存候、日本之神以病気偽無御座候、右之趣被仰上可被下候、以上、

何月
何之誰
印形

月番両人宛

拾四年以前迠者右之通一紙ニ而被仰付相済来申候、
以上、

右者秋山吉右衛門・松波五郎左衛門支配之節迠者與力・同心代御番願書右壱通ニ而文言等茂右之通ニ而相済来候処、久留半次郎・浅井半兵衛支配之節当人願書并仲ヶ間連判月番與力添書仕指出候様ニ頭被申渡候ニ付、再応迷惑仕候段相願申候得共曽而ゟ届不被申願書文言等も難致加筆無是非左之通相改、只今ニ至迷惑至極仕候、何卒秋山吉右衛門・松波五郎左衛門支配之節之通ニ而当人願書壱通并親類書相添、文言等茂前々之通ニ而奉願奉存候、十四年以来左之通ニ相改申候、

奉願口上書

私儀年号何月御所司代様御在役、御頭誰殿御支配之節父跡代番被為　召出、当何年迠何年御奉公相申勤候、然処一昨年早春ゟ何々病相煩御番御断申上引篭服薬養生仕、何月漸出勤仕候処、当夏頃ゟ何病再発仕候ニ付、醫師誰之療治相頼養生仕候得共、追日相勝不申迷惑至極仕候、御奉公可相勤躰ニ無御座候間、私儀御暇被　下置可罷成御儀ニ御座候者、忰同苗誰儀何何拾歳ニ罷成候間、此者御吟味之上跡代番被　召出被　下置候様奉願候、願之通被　仰付被　下置候者難有奉存候、右之趣宜被仰上可被下候、以上、

何月　　何之誰印形
当何ニ何十才

月番宛

口上之覚

誰病気ニ付御奉公難相勤御暇奉願候、依之私共立合吟味仕候処、病躰ニ相違無御座候間御暇被　下置可罷成御儀ニ御座候者同苗誰儀御奉公可相勤者ニ御座候間、願之通被　仰付被　下置候様ニ仕度奉願候、
以上、

何月　　月番與力　何之誰
何之誰

奉願口上書

誰儀病気ニ付御暇奉願候、依之吟味仕候処申上候、病躰ニ相違無御座候間御暇被　下置可罷成御儀御座

候者、同苗誰儀御奉公可相勤者ニ御座候間、願之通
被　仰付被　下置候様ニ一統ニ奉願候、以上、

何月　　　　與力仲ヶ間
　　　　　　　九人連印

頭之宛所

一右之外親類書相添差出申候、但親類書之儀者十四
年以前茂同前ニ差出申候儀ニ御座候、

此内ニ同心願書之札控有之候、

（同心願書札控その一）

「覚

大岡金兵衛様組小頭同心
　林源左衛門
　当寅六十六歳

右源左衛門儀依病気御奉公難相勤候ニ付、支配与力
吟味書相添願書差出候ニ付吟味仕候処、願書之通病
躰相違無御座候、右源左衛門忰同苗源蔵儀代御番相
願申候、依之源蔵召呼吟味仕候処、御奉公も可相勤
者ニ相見申候ニ付、則指出候願書奉入御覧候、願之
通申渡候様仕度奉存候間、此段奉伺候、以上、

十月　　　大岡金兵衛

与力同文言ニ而支配与力ト有之候処、月番与力ニ相
認候、」

（同心願書札控その二）

「宝暦六丙子年七月十三日

二条御城御門番之頭組

並高現米六拾壱石三斗五升宛
　与力

但シ前々ゟ御入人等無之
　御抱入之者ニ而
書面之御切米無不同被　下置候、忰部屋住ゟ被
召出候儀無之候、

同

並高現米拾石三人扶持同心
但シ先年八人被　召抱候者現米拾三石六斗宛被
　下置相勤候、忰部屋住ゟ被　召出候儀無之、

右者従江戸御表之御書付

支配之内
御目見以下之者場所並高并部屋住ゟ新規ニ被　召
出候者並高之儀、寛延元辰年御目附衆より申来候

指出下書附写至来候、別紙之通支配之内御目見以下之者場所並高当時も相違無之候哉、若シ相違も有之候歟又者此外洩候役名并新役等茂有之候者其訳委細別紙書付、早々差遣可申候、尤別紙之通相違茂無之候ハヽ、其趣書付可差出旨、右者宮内小輔殿御用ニ付申越候由、尤支配之内又支配有之候ハヽ、右又支配之者共不残書付差出可申旨、御目付稲生下野守・牧野織部ゟ申来候、則従江戸表致至来候別紙書付写一通宛相違候、各支配之分書付被留置、吟味之上伊豫守御役所江早々否可被申聞候、以上、

七月十三日
稲垣能登守
小林伊豫守

久留半次郎様
金田仁十郎様

右者諸組由緒并人別由緒書付差出候様ニ被　仰出、去ル亥ノ十一月ゟ度々町奉行懸りニ而、則能登守殿組与力証文役三浦小藤太懸り聞合、子三月五日迠ニ清書出来差出候処、七月十三日江戸御表ゟ右之御書付ニ而御尋御座候ニ付、先達而差上候書付之通無相違趣御頭江及返答候也、」

（同心願書札控その三）
「其節之写有之
請取申御切米之事

合米合百廿石者　但京升也

右是者坪内藤七郎ニ御預ヶ之與力六騎御切米、此米三百六拾石ニ候、但壱人ニ付六拾石宛之内夏為御給米三分一請取相渡申候、藤七郎未登り不申候ニ付、戸田越前守殿以御差図我等手配ニ而請取申処、仍而如件、

延宝六年午六月日　筒井治左衛門印

藤井勘兵衛殿
高橋次郎左衛門殿
尾崎五右衛門殿
」

（同心願書札控その四）
「口上書

林源左衛門儀病気ニ付御奉公難相勤御座候、依之吟味仕候処、申上候病躰ニ毛頭相違無御座候間、源左衛門忰同苗源蔵儀御奉公可相勤者ニ御座候間、願之通被　仰付被　下置候様ニ仕度奉存候、以上、

寅
八月

鈴木五郎右衛門
佐治長兵衛 」

奉願口上書

今度南御組與力村田三右衛門儀眼病気差重候ニ付、甥村田権太兵衛江代御番之儀奉願候、依之拾五年以前迠奉願候願書之通相認御願申上度旨一統ニ奉願候、両御組之儀者差別無御座御取扱被成下候御儀御座候間、当御組於茂代御番奉願候節者拾五年以前迠之通当人之願書一通ニ而 願之通被 仰付被 下置候様ニ偏奉願候、以上、

寅
八月

仲ヶ間
拾人連印

頭宛

奉願口上書

私儀何之誰当御支配之節年号何年何月父代御番被 召出、当何之年迠何十何年御奉公相勤、先祖何ゟ私迠何代ニ而都合何十何ヶ年御奉公相続仕候、然ル処何年以来何病相煩種々養生仕候処、当節指重ク醫師何ノ誰々相頼服薬仕候得共難治之病症ニ御座候趣申候、依之私悴同苗誰儀当何ニ何十何歳罷成申候間、此者代御番被為仰付被 下置候様奉願候、右之病気日本之神祇偽ニ而無御座候、以御憐愍を以此者代御番被 仰付被下置者難有仕合奉存候、右之趣宜被 仰上可被下候、以上、

何
何月

何誰書判
当何ニ何十何歳

月番両人宛

両御頭方ゟ之添書文言写

此度私共組之者願之義十五年以前之通当人之願書壱通ニ而相済候様仕度段相願候、尤組之者共ゟ私共江指出候願書並例書奉入貴覧候、可相成義ニ御座候者先々之通申付候様ニ仕度奉存候、依之右之段奉伺候、以上、

寅
八月

金田仁十郎
大岡金兵衛

御所司代付紙
可為伺之通候、

右之御付紙ニ而九月朔日御渡被成候、両御頭方ニ御挨拶ニ者御用向御取込ニ付、是迠御延引被成候趣之御口上ニ而先達而西組ゟ差出置候例書等私ゟ差戻、先格願

書之通文言等認替御持参可被成様ニ御頭方江被　仰渡、
依之願書先格之文言ニ認替二日ニ御頭方被成御持参候
ハ、早速相済、村田権太兵衛様被　仰付候、
御所司代　松平右京太夫殿
宝暦八戊寅年九月
　　　　　　　　表御用人
　　　　　　　　番頭　石嶋弥一左衛門
　　　　　　　　二　大野弥八郎
　　　　　　　　四　関口安左衛門
　　　　　　　　三　関源八

根元此仁聞込ニ而取計之上相済候
西組村田三右衛門息権太兵衛代番願
ニ付六月廿九日南組中川沖之助宅江
金原政之丞・丹羽次郎兵衛・関戸久
之丞参り、先々之願形も取戻シ可申
旨南組一統江申談候、是最初反故也、

北御組同心明扶持並御切米之覚

一享保十一丙午年九月柘植重三郎被　召出候処、漸一ト
御番相勤病死仕、親類之内代御番可奉願相応之者無御
座断絶被　仰付候、同年十一月服部喜内被　召返候、
一四斗三升　午十月御扶持米　御蔵駄賃引
一三石三斗壱升六合三勺　午十月御切米　右同断
米合三石七斗四升六合三勺　当時服部弾次小屋
　此代銀百目壱分　柘植重三郎明跡
　　御扶持方御切米代銀也

一享保十七壬子年正月宮川新平不行跡ニ付御暇被　下
置候、明跡江同年七月城市之進被　召出候、
　子正月ゟ六月迠閏月入七ヶ月分
一三石弐升七勺　御扶持米　御蔵駄賃引
一六石六斗三升六勺　子二月五月両度御切米御蔵駄賃引
米合九石六斗五升壱合三勺　当時徳休之進小屋
此代銀四百弐拾目壱分九厘九毛五　宮川新平明跡
　御扶持方御切米代銀也
両口合古銀五百弐拾目弐分九厘九毛五
内
　同銀百四拾六目五分　北御役屋敷付　数鎗十筋代
但シ
　御所司代牧野河内守殿御在役之節
　享保十七壬子年秋山吉右衛門殿御調被成候、
引残古銀三百七拾三目七分九厘九毛五
右之銀高元文元年文字銀ニ引替
　増歩銀百八拾六匁九厘九毛　但五割増
右両口合文銀五百六拾目六分九厘八毛
一寛保三癸亥年八月村田権右衛門不行跡ニ付御暇被　下
置候、明跡江同年十一月木寺伴内被　召出候、
一八斗七升　亥九月十月二ヶ月分　御扶持米御蔵駄賃引
　此銀五拾八匁弐分三厘
都合文銀六百拾八目九分弐厘八毛五
　亥十月御切米三石三斗三合

右之外ニ文銀弐百三拾九匁八厘壱毛者十一月御扶持米四斗
四升八合之代銀也
右之銀子者
十一月木寺伴内被　召出候ニ付伴内江被　下置候、
宝暦三癸酉年六月金田仁十郎殿江差出候書付之扣也、
但シ右明キ扶持金支配江預り候処、文言之様左之通相認候事、
同心明キ扶持金御預一札之事、
合㊞金拾㊞両也、
右者御組同心明キ扶持金ニ御座候処、私共江被成御預
ヶ慥ニ奉預候、為後証仍而如件、
宝暦八戊寅年正月　金原政之丞印
丹羽次郎兵衛印
金田仁十郎殿
右預り一札者去宝暦七丁丑年十二月内藤金右衛門引跡
役拙者江同心支配役被申付候故、証文名前相改め候様
仁十郎殿ゟ被申渡、左之通ニて相改メ差出候也、
但宝暦十一庚辰年金田仁十郎殿御参府ニ付夘年十二
月右預り一札改メ置候様ニ被申渡、右同文言ニ而引
替候也、
一仁十郎殿辰年二月八日御参府御出立ニ而御在府中御願
ニ而同年七月廿二日願之通御退役被　仰付候、八月三
日南御頭大岡金兵衛殿ゟ被仰聞候、然ル上右明キ扶持
金仮り御支配江御預り可被成旨被申聞、十月四日金兵
衛殿御役宅江両人持参、用人立会相改メ両人封印ニ而
金兵衛殿へ御預ヶ申、金兵衛殿御預り証文（マヽ）証文即金兵
衛殿御印形ニ而御座候、左之通文言扣、
覚
金田仁十郎元組同心明キ扶持金
金拾両
右之金子仁十郎跡役被　仰出跡役罷登り候迠慥ニ
預り置候、以上、
辰十月　大岡金兵衛印
金原政之丞殿
丹羽次郎兵衛殿
右之通被為認御渡被成候也、
一仁十郎殿跡役浅原又右衛門殿辰年廿二日被　仰付、翌
年巳年三月十五日御上着御座候、其後明キ扶持金御引
渡段々御延引、漸十月廿九日御渡御座候、先達而御預
之節御証文引替可相済之処、為念支配ゟ御取証文差出
呉候様ニ被申聞候、尤例格茂無之候得共御頼之御挨拶
旁以差構ニ茂不相成筋故認差出候、御引渡之刻金原姓
当番故御用人石田生被立会候様ニ申入、即石田生致同

伴南御役宅ニ而南御用人宇佐美平馬立会相済候、

覚半切ニ認、無上包

金拾両也

右者御組同心明キ扶持
金先達而御預り被為置候
処此度御引渡相済候ニ付
慥ニ請取申上候、以上、

巳
十月廿九日　丹羽次郎兵衛
金原政之丞
大岡金兵衛様御内
宇佐美平馬殿

十二月朔日両人罷出明キ扶持金御頭ゟ御預り証文請取□金子御預ヶ申候、尤此金子外々江預置、年々利金ヲ以御頭方御替り之節、江戸下り同心用脚ニ仕度候間、永ク御組江御渡被下、万一御吟味或者公儀ゟ御用と御座候節者右元金拾両者何時ニ而茂差出可申旨段々申置候、石田定右衛門随分相心得罷在候、当御頭江相尋候上ニ而不及延引御御返答可申と之儀ニ而罷帰候、御頭御預り証文左之通、

預申一札之事

金拾両也

右者当組同心明扶持金任先例旦那方江預り置申所実正也、
為念証文、仍如件、

宝暦十一巳十一月　石田定右衛門印

金原政之丞殿
丹羽治郎兵衛殿

表書之通相違無之者也

浅原又右衛門㊞

右之通文言ニ而福村紙上包美濃紙

上包

明扶持金証文　浅原又右衛門内
石田定右衛門

明和二乙酉年八月代御番相願、廿六日ニ願之通被　仰付、
右明扶持金御頭之預り証文同役金原氏江相渡申候、尤跡
役関戸十兵衛末役儀不被申渡候ニ付、金原氏計之及応対
候也、

八月廿六日召自宅江仲ヶ間一統被相集候故、
幸於席下ニ相渡申候也、

北御組御支配之砌初元祖柘植三之丞殿
并御組伊賀侍弐拾人被為　召出孝由緒傳記

権現様御参刕

織田信長公江為御見舞与御上洛有り、参州岡崎之城
主穴山梅雪御同道之由也、信長公種々御馳走有リト
云々、御次手ニ泉刕堺浦為御見物之穴山殿御同道ニ
而被為成　御下向、彼地御逗留之内於京都丹刕亀山
城主明智日向守光秀企逆心、天正十壬午年六月二日
信長公被成御座候本能寺江押寄大軍

白紙封印開見御用捨

（以下「　」は白紙封印の部分、翻刻者注）
「を以取巻候故信長公御生害ニ付、京都者勿論国々及
騒動ニ、依之　権現様本道還御不致為○山城国宇治
成
田原ヲ御通江劦信楽江御出也、其節御徒多羅尾五郎
左衛門与云者供奉仕、父多羅尾峯閑信楽ニ居住仕ニ
付彼宅江入御被為成御一宿之由、峯閑種々御馳走奉
申上ト也、彼宅夜半頃出御伊賀越ニ勢劦江御出、白
子ヨリ三州江還御之御積也、然ニ伊賀・伊勢ノ堺鹿伏
兎ト云所ニ関ヲ居往来ヲ差留候ニ付、伊劦下柘植ノ
西光」
寺江被為成　御入、当所之者江関所御案内之儀被為
仰付、此時元祖柘植三之丞殿始彼是七八人御供申上、
鹿伏兎を御通勢劦白子迠供奉、何茂是ニ而御暇被　下
置、御出世之節可被為　召出旨御約束、品々　御朱
印拝領候而伊劦江被召帰、白子ゟ御船ニ而被為　召渡
而遠劦江　還御之由也、　菓茶右迎ノ多羅尾ト云
但シ穴山梅雪ハ一里計御先江被参、普賢村ニ而野武士
共道ヲ支及難儀生害也、此所墓有之由、
権現様ハ普賢寺越ニハ御出無御座、宇治田原江御出
之由也、
右伊賀越還御依御忠切ニ元祖柘植三之丞殿慶長四己
（ママ、節カ）
亥年緋為　召出　慶長五年　濃劦関ヶ原御陣　御知行可被下置候間望可
申旨上意御座候処、三百石拝領仕度由御申上、則望
之通被為　仰付、且又組之者弐拾人御預ヶ可被為成
候、召抱可申旨被為　仰付、三之丞殿被申上候組之
者ハ私在所朋友連ヲ召連伺上可仕之由被申上候時、
其者共ニハ何程可被下置与　被仰出候得者、御徒並ニ
被為　仰付可被下置之旨御申上　其時之御徒者三人扶持十石也、則御徒
並ニ被為　召出、三人扶持ニ拾石宛被下置、三之丞
殿御預ヶ之事、伏見　御城御番被為　仰付相勤
御城代　山口駿河守殿
御定番　春日下総殿
御門番頭　柘植三之丞殿
其後寛元甲子年御城京都二条江被為移、西之御門御
番所相勤也、御組弐拾人罷在候、御長屋者伏見　御
城之内百間御長屋　百間御長屋之内中御長屋云　被為引表御長屋六軒、奥
御長屋十四軒御建被下置、御城内御破損御奉行御見
分有之、累年御修覆被為　仰付、元禄五壬申年御番
頭酒井右京亮殿・一柳土佐守殿御在番之節迠御修覆
有之、其後ハ相止候也、
一農劦関ヶ原御陣元祖柘植三之丞殿御組被召連御供、

摂刕大坂御陣右同断、但シ大坂表ニ而ハ三之丞儀ハ組召連、何レ之手成共無構勝手次第働可申旨被為　仰付、御組之者大筒ヲ以相働、乾ノ櫓打崩候由申伝也、

一肥刕天草一揆之節者御所司板倉周防守殿依御差図、二代目三之丞殿御組被召連、御本丸御具足御備被下大坂迠下向候処、松平伊豆守殿於大坂被仰付候者、二條　御城之御番ニ而候処天草江下向候事無用之由御差図也、三之丞殿被仰付候者御所司周防守殿御差図ニ而　御座候、是非共下向可致之由御申ニ付、然ラハ此方人数乗リ候船計出シ、其外之船ハ一艘茂出シ申間敷御船手へ御申付船留メ有之候故無是非京都江御帰之由也、　御本丸御具足者御タメシ具足桶カハ胴紺糸威甲頭形リ前立もの金之輪貫也、寛永十四年十二月ニ下向ノ由

台徳院様御遺物之御銀御組弐拾人壱人ニ付銀［ムシ］枚宛寛永九壬申年十二月頂戴仕候事、

大猷院様　御代寛永□亥年拝借金被為　仰付、二代目柘植三之丞殿御支配正保元年甲申年迠八ヶ年分連々上納、残リ二ヶ年分ハ水野甚五左衛門殿御支配之節、寛文六丙午年迠ニ弐拾八人之拝借金高都合弐百五拾両上納皆済也、仲ヶ間小頭役芝田兵左衛門拝借金為上納江戸江　罷下、御勘定所ゟ御請取之御証文者水野甚五左衛門殿ニ有之由也、

但シ三之丞殿御組者　冣初弐拾八人也、八人ハ御城代之御組ヨリ加リ弐拾八人ニ成、右拝借金弐百五拾両之上納者元祖三之丞殿ゟ二代目三之丞殿荒川又六郎殿迠仲ヶ間御扶持切米年々ニ相積有之候ニ付、小頭三人相対仕代々之御頭江御預ヶ申置候也、右拝借金ハ此銀子を以上納相済候也、御城代渡邊山城守殿御組ハ三拾人モ御銀頂戴同年也、拝借モ乙亥年被為　仰付、上納ハ三之丞殿御組へ被　仰付候而柘植殿元祖弐拾人ト一所ニ上納也、弐拾八人之拝借金之人別之書付別紙ニ有之、

御城代御組八人ノ由緒左ニ記、

一柘植氏ハ元来平家之侍弥平兵衛宗清之末孫也、日置・福地・勝嶋等同性也ト云云、

一寛永元甲子年渡邊山城守殿二條御城代被為　仰付、御組同心三拾人被召連御登御在勤也、同十二乙亥年御城代相止、山城守殿江戸江　御帰□組ハ同十三丙子年御番頭□谷摂津守殿・保科弾正殿御支配ニ而　西之御門御番所相勤也、右三拾八人之者十二人大坂御材木方江被為　仰付、拾人ハ御鉄炮奉行組、残リ八人ハ寛永十九壬午年柘植三之丞殿御組江被為　加江、従是北御組弐拾八人ニ而相勤也、

但山城守殿御在勤之内ハ江戸ゟ三拾人宛在番有之、一ヶ年切ニ交代之由、右三拾人番衆之小屋御本丸高麗御

門堀際ニ有之ト傳也、是又山城守殿駿府ゟ二條御城代被為　仰付之由、右御組三拾人ノ同心罷在候小屋ハ伏見御城内之中御長屋ヲ被為引被下置旨被為仰付之由、
又曰寛永十一甲戌年
家光公御上洛アリ、山城守殿御願被仰上候ハ柘植三之丞組私組御奉公筋甲乙無御座候得者三之丞組並ニ御扶持切米可被下置之旨御願上候処、御前□(例カ)無御座ニ付、還御之節粟田口迄供奉有之、此所ニ而茂右之御願御申上候得者　還御以後可被為　仰付之由ニ而其□(後カ)三之丞御組並被為　仰付由、「　」持切□十石三人扶持「　」春ハ無之、三之丞殿御組ハ㝡初御役並被「　」罷出候節、三人扶持十石宛被下置候也、其以後「　」出来候二條廻り之組付、何茂三之丞殿組並ニ成り候事是分明ノ説也、同心御切米ハ七石ニ弐人扶持也、渡辺山城守殿江戸へ御帰り、寛永十二ゟ同十三丙子年御番頭御支配ニ成候迄之間者御所司代御支配ニ而有之候由、

一元祖柘植三之丞殿并御組弐拾人

権現様　御代慶長四己亥年諸御組之㝡初ニ被為　召出、享保十二丁未年迄百廿九年以来御奉公相勤候御組也、
常憲院様　御代元禄十二己卯年北御組御支配鈴木市兵衛殿御役被　召上江戸へ御帰り候、元組與力　同心弐拾八人、南御組与力弐拾四騎同心拾五人ハ御支配山岡七右衛門殿也、於御役屋敷ニ美濃部彦左衛門殿・柘植三之丞殿元祖ゟ四代也　御両人江南組与力同心御引渡之節、与力三拾人之内拾人御減少被為　仰付、残而弐拾人ハ□御組へ十騎宛被為　分ケ、同心四拾三人之□弐拾人宛両御組江御分被為　遊、残三人ハ御減少ニ而早速伏見建部内匠守殿御組江割入被為　仰付、両組之者東西御門御番所無差別可相勤候、御減少付ニ人少ニ罷成候間御番等弥念ヲ入相勤可申候、両組に相残候者共ハ御譜代同前ニ被為　仰付候由、江戸表ゟ御所司代松平紀伊守殿江被為　仰遣候旨紀伊守殿被仰渡候間難有可奉存之由被仰渡候、勿論彦左衛門殿三之丞殿江茂右之趣七右衛門殿被　仰達候事、

但鈴木市兵衛殿元祖廿八人之内弐人御減少、山内平八郎・柘植嘉助右両人也、山岡七右衛門殿御組ニ而壱人松尾文助也、

又曰柘植嘉助伊賀之内
伏見江山内平八郎御城代組筋
松尾文助左衛門抱之者

但シ

南御組同心仲ヶ間弐拾人之内拾弐人者御組分之節迄北御組ニ罷在西之御門御番所相勤候処、元禄十二己卯年南御組へ被為　仰付候節、山岡七右衛門殿当分御支配故、拾弐人ノ御長屋引料之儀願上候得共御取上ヶ無御座、掃地御渡被成候ニ付、北御組ゟ御長屋自分ニ引取小屋建致候事、

但右拾弐人之内五人ハ柘植三之丞殿廿人之組筋、八人ハ御城代渡邊山城守殿御組ヨリ三之丞殿御組江

被為加候御組筋之内七人也、残而残五人ハ御減少
三人之内也、北御組ゟ元禄十二己夘年□□(之節カ)南御組
江被為　分ヶ候拾弐人名字并「・　」組被
(以下記載欠落)

[書付]1
「大御番拾弐組指物地色紋色
平野遠江守殿御組　黒地山紋四半
松平下野守殿御組　赤地墨紋四半
大岡越前守殿御組　紺地朱紋四半
有馬備後守殿御組　紺地金紋四半
山口修理亮殿御組　赤地金紋四半
久世長門守殿御組　浅黄地白紋四半
涌井飛騨守殿御組　赤地白紋四半
青山美濃守殿御組　紫地金紋四半
松平伊豫守殿御組　浅黄地朱紋四半
堀田若狭守殿御組　紫地白紋四半
久留島信濃守殿御組　白地朱紋四半
加納大和守殿御組　浅黄地白紋四半」

[書付]2
「覚
柘植三之丞殿
元禄十二己夘壬九月　上京、
宝永元年甲申年十月二日迄
六ヶ年御勤御病気ニゟ御願免
右者申下ハ無御座候、
小西助右衛門殿
宝永元年甲申年十二月廿三日上京、
正徳三年癸巳迄拾ヶ年御勤、就
御病気御願、八月三日御免、
九月三日御下向
曲渕十左衛門殿
正徳三年癸巳年十二月廿四日上京、
享保四己亥年六月十五日迄為御見江
参府、同八月廿八日　上京、
秋山殿御参府相知不申候、

月番帳ニ可有御座候、御吟味
可被下候、已上
七月十八日　　　　　　政之丞」

「[書付]3
寛永二十一年　常番之時　中根大隅守　都築喜兵衛
　　　　　　　　　　　　本多豊前守　預リ　林半右衛門
　　　　　　百目玉
申　　　　　　　　　　　　　　正当極
十二月吉日　　　板倉周防守　　　　柘植三之丞
巽御櫓ニ有之御鉄炮之銘書」

解　題

二条城御門番組与力の記録について

はじめに

ここに翻刻刊行する史料は、丹羽氏昭氏所蔵の丹羽家文書に含まれる二條城御門番組与力の勤務記録と御門番組および与力の由緒記録である。二條城御門番組与力・同心は城番の配下に配属され、二條城東御門（追手門）と西御門の警固を担当し、江戸からの大番組とともに「御城番組」と称されていた。宝暦九年（一七五九）時点では、頭にそれぞれ与力一〇騎と同心二〇人が配属され、頭は大岡金兵衛・金田仁十郎であった。御門番組は南組と北組に分けられ、月番交代で二つの門を守衛し、定員総数は二〇騎・同心四〇人であった(1)。

丹羽家文書は御門番組与力丹羽氏の子孫であり、現在の御当主である氏昭氏が所蔵される二條城守衛関係の実働部隊御門番組関係の史料群である。京都所司代や京都町奉行所の与力・同心ではなく、二條城守衛の与力・同心の記録という点では新出の史料群であり、「発見」であった。

丹羽氏は慶長八年（一六〇三）以降は徳川政権の伏見城、寛永二年（一六二五）以降は二條城の警固を担当する御門番組与力であった。史料はその御門番組与力としての丹羽氏代々が現在に至るまで継承した貴重な記録である。一般的に与力・同心の記録は徳川政権直轄都市の町奉行組与力・同心の記録がよく知られている。与力・同心といえばそれらを想定する場合が圧倒的に多い。江戸の北町・南町、大坂・京都の東町・西町、南都奉行などの与力・同心の記録はそれぞれ翻刻刊行されている(2)。それに対し、たとえば京都所司代、禁裏付、また大坂城内の蔵奉行や鉄炮奉行などの奉行、大坂船手奉行などにも与力・同心が配属されていたが、その与力・同心の記録が十分に発掘・紹介されているとはいえない(3)。

その意味では、丹羽氏所蔵の二條城御門番組与力の史料は二條城警衛態勢を解明する糸口として、また徳川政権が京都を中心にした畿内西国支配体制の構築経過を解明する糸口として、貴重な発見である。

一　史料の「発見」に至る経緯

最初に、当該史料の発見と確認に至る経緯を紹介しておこう。その契機は、筆者が佛教大学在職中に同大学の四条センターで二〇〇八年度の公開講座を担当している際に、聴講されていた丹羽氏から与力関係史料の所蔵をお聞きしたことに始まる。二〇〇九年六月に近世史専攻の大学院生とともに丹羽氏のご自宅にお伺いして、史料を拝見させていただいた。丹羽氏はご自身の先祖が京都町奉行所の与力であったのではないかと仰っておられたが、史料を点検させていただくと、与力であったことは間違いはないが二條城の守衛関係の与力であったことが判明した。

史料目録作成のために借用を願い出たところ、快くご許可をいただき、目録化して確認できた総数は約五〇〇点である。史料群は慶長期から慶応期に至るが、丹羽氏関係の系譜や記録だけではなく、二条城御門番の与力・同心全体の由来、また徳川政権の解体に直面した京都の与力・同心全体の動向や明治新政府の成立後の対応に関わる記録も含まれている。

史料群の所蔵者である丹羽氏の系譜に触れておきたい。丹羽氏はもとは三河国幡豆郡吉良の庄一色に居住していた。二條城守衛与力の丹羽氏は宗家一〇代目氏勝の七男(収録した系譜では一三男)氏俊を祖としている。氏俊は幼名六郎で、成人後は金右衛門(収録した系譜では三右衛門)と名乗った。『寛政重修諸家譜』(以下『諸家譜』と略)によると、丹羽氏は、「もとは、一色を称す。氏明がとき尾張國丹羽郡にうつり住せしにより、丹羽にあらたむ」と記される(4)。同『諸家譜』に記された初代は直氏で、四代目の丹羽平三郎氏明のときに丹羽郡に移住した。氏明の項には「尾張國丹羽郡にうつり、これより氏範にいたるまでこの地に住す」とある。この後、五代目氏従の時に尾張国愛知郡折戸村に移って城を築き、六代目氏貞の時には愛知郡本郷、さらに八代目氏清の時に愛知郡岩崎に移り岩崎城を築いた。氏識・氏勝と続き、氏次の代に織田信長に仕え、本能寺の変以後に信雄に属していたが、勘気を蒙って家康の麾下に入ったと記している。

『諸家譜』の記事をみると、氏俊は慶長五年の関ヶ原役後家康に仕え、その後に伏見城春日丸を守衛した。

慶長五年関原御合戦のゝち、めされて東照宮につかへたてまつり、伏見城の春日丸を衛る。寛永二年彼城の天守を二條城にうつさるゝのとき、二條番衛の與力となる。

これによると、丹羽氏が二條城の与力となったのは寛永二年(一六二五)以降のこととなるが、これ以後の系譜は収録した丹羽氏の系譜記録に詳しい(第二部　丹羽家系譜記録、参照)。

丹羽家文書は二條城御門番組与力の史料で、町奉行に類する与力の記録ではない。その観点からも貴重であるが、特に徳川政権が京都所司代を中心にした京都と畿内・西国を統轄する二條城の警衛体制の一環である御門番組与力の史料であり、その意味でも伏見城や二條城の警固態勢を確認する極めて重要な史料群である。

筆者はさきに御門番組の系譜を記した宝暦五年(一七五六)十二月の作成と見られる『御組由緒記』を紹介した(5)が、本書はそれも改めて収録し、丹羽家文書のうち丹羽氏が同心支配役や月番を勤めた際の日常勤務の記録と、御門番組与力の系譜と丹羽氏の家譜・系譜および親類書の記録を収録した。

これらを第一部と第二部に分けて翻刻・収録した。第一部は『宝暦七年支配役日記』『安永六年七月月番用私記』『天明八年八申三月　月番覚　丹羽』『天明八年月番帳』『文化七年月番帳扣』と題された勤務記録と、勤方の規則や心得、徳川政権解体に対応した京都の与力・同心の歎願書などを収録し、第二部は与力丹羽氏の系譜と履歴、親類書などを勤務日誌の記録者とその関係記録を収録した。その特色と意義について概要を述べておこう。

二　二条城の守衛と与力・同心

慶長五年（一六〇〇）の関ヶ原役後、徳川家康は同年九月二〇日に奥平美作守信昌と加藤喜左衛門正次を配置して京都の軍事統轄と市中取締に当たらせ、半年ほど遅れて板倉伊賀守勝重も配属された。また伏見城は軍事拠点として位置付けられ、大坂豊臣氏の軍事的に牽制する態勢をとった。信昌は半年ほどの職務で、その後同六年九月には「京都の三奉行」と呼ばれた加藤・米津清右衛門勝清・板倉勝重を奉行として配置、直後の九月二八日には勝重を京都所司代に任命し、支配行政体制の整備を行っている(6)。

以後京都所司代は京都市中の市政・治安維持などに当たり、元和元年（一六一五）の豊臣氏滅亡による大坂直轄、および二条城築城に伴う畿内・西国への軍事的備えの変化など、その統括者としての地位も担った。さらに元和五年には伏見城代が廃止されて大坂城代の設置があり、伏見城代であった内藤信正が大坂城代となった。また大坂には同年大坂町奉行が置かれ、畿内・西国の政治的・軍事的備えの新たな態勢づくりも始まった。

これらと並行して、徳川政権の二條城の築城が慶長六年から始まり八年に完成した。信長・秀吉と続く、武家政権による京都での城郭築造の集大成でもあった。築造は諸大名に命じられ、その助力によって築造されたが、京都を支配下においた徳川政権の象徴として、また禁裏・公家勢力に対する武家政権の覇権・威圧の象徴として位置づけられよう。

京都における徳川政権の与力・同心の始まりは、慶長五年の加藤正次に配属された与力二五騎と足軽五〇人を端緒とする。正次は京都の三奉行と称された一人であるが、六年には職務怠慢から蟄居となり、板倉・米津の二人体制となっているので、正次への与力・足軽の配属は、まさに「端緒」であった。この後慶長八年に京都所司代板倉勝重に与力三〇騎・同心一〇〇人が配属され、一時中断はあるが、所司代組与力・同心として継続されていく(7)。

これとは別に、京都での与力・同心の配属の系譜は伏見城の城番配置にもある。慶長五年以後、伏見城には城代と二名の伏見在番(大番衆五〇人二組)ともに、その下で「御城御番」を努める守衛・門番与力・同心が配置された。慶長七年、高野山に蟄居中の春日上総景定は家康に呼び戻され伏見城春日丸の守衛・警固に当たったが、その際に現米二〇〇〇石、与力三〇騎を配属された(8)。同時期、伏見城には柘植三之丞が慶長七年に春日下総の配下として同心二〇人も配属されている。二條城御門番組の与力・同心はこれらに由来している。

徳川政権成立当初の変化のなかで、政治・軍事拠点として伏見城はその役割を二条城に譲る。元和元年六月、大坂夏の陣で豊臣氏が滅亡し、伏見城を基点とする徳川政権の軍事態勢・機構は変化する。松平忠明の戦後処理を終えた大坂城と大坂の町は、元和五年にと徳川将軍の直轄地となって大坂城代と大坂町奉行などの設置があり、伏見城代の内藤信正が大坂城代に転出することで、軍事拠点が大坂に移った。これによって伏見城は寛永元年に廃城となり、大番衆と与力・同心ら警固態勢が二條城に移された。

ここから二條城の御門番組与力・同心が始まる。二條城の守衛は、当初は二条城代が軍事的役割を担い、それに二条在番の大番頭・城番、御門番組らが昼夜交代で守衛を担当した。伏見城番の春日と柘植は二條城御門番組の頭として、与力・同心を率いて移動した(9)。宝暦九年版の『京都武鑑』によると、所司代のもとに二條在番大番頭(二名)、二條城御城番(二名)、二條城御殿番(一名)・御鉄砲奉行(二名)・御蔵番(二名)にも与力・同心が配属されている(10)。

なお二条城代は元禄十二年(一六九九)に廃止され、職務は城番に引き継がれたとされる(『国史大辞典』)が、事実は寛永十二年の廃止である(11)。御役録には名称そのものは残されており、所司代の家臣が城代を勤めるようになったとみられる。ちなみに宝暦九年の所司代の下では、その家臣である年寄・用人・番頭・公用人・取次らと並んで城代に就いた二名が記されている。

この体制が整ったのは寛永二年(一六二五)に伏見城の天守が二条城に移築され、伏見城を守衛していた城番頭とその与力・同心らが二条城の守衛に配置換えされたときである。この経緯は前掲『御組由緒記』に詳しい。

三　史料の概要

収載史料の内容は本文を参照されたいが、第一部は同心支配役や月番の際の勤務記録、第二部はその記録を残した与力の系譜を収録している。いくつかの史料を取り上げて紹介しておきたい。

(1)『宝暦七年支配役控日記』

記録者は丹羽氏六代目次郎兵衛である。次郎兵衛は享保二十年(一七三五)正月に五代目角(覚)兵衛の跡を継いで、北御門番組の勤務に就き、宝暦七年(一七五七)十二月九日に同心支配役に任命された。記録はそれ以後の勤務日誌である。次郎兵衛は明和二年(一七六五)まで支配役を勤め、病気のために同年九月から安永三年(一七七四)まで嫡子可左衛門に与力勤務を譲っていたが、安永三年に可左衛門が病気となり再度職務に復帰した。その後安永六年に七代目新次郎に職責を譲っている。従って、次郎兵衛が与力職に就いていた期間は、累計三四年間であった。

記録は、宝暦七年十二月九日から同心支配役としての職務に関わる日誌である。御門番組の正月から一年間の年中行事が、同十年ごろまでほぼ毎日書き留められている。その内容は、先役からの同心二〇人の引き継ぎ、就任祝いの音信物の記事、就任祝賀宴席と同心二〇人を招いた返礼の宴席の様子から、毎年正月の御門番組頭への儀礼、六月の同心「稽古鉄炮」や実務の記録、勤務当番順序の確認、城内破損場所の確認と修復の実態、宝暦九年三月の所司代の交代に伴う与力・同心由緒書の作成指示、所司代の「御城入」への対応職務、所司代退役への対応儀礼など、与力・同心の職務実態を記している。

同心支配役は実務部隊である同心職務を管轄する役職で、御門番組頭の役務遂行の要である。その職務は、同心らの鉄炮稽古と玉薬の実量記事、鉄炮磨など二条城警固に関する記事を丁寧に書き留めていることから、御門番組が二条城警固という軍事的職務を主要任務としていたことを示す。その観点からみれば、この記録は与力・同心らの役務

・職務の本来の職務の一端を把握するための記録といえる。

（2）『安永六年七月月番用氏苗私記』ほか月番勤務日記

丹羽家文書には『安永六年七月月番用氏苗私記』『天明八年八申三月　月番覚　丹羽』『天明八年月番帳』『文化七年月番帳扣』と題された勤務記録が残るが、これは与力月番の職務実態が確かめられる記録である。安永六年の月番用私記、天明八年（一七八三）の月番覚・月番帳は七代目新次郎、文化七年（一八一〇）の月番帳は八代目次郎左衛門の勤務日誌である。

新次郎は安永四年に与力見習、同六年に六代目の「御番代」として正規の与力となった。寛政四年（一七九二）には同心支配役に任命され文化五年まで勤め、文化九年に退職した。また次郎左衛門は文化二年に与力見習、同九年に新次郎の跡を継いで、文政十一年（一八二八）に同心支配役となり天保十五年（弘化元年、一八四四）まで勤め、退職している。

新次郎の月番用私記は安永六年から天明五年まで、天明八年三月の一ヶ月の月番日誌、月番帳は同年七月から十一月までの月番日誌である。寛政四年から文化五年までの同心支配役期の記録は残っていない。記録の時期からみれば、管理役職ではない与力の職務実態が示されている記録といえる。さきの次郎兵衛の日誌とはやや違って、破損修復時の実務や二条城近辺の火事への対応の仕方などがかなり多く記されている。与力・同心としての事務職的な側面を示す事例はその一である。「天明八年月番帳」七月二日の記事は、二条城東御門櫓に収蔵されていた月番帳の記録を改めた記録である（本文**史料四**参照）。

一同日、数右衛門被申聞候者東御門櫓ニ有之候御　判形帳○御頭被仰渡候而先日ゟ南御頭ニ而改相済有之候、右帳面月番罷出再役いたし番附いたし、一番ニ而何年ゟ及廻何十何冊ニ而も候様段々両紙ニいたし巻紙ニ相認差出し候様南御頭被仰渡候由、依之北組月番も立会呉候様との儀ニ付致承知、九日九ツ過ゟ新次郎・定之丞罷出申候、南ゟ数右衛門・源五右衛門出ル、申刻過漸々相渡罷帰り候、前日共北御頭へ為届候、右□□差出候へ者御頭ニ而認直し帳箱へも入置、状箱外ニも張出可申との御事也、

東御門櫓ニ上り在之候西御組与力・同心

御番判形帳冊数左之通相認御頭江差出候

壱番之長持

一延宝六午年ゟ同九酉年迄　八冊

一天和弐戌年ゟ同四子年迄　拾弐冊

一貞享弐丑年ゟ同五辰年迄　三拾弐冊

右合五拾弐冊

弐番之長持

一元禄弐巳年ゟ同十七申年迄　百拾弐冊

一宝永弐酉年ゟ同八夘年迄　弐拾八冊

一正徳弐辰年ゟ同六申年迄　弐拾冊

右合百六拾冊

三番之長持

一享保弐酉年ゟ同廿壱辰年迄　八拾冊

一元文弐巳年ゟ同六酉年迄　弐拾冊
一寛保弐戌年ゟ同四子年迄　拾弐冊
一延享弐丑年ゟ同五辰年迄　拾六冊
一寛延弐巳年ゟ同四未年迄　拾弐冊
　　右合百四拾冊
　　　四番之長持
一宝暦弐申年ゟ同十四申年迄　五拾弐冊
一明和弐酉年ゟ同九辰年迄　三拾弐冊
　　右合八拾四冊
　　　五番之長持
一安永弐巳年ゟ同十五丑年迄　三拾六冊
一天明弐寅年ゟ同七未年迄　弐拾四冊
　　右合六拾冊
　壱番ゟ五番迄
　　惣合四百九拾六冊
　申
七月
従延宝六午年
至天明七未年
両御組与力同心御番判形帳冊数覚　半紙帳ニ仕立
上書斯之通ニ候、

この記事は、二條城御門番組の設置から天明七年までの月番判形帳の冊数である。月番判形帳は月番が勤務の交代時に月番中毎日御門番組頭（支配役から頭へ）に対して差し出した勤務報告書であるが、この帳面が延宝六年（一六七八）

以来五つの長持に分けて四九六冊残されていたことを示している。南組・北組両組が天明八年七月二日に点検した記録であるが、この時期には与力同心の二条城警固に関する鉄炮稽古や鉄炮磨などの年中行事は変わりなく遂行されていたとしても、御門番の職務も各地奉行所の与力・同心らと同様に、事務職的な意味合いを強くしていた事例といえよう。

次郎左衛門は文政十一年十月に同心支配役、その後天保十五年四月まで四〇年勤務したが、その勤務日誌が文化七年の月番帳である。これも内容自体は新次郎のそれと大きな違いはない。同年の六月、翌年の二月の月番勤務、同三月十六日からの助番勤務、同年五月、九月(十六日まで)の各月番勤務の日誌である。記録は文化七年の月番の際の日誌であるが、その職務実態はある意味平常勤務で、大きな変化はないようである。

月番帳の記事は、たしかに特別の事件が起きない限り「平和な」日常の職務を過不足なくこなす与力の姿を浮かび上がらせるだけで、それ以上の異変を示してはいないが、その実態を確認することから史実のより確かな認識を深める基盤となるといえよう。

このほか与力(また同心)の勤方の規則・心得を記した記録、徳川政権の解体に対応した京都の与力・同心の歎願書などを収録したが、これらについては本文を参照されたい。

また第二部として、御門番組与力丹羽氏の系譜と履歴、親類書収録したが、第一部の勤務日誌を残した次郎兵衛・新次郎・次郎左衛門を中心に、所司代や御門番組頭の交代時に差し出した系譜と親類書収録している。御門番組の与力・同心だけではなく、京都各奉行の与力・同心の出自やその背景を探る基礎となる。

また与力・同心の系譜は『御組由緒記』で宝暦五年時点の与力が書き留めた記録で、二条城御門番組と與力の由緒記録であるので、ここに再録した。史料は当該期の御門番頭金田仁十郎組の与力一〇騎の由緒が記される。丁数は六一丁で、史料の状態をみると、人別由緒を書き上げた帳面の紙背を用いたと見られ、差し出した清書(清帳)ではなく下書である。下書のために挿入や書き換え・書き加えの箇所が多数散見されるが、内容は提出分と同じとみてよい。

記述の内容については既に紹介したので、前掲拙稿の史料紹介を参照されたい。

おわりに

これまで京都所司代や京都町奉行、京都代官あるいは伏見町奉行などの支配行政については、いくつかの史料群が知られ、十分とはいえないが研究が進められ、解明されてきた。その大きな成果は『京都の歴史』であり、『京都町触集成』であろう。しかし、二条城城番や門番あるいは所司代・町奉行、また伏見などの与力・同心の実態や職務については、まったくといってよいほど進展していない。もちろん『京都の歴史』や『京都町触集成』などの叙述や翻刻を通じて、それらに関係する限りでは一定の研究がされてはいるが、与力・同心個々の史料による事例は圧倒的に少ない。

二條城には、近世京都の町絵図をみると、東門・西門・北門・南門があることが読み取れる。『京都御役所向大概覚書』や『京都武鑑』など、公刊されている史料類をみると、二条城には大番頭のもとに一組に与力一〇騎と同心二〇人が配属されて昼夜守衛にあたっているが、その与力・同心に関する史料も研究もほとんどない状況にある。その意味から今回の二条城西門与力の記録は最初の発見と考えられ、二条城守衛体制の解明に大きな意義を有している。

丹羽氏所蔵の史料群は、京都市中および禁裏、二条城また伏見地域に関する徳川政権の支配行政体制と二条城を中心にした軍事的備え、主に平常時の守衛体制を把握するうえで貴重である。

註

（1）『京都武鑑』上、前掲叢書京都の歴史7。また神澤貞幹『翁草』（第二巻）は、京都町奉行所与力の由来について、京都所司代の「古屋敷」にいた与力からの系譜を記す。

(2)京都町奉行所関係では岩生成一監修『京都御役所向大概覚書』(清文堂出版、一九七三)、南都奉行関係では大宮守友編著『奈良奉行所記録』(同、一九九五)、同著『近世の畿内と奈良奉行』(同、二〇〇九)、大坂町奉行所関係では、藪田貫編『大坂西町奉行新見正路日記』(同、二〇一〇)、同編『大坂西町奉行久須美祐明日記』(同、二〇一六)、長崎奉行所関係では荒木裕行・戸森麻衣子・藤田覚編『長崎奉行遠山景晋日記』(同、二〇〇五)などがあるが、いずれも奉行関係の記録である。

(3)拙稿「糟屋家文書」(『大阪の歴史』第四十七号、一九九六)は大坂定番与力の記録である。参照されたい。出自は秀忠期に鷹匠として召し抱えられたときに始まり、仙洞御所付同心から宝暦二年(一七五二)十二月に玉造口定番戸田大炊頭同心の明跡へ加え入れられた。その系譜は同じく将軍の直属家臣団からの同心への配属であった。

(4)『寛政重修諸家譜』第二、一六九頁。

(5)拙稿史料紹介「丹羽家文書『御組由緒記録』—二条城守衛与力由緒記録—」(佛教大学史学会『鷹陵史学』第三十六号、二〇一〇)。

(6)『寛政重修諸家譜』第二巻・第九巻、『徳川実紀』第二巻、『京都御役所向大概覚書』第一巻、『京都の歴史』第三巻)。

(7)拙稿「近世京都における与力・同心体制の確立」(佛教大学歴史学部『歴史学部論集』第二号、二〇一二)。

(8)前同拙稿。

(9)拙稿「徳川政権と京都二条城警衛体制の確立」(『歴史学部論集』第三号、二〇一三)。

(10)京都市歴史資料館『叢書京都の歴史』7・8。

(11)前掲拙稿「徳川政権と京都二条城警衛体制の確立」参照。

[付記] ここに貴重な史料の紹介が実現したのは、偏に現在の御当主氏昭氏のご好意による。史料の借用と利用、また翻刻・

掲載について、快くご許可していただいたことに心より感謝申しあげたい。

あとがき

本書は丹羽氏昭氏所蔵の京都二条城御門番組与力に関する翻刻史料集である。二条城御門番組は寛永二年(一六二五)以降二条城御門の守衛に当たったが、この史料集が二条城御門番組与力の成立・配置、職務と勤務実態に関する初出史料である。この史料集もまた大津代官所同心の記録(拙編著『大津代官所同心記録』清文堂出版、二〇一六)に続く、徳川政権による畿内・西国支配体制の実態解明のための記録でもある。

二条城は慶長六年(一六〇一)から八年にかけて築造されたが、天守を持たない城でもあった。それが寛永二年(一六二五)以降、大坂城代の設置や伏見城の廃城に伴い、畿内・西国支配の拠点となった。それ以後、二条城の守衛は京都所司代を中心に、大番組と御門番組によって維持された。御門番組は二組あり、それぞれの頭のもと与力一〇騎と同心二〇人が配属されていた。その職務は二条城追手門(東御門)と西御門、北御門の守衛と二条城出入りの管理であり、基本的に月番交代であった。

ここに翻刻した史料は、与力丹羽氏が代々書き残した守衛勤番の記録である。勤番記録は丹羽氏が支配役となった宝暦七年(一七五七)から文化七年(一八一〇)まで残る。いずれも支配役または月番となった時期の勤務日記である。

これに加えて、与力・同心が御門番組頭の交代の度毎に作成し、頭に差し出した履歴書ともいうべき由緒書・親類書があり、与力相互の職務上の関係や縁戚関係を知ることができる貴重な記録である。また頭の交代に際して、与力・同心が頭と取り交わした誓約書の雛形も貴重である。

これまで、二条城御門番組の与力に関する史料、特に勤務記録は『京都の歴史』やその史料編にも掲載されたことはない。ここに翻刻した史料は、御門番組の由緒やその成立過程、与力・同心の編成などに関する記録で、いずれも新出である。これを契機にして、二條城の守衛態勢や徳川政権の畿内・西国の支配体制に関する研究の進展を期待したいものである。

この史料集は、二條城御門番組の与力・同心に関する新出、初出の史料集である。丹羽氏から御預かりしてほぼ一〇年になる。ここに史料集の刊行が可能となったことはすべて丹羽氏の御高配による。改めて深謝の意を表したい。また私事になるが、今年三月末日で佛教大学を定年となり、退職した。丹羽氏の史料提供があってこその史料集の刊行ではあるが、そのための研究の場と機会を与えていただいた佛教大学には併せて感謝申し上げたい。

この刊行によって、京都二條城の警衛体制の詳細が明らかにされ、牽いては徳川政権の畿内・西国支配体制の実態が明らかにされることを期待したいものである。

本書は、幸運にも名著出版のお世話で刊行することができたが、これは偏に名著出版の田麦睦宏氏のご尽力による。また編集に際しても、田麦氏のご助言をいただいた。感謝と御礼を申し上げる。

平成三〇年九月十五日　　宝塚にて　　渡邊忠司

［編　者］
渡邊　忠司（わたなべただし）
1947 年、愛媛県生。
大阪経済大学大学院経済学研究科博士課程単位取得退学
大阪経済大学博士（経済学）
日本近世史・日本経済史（近世）専攻
大阪市史料調査会主任調査員（大阪市史編纂所勤務）を経て
佛教大学人文学部・歴史学部教授
2018 年 3 月、同大学定年退職、佛教大学名誉教授

［主な編著書］
『町人の都大坂物語』（中公新書、1993）
『飛脚問屋井野口屋記録』全四巻（共編、思文閣出版、2001～2004）
『大坂町奉行と支配所・支配国』（東方出版、2005）
『近世社会と百姓成立一構造論的研究一』（思文閣出版、2007）
『大津代官所同心記録』（清文堂、2016）
『近世地域史文化史の研究』（監修、著、名著出版、2018）、ほか多数。

近世京都二條城御門番組与力記録

2018 年（平成 30 年）12 月 10 日　初版第 1 刷発行
編著者　渡邊　忠司
発行所　株式会社　名著出版　〒571-0002　大阪府門真市岸和田 2-21-8
電話　072-887-4551　FAX072-887-4550
発行者　平井　誠司
印刷・製本　藤原印刷株式会社

ISBN978-4-626-01828-1　C3321　Printed in japan